《出土文獻語言研究》（第二輯）編輯委員會

出土文獻語言研究

第二輯

華南師範大學出土文獻語言研究中心 編

張玉金 主編

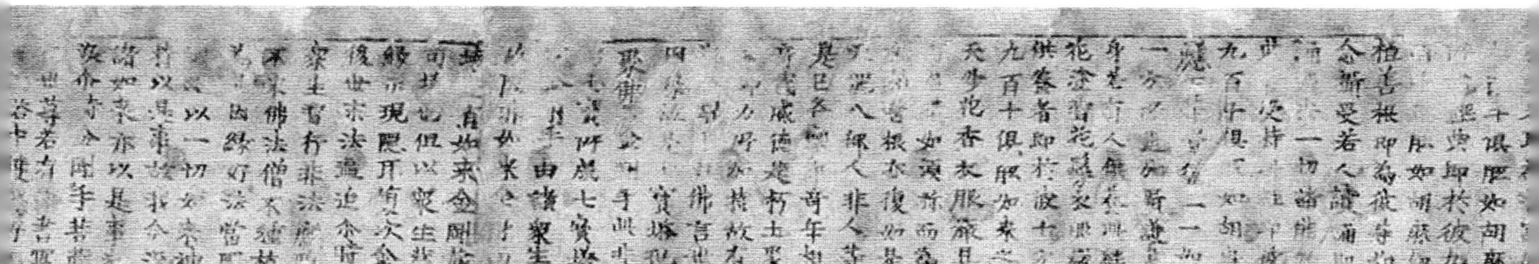

暨南大學出版社
JINAN UNIVERSITY PRESS

中国・广州

圖書在版編目（CIP）數據

出土文獻語言研究（第二輯）/張玉金主編．—廣州：暨南大學出版社，2015. 3
ISBN 978－7－5668－0514－0

Ⅰ.①出…　Ⅱ.①張…　Ⅲ.①出土文物—文獻—語言學—研究—中國　Ⅳ.①H109. 2②K877. 04

中國版本圖書館 CIP 數據核字（2013）第 051958 號

出版發行：暨南大學出版社

地　址：中國廣州暨南大學
電　話：總編室（8620）85221601
　　　　營銷部（8620）85225284　85228291　85228292（郵購）
傳　真：（8620）85221583（辦公室）　85223774（營銷部）
郵　編：510630
網　址：http：//www. jnupress. com　http：//press. jnu. edu. cn

排　版：廣州市天河星辰文化發展部照排中心
印　刷：佛山市浩文彩色印刷有限公司

開　本：787mm×1092mm　1/16
印　張：12. 375
字　數：286 千
版　次：2015 年 3 月第 1 版
印　次：2015 年 3 月第 1 次

定　價：36. 00 圓

前　言

傳世文獻經過長期流傳、反復傳抄、多次刊刻，難免失真。作爲語料來説，它們具有較大的局限性。而出土文獻長期被掩埋在地下，未經流傳，能夠真實地保留當時語言的面貌，具有珍貴的語料價值。

裘錫圭先生曾比較過傳世古書和古文字資料的優劣，前者大體相當於傳世文獻，後者大體相當於出土文獻。他説：

“古文字資料作爲語言研究的對象，確實存在一些缺點，例如資料往往比較零碎，有相當多的文字現在還不認識，有些資料裏經常出現重複的話。但是另一方面，古文字資料顯然有比傳世古書優越的地方：一、不少古書的年代問題聚訟紛紜，因此它們所記録的語言的時代也成了問題。地下發現的古文字材料，年代絶大部分比較明確。除去傳抄的古書以外，它們所記録的通常就是當時的語言。就拿傳抄的古書來説，由於抄寫的時代較早，年代問題也不像很多傳世的古書那樣嚴重。有的古書正是由於地下古抄本的發現，初步解決了年代問題。……二、古書屢經傳抄刊刻，錯誤很多，有的經過改寫刪節，幾乎面目全非。地下發現的古文字資料，除去傳抄的古書以外，很少有這種問題。就是傳抄的古書，通常也比傳世的本子近真。三、古書裏保存下來的商代、西周和春秋時代的作品很貧乏。尤其是商代作品，不但數量極少，而且顯然經過後人比較大的修改，不能代表商代語言的真面貌。古文字資料裏有數量很多的商代後期的甲骨文和西周、春秋時的金文，正可以補古書的不足。四、流傳下來的古書絶大多數是自古以來一直受到封建士大夫重視的典籍。地下發現的古文字資料，品種比較雜，往往有在古書中很難看到的内容。……由於上面指出的種種原因，古文字資料對古漢語研究有很大的重要性。”（裘錫圭：《談談古文字資料對古漢語研究的重要性》，《中國語文》1979 年第 6 期，第 31 ~ 36 頁。）

日本漢學家太田辰夫則提出“同時資料”和“後時資料”兩個概念，前者大致相當於出土文獻，後者大體相當於傳世文獻。他説：

“所謂‘同時資料’，指的是某種資料的内容和它的外形（即文字）是同一時期産生的。甲骨、金石、木簡等，還有作者的手稿是這一類。……所謂‘後時資料’，基本上是指資料的外形的産生比内容的産生晚的那些東西，即經過轉寫轉刊的資料。……中國的資料幾乎大都是後時資料，它們特别成爲語言研究的障礙。根據常識來説，應該是以同時資料爲基本資料，以後時資料爲旁證，但没有同時資料的時代就只有根據例子的多寡和時代前後的狀況如何來推測，這樣還得不出明確的結論。”（［日］太田辰夫，蔣紹愚、徐昌華譯：《中國語歷史文法》，北京大學出版社 1987 年版，第 381 ~ 382 頁。）

以上兩位先生的論述都非常精闢。

傳世文獻在流傳過程中難免失真，出土文獻長期被掩埋在地下，具有文獻真實性。所以我們研究漢語史時，應該以出土文獻爲基本資料，而以傳世文獻爲旁證資料。

以上古漢語史研究爲例，我們可以把上古時期分爲殷商、西周、春秋、戰國、秦代、西漢等五個時段，先利用出土文獻和傳世文獻分别描寫各個時段的語言面貌，然後再用“史”的綫索把它們串聯起來。

描寫殷商時段漢語時使用的基本資料有殷墟甲骨文、殷代金文。

描寫西周時段漢語時使用的基本資料有西周金文、西周甲骨文。旁證材料有《易經》（卦爻辭）、《詩經》（雅、頌）、《尚書》（14 篇）、《逸周書》（9 篇）等。

描寫春秋時段漢語時使用的基本資料有春秋金文、秦公大墓石磬文字、石鼓文、侯馬盟書、溫縣盟書等。旁證材料有《春秋》、《詩經》（國風）、《尚書》（2 篇）等。

描寫戰國秦代漢語時使用的基本資料有戰國秦代金文、戰國秦代簡牘文字（包括信陽楚簡、五里牌楚簡、仰天湖楚簡、楊家灣楚簡、望山楚簡、九店楚簡、包山楚簡、郭店楚簡、上博楚簡、新蔡楚簡、香港中大楚簡、清華楚簡、睡虎地秦簡、睡虎地秦牘、青川秦牘、放馬灘秦簡、岳山秦牘、龍崗秦簡、周家臺秦簡、里耶秦簡、北大秦簡、曾侯乙墓竹簡等）、戰國帛書（有長沙子彈庫戰國楚帛書）、戰國秦代玉石文字（包括秦駰玉版銘、行氣玉銘、玉璜箴銘、守丘石刻、詛楚文、峋嶁碑、嶧山刻石）等。旁證材料有《左傳》、《國語》、《論語》、《墨子》、《老子》、《戰國策》、《莊子》、《韓非子》、《孟子》、《荀子》等。

描寫西漢時段漢語時使用的基本資料有尹灣漢墓簡牘、隨州孔家坡漢墓簡牘、張家山漢簡、居延漢簡、額濟納漢簡、敦煌漢簡、銀雀山漢簡（前兩種全部採用，後五種部分採用）等。旁證材料有《新書》、《新語》、《淮南子》、《春秋繁露》、《史記》、《鹽鐵論》、《新序》、《說苑》、《列女傳》等。

在斷代描寫的基礎上考察上古漢語的演化，尋找其演化的動因，總結其發展變化的規律及方向。

很明顯，這是一個浩大的工程，需要許多（甚至是幾代）專家學者共同參與才能完成。

我們編輯出版《出土文獻語言研究》，就是爲完成這項浩大工程所做的一點工作。到目前爲止，我們已經出版了兩輯。希望以後能一輯一輯地出版下去。我們盼望更多的學者從事出土文獻語言研究，希望更多的學者支持我們，讓我們能把這個論集辦下去，而且越辦越好。是爲至盼。

目　錄

碑刻研究

•出土文獻語法研究•

甲骨文中的時間介詞“于”

張玉金

提　要　本文首次對甲骨文中的時間介詞“于”進行系統全面的研究。“于”最初是動詞，由此發展爲位事介詞，由位事介詞發展爲處所介詞，再由處所介詞發展爲時間介詞。時間介詞“于”是時段介詞，絕大多數可譯爲“到”。時間介詞“于”的賓語可以由時間名詞語充當，也可以由動詞性詞語充當。表示時間的“于”字介賓短語，絕大多數出現在語句主語之後、謂語中心詞之前。“于”字句的主語、謂語、賓語、補語都可以被省去，時間介詞“于”本身也可以被省去。“于”可以跟“迺”、“既”、“卒”等詞構成多種固定格式，用來表示多種比較複雜的時間關係。

關鍵詞　甲骨文　時間介詞　于

對於甲骨文中的時間介詞“于”，下述幾位學者在他們的論文中都曾涉及過：韓耀隆（1972）、黄偉嘉（1987）、蕭德銑（1990）、張玉金（1994）、李麗豔（2007）、馬彩紅（2007）。但是，上述諸位學者的論述都比較簡單，一般都是先說“于”可以介引時間，而後解釋其意義，再舉些例子。到目前爲止，還沒有人對甲骨文中的時間介詞“于”做窮盡性的專門研究，因此，從事本課題的研究是必要的。

一、時間介詞“于”的來源及其意義

（一）時間介詞“于”的來源

郭錫良（1997）曾指出，“于”這個介詞“應是先用來介紹行爲的處所，再擴展介紹行動的時間和動作涉及的物件”。裘錫圭（2010）、李先銀（2010）都同意此說，筆者也認爲此說可信。

時間介詞“于”和處所介詞“于”一般都是“到”的意思，兩者在意義上是相通的。

依據認知語言學理論，隱喻在詞語意義的轉化過程中有重要作用，如詞語由表空間義轉爲表時間義，這就是隱喻的作用。這樣看來，介詞“于”由處所介詞發展爲時間介詞，是隱喻的作用。

“于”最初是動詞，由動詞發展爲位事介詞，主要表示動作行爲位移的終點。由位事介詞發展爲處所介詞，表示到某地或某處進行某種動作。

時間介詞應是進一步由處所介詞發展而來的。時間介詞“于”主要表示到什麼時間再做什麼事，而處所介詞表示到什麼地方或處所做什麼事，很明顯，兩者是十分相近的。

（二）時間介詞“于”的意義

1．*意義是“到”*

關於甲骨文中時間介詞“于”的意義是“到”，這一點已有不少學者指出過了。但是，有關的論證卻見不到，爲此，下面就這個問題進行論證。

對此，我們可以指出以下四點論據：

第一，時間介詞“于”在一組卜辭中常與“惠”、“在”、“及”（意思是“趕在”）相對而用。“惠”、“在”、“及”之後的時間詞語所表示的時間跟卜日（即說話的時日）近，而“于”後時間詞語所表示的時間距卜日遠，這時“于”譯爲“到”是合適的。例如：

（1）惠今日酒？
于翌日酒？（合 28272）
（2）戊子卜：于來戊用羌？
惠今戊用？（合 22045）
（3）丁巳卜：惠宜酒？
丁巳卜：惠今月酒宜？
丁巳卜：于木月酒宜？（合 32216）
（4）其侑大庚，惠翌日酒？
于來日庚酒？（合 27167）
（5）丁酉卜：兄貞：其品司在兹？
貞：其品司于王出？（合 23713）
（6）及兹月出採，受年？
于生月出採，受年？（屯 345）

“惠”是語氣副詞，作焦點的標記。上列例（1）卜問：是在今日舉行酒祭好，還是到明日舉行酒祭好？很明顯，其中的“于”是“到”的意思。例（2）至例（4）中的“于”類此。例（5）中的“于”是跟“在”相對而用的，這是卜問：是現在品祭司神，還是到殷王出去的時候品祭司神？其中“于”與“在”相對使用，是到的意思。例（6）中的“于”是跟“及”相對而用的，這是卜問：是趕在這個月出去採摘禾穗會有好收成，還是到下個月出去採摘禾穗會有好收成？其中“于”與“及”相對使用，是“到”的意思。

第二，時間介詞“于”跟“廼”構成“于……廼……”這樣的固定格式，表示到什麼時間才做什麼事。這種格式中的“于”譯爲“到”是合適的。例如：

（7）于壬王廼田，湄日亡𢦔？（合 28608）
（8）王其田，枫，湄日亡災？
于旦王廼田，亡災？（合 28566）
（9）于壬王廼省田？
壬王弜省田？（合 28635）
（10）于翌日廼𩅦？（合 31035）
（11）于九月廼尋，有正？（合 31062）
（12）于既酒父丁翌日、𦏲日、彡日，王廼賓？（合 32714）

例（8）中“枫”，沈培（1995）認爲是時間名詞，指夜盡將曉之時，此說正確。這是卜問：王是在夜盡將曉之時進行田獵，還是到天明時進行田獵才沒有災禍？其餘諸例類此。

第三，作“于”賓語的時間詞語前有“翌”、“來”、“生”、“木”、“林”等，都表示未來的時間，其前的“于”譯爲“到”是合適的。例如：

（13）己未卜，㱿貞：王惠［今］日往？
貞：勿隹今日往？
于翌庚申？
勿于翌庚申？（合 7351）
（14）今日𢼄牛于祖辛？
于翌辛𢼄牛于祖辛？（合 6949）
（15）貞：于來乙巳禱？
勿于來乙巳禱？（合 376）
（16）貞：今十二月我步？
貞：于生一月步？（合 6949）
（17）貞：帝其及今十三月令雷？

☐帝其于生一月令雷？（合 14127）

（18）癸未貞：惠乙酉延方？

癸未貞：于木月延方？（合 32243）

（19）己丑貞：于林月酒？（合 34544）

（20）辛丑卜，賓貞：其于六月娩？

貞：今五月娩？

貞：其于六月娩？

貞：今五月娩？（合 116）

卜辭中的“翌”，不僅指明日（次日），還指次日後六十日內的日子。“來”也指未來的日子。“生”常用在“月”前，指未來的月份。“木月”、“林月”，裘錫圭（1992）都讀爲“生月”。人處於現在的時刻，提到未來的時間，其前應該用意義爲“到”的介詞。例（20）中的“六月”前未用“生”，但跟它構成選貞的“五月”前加了“今”，這證明“六月”也是指未來的六月。

第四，把時間介詞“于”後時間詞語所表示的時間跟前辭中的時間比照一下，就會發現“于”後的時間都是指未來的時間。這種時間詞語前的“于”譯爲“到”是合適的。例如：

（21）丁亥卜：于乙巳酒禱？（合 15693）

（22）庚申卜：于丁卯敦召方，受祐？（合 33029）

（23）乙卯卜，王曰貞：于丁巳步？（合 24346）

（24）己亥卜，𣪘貞：于辛丑涉？（合 19282）

（25）乙酉卜：于丁令馬？（合 34136）

（26）乙未卜：于丁酉雨？

于戊戌雨？

于己亥雨？（合 34159）

例（26）占卜的日子是“乙未”，“乙未”後的第三天是“丁酉”，第四天是“戊戌”，第五天是“己亥”。可見“于”所引介的都是表示未來時間的詞語。

卜辭中“于”後的時間詞語前有時有“今”字，例如：

（27）［乙］酉卜：于今夕雨？（20954）

（28）丁亥卜：汝有疾，于今三月弗川？

丁亥卜貞：汝有疾，其川？（合 22098）

這種“于”似可以譯爲“在”。但是，上引兩例“于”後時間詞語所表示的時間，仍然是未來的時間，這是由貞辭的性質所決定的，它是對未來的貞測，只不過這個時間距占卜之時更近罷了。以例（27）爲例，仍是問：到今天“夕”時會下雨嗎？這種例子在卜辭中是罕見的。

2.“于”是時段介詞

時段是時間的長短，是句中動作行爲進行所用的時間。與時段相對的概念是時點，時點是動作行爲或狀態的發生、進行、結束的時間。

時段表示的意義，有一種是表示到了某一時段發生什麼事情、出現什麼情況。而時點表示的意義，有一種是表示動作行爲或狀態結束的時間或者動作行爲或狀態進行到某一時間，即所謂終點時間。

“于”後的時間應是時段，而不是時點。如前引例（22）中的“于丁卯敦召方”，是說到了丁卯日再“敦召方”，而不是“敦召方”一直持續到丁卯日，到丁卯日才結束。其他“于”後的時間也都是如此。

因此，甲骨文中的“于”基本上都是屬於時段介詞。

二、時間介詞“于”的賓語

時間介詞“于”的賓語，可由時間名詞語充當，也可以由動詞語充當。

（一）由時間名詞語充當

這種時間名詞語，可以是時間名詞，也可以是名詞性定中短語、同位短語。

1. **由時間名詞充當**

（29）貞：于甲子步？（合 5212）

（30）貞：于庚寅酒禱？（合 8085）

（31）于壬王其田？（合 29245）

（32）貞：于甲令？（合 13598）

（33）于旦王廼田，亡災？（合 28566）

（34）于夕酒？（合 30728）

（35）癸丑貞：于秋令？（合 33166）

（36）庚戌卜：雀于春出？（合 4143）

能夠充當時間介詞“于”賓語的時間名詞較多，例如甲申、甲戌、甲寅、甲子、甲辰、甲午、乙巳、乙未、乙卯、乙丑、乙酉、乙亥、丙申、丙子、丙寅、丁酉、丁巳、丁卯、丁亥、丁未、丁丑、戊戌、戊申、戊寅、戊子、戊辰、己亥、己丑、己未、己卯、己酉、庚申、庚午、庚戌、庚子、庚辰、庚寅、辛酉、辛丑、辛卯、辛亥、辛巳、辛未、壬戌、壬辰、壬寅、壬子、癸卯、癸未、癸亥、癸巳、癸丑、甲、乙、丙、丁、戊、己、庚、辛、壬、癸、丑、寅、巳、戌、酉、日、旦、夕、日中、大採、春、秋、翌、來等。

2. **由名詞性定中短語充當**

（37）貞：于翌辛丑燎？（合 376）

（38）于翌夕酒？（合 30847）

（39）于來辛歸？（合 27794）

（40）丙戌卜，爭貞：于來乙巳燎？（合 15560）

（41）于生月有大雨？（合 38165）

（42）于生月乙巳禱？（合 34375）

（43）壬辰卜，爭貞：王于八月入？（合 5165）

（44）于七日雨？

于八日雨？（合 20925）

（45）戊寅卜，爭貞：王于生七月入于商？（合 1666）

（46）辛丑卜：于一月辛酉酒黍登？（合 21221）

能夠充當時間介詞“于”賓語的定中短語較多，例如翌乙卯、翌辛、翌庚申、翌甲、翌辛丑、翌日、翌夕、翌乙未、翌丙申、翌乙亥、翌丁亥、翌丁巳、翌庚、翌甲子、翌癸、翌戊子、翌丁丑、翌癸丑、翌乙巳、翌丙、翌戊、翌庚戌、翌甲戌、翌乙、翌戊寅、翌日旦、翌日莫、翌丁、來甲子、來甲寅、來甲辰、來甲申、來甲午、來乙巳、來乙、來乙卯、來乙酉、來乙丑、來乙亥、來乙未、來丙寅、來丙申、來丁丑、來丁酉、來丁未、來丁亥、來丁卯、來丁、來戊、來己巳、來己亥、來己、來己未、來庚、來庚子、來辛未、來辛卯、來辛、來辛巳、來辛酉、來辛丑、來壬子、來亥、來日、來春、生月、木月、林月、生一月、生七月、生八月、生月己巳、生十一月、今三月、今六月、今夕今日、一月、一月辛酉、二月、四月、六月、七月、八月、九月、二日、三日、六日、七日、八日等。

3. **由同位短語充當**

（47）于翌日丁丑步戽？（合 33055）

（48）于翌日壬、辛王廼田，亡戋？（合 28611）

（49）于翌日癸登新鬯，王受☑。（合 30975）

（50）于翌日壬歸，有大雨？（合 28021）

（51）于來日乙酉酒？（合 27504）

(52) 于來日庚酒，王受祐？(合 30435)

上引例 (47) 中“翌日”和“丁丑”構成同位短語，餘例類此。

能夠充當時間介詞“于”賓語的同位短語有：翌日甲、翌日丙、翌日丁、翌日戊、翌日己、翌日庚、翌日丁丑、翌日癸、翌日壬、翌日壬、辛、翌日辛、來日甲午、來日乙、來日丁、來日丁亥、來日己、來日庚、來日乙酉等。

(二) 由動詞語充當

作時間介詞“于”賓語的動詞語，已不再表示動作行爲，而是表示這種動作行爲進行的時間。可以由動詞充當，也可以由動詞性短語充當，但都名詞化了。

1. **由動詞充當**

(53) 丁未貞：彳歲，叀祭遘？

丁未貞：彳歲，于劦遘？(合 34613)

(54) 丁未貞：彳歲，于祭遘？

丁未貞：彳歲，于劦遘？(合 34615)

(55) 甲辰卜，㱿貞：王勿卒入，于𥝌入？(合 9522)

(56) 癸亥卜，㱿貞：于出酒？(合 9990)

能夠充當時間介詞“于”賓語的動詞有祭、劦、出、𥝌、日等。

2. **由動詞性短語充當**

(57) 王勿于𠭯酒入？(合 16113)

(58) 其置鏞鼓于既卯？

叀𠨍卯？(合 30693)

(59) 于既酒父丁翌日劦日彡日，王廼賓？(合 32714)

(60) 丁酉卜，兄貞：其品司在茲？

貞：其品司于王出？(合 23713)

(61) 甲午卜：歲祖乙牝一，于日出𢼄？用。(花 426)

(62) 于月出廼往，亡𢦏？(補 9533)

(63) 虢叀𠨍各于裸用，王受祐？

于入自裸用，王受祐？(合 27281)

(64) 辛亥卜，㱿貞：王入？

貞：王于𠭯酒于上甲入？(合 1210)

充當時間介詞“于”賓語的動詞性短語有：𠭯酒、既卯、既酒父丁翌日劦日彡日、既祭、既日、既父丁彳歲、既品、既𢼄舌、既乎食、乍𦥑、入自裸、入自日、入自夕裸、來自宰、來自伐、王出、方既食、日出、月出、日隻、日羞中、父己父庚既祭、大乙卯、𠭯酒于上甲、圍辟門、𠭯卒、彡卒、卒彡、日卒、大歲卒、大卒日等。

三、“于 + 時間詞語”的位置

表示時間的“于”字介賓短語，有三種語法位置，一是主語之後、謂語中心詞之前；二是語句主語之前；三是謂語中心詞之後。

依據我們的統計，第一種情況最常見，有 740 次，佔時間介詞“于”出現總次數（806 次）的 92%。出現在語句主語前的“于”字介賓短語有 37 次，佔總次數的 5%。出現在謂語中心詞之後的“于”字介賓短語有 29 次，佔總次數的 3%。

(一)“于 + 時間詞語”出現在語句主語之後、謂語中心詞之前

這種用法的時間介詞“于”很常見，例如：

(65) 庚辰貞：王于丁亥令皋？（合 32848）
(66) 乙未貞：王于丁酉步？（英 2436）
(67) 貞：王于甲午告？（合 1051）
(68) 貞：帝其及今十三月令雷？
　　□帝其于生一月令雷？（合 14127）
(69) 戊寅卜，扶：方于己圍？（合 20436）
(70) 庚戌卜：雀于春出？（合 4143）

這種句子的主語可以省去，這時“于＋時間詞語”則出現在謂語中心詞之前，例如：

(71) 貞：辛亥王入？
　　于癸丑入？（合 5175）
(72) 癸丑卜：王其田于襄，叀乙，擒？
　　于戊田，擒？（合 29354）
(73) 貞：于甲子步？（合 5212）
(74) 壬寅卜，㱿貞：于翌乙卯宜？（合 15890）
(75) 貞：于翌辛丑燎？（合 376）
(76) 于翌日庚酒？（合 28242）

除了曆組、無名組卜辭有例外之外，在甲骨卜辭中，表示時間的詞語出現在語句主語之前（句首），都不用時間介詞“于”，例如：

(77) 辛巳卜，㱿貞：王于生七月入［于商］？
　　貞：生七月王入于［商］？（合 7780）
(78) ［貞］：王于生七月入于商？（合 7784）
　　癸巳卜，㱿貞：來乙巳王勿入于商？（合 7785）
(79) 貞：今十二月我步？
　　貞：于生一月步？（合 6949）
(80) 貞：翌己卯王勿令狩？（合 10594）
　　王于乙未令？（懷 1651）

（二）“于＋時間詞語”出現在語句主語之前

這種用法的“于”，主要出現在無名組和曆組卜辭中，在這兩種卜辭中共出現 34 次，佔這種用法“于”的總次數（37 次）的 92%。其餘 3 次，2 次見於賓組卜辭，1 次見於子組卜辭。

這種句子的主語之後常有“廼”字，句首的“于”跟句中的“廼”相呼應：

(81) 王其田，桒，湄日亡災？
　　于旦王廼田，亡災？（合 28566）
(82) 于壬王廼省田？
　　壬王弜省田？（合 28635）
(83) 于壬王廼田，亡災？（屯 271）
(84) 于翌日壬、辛王廼田，亡𢦏？（合 28611）
(85) 于壬王廼田，湄日亡災，侃？（懷 1432）
(86) 于翌日壬王廼田，亡災？（屯 3054）

這種句子的主語之後也可以沒有“廼”，這種用例不如上一種用例常見。例如：

(87) 于辛卯王令皋？（合 32858）
(88) 于乙步，若？（合 32725）
(89) 于庚子王涉，若？（合 32951）
(90) 于辛巳王圍召方？（合 33023）

(91) 于壬王其田?(合29245)

(92) ☐于己卯帝其令雨?(補3632)

(三)“于+時間詞語”出現在謂語中心詞之後

這種用法的“于”也主要出現在曆組、無名組卜辭之中，在這兩組卜辭中出現的這種用例有21次，佔這種“于”總次數(29次)的73%。

這種作爲時間介詞“于”賓語的時間詞語，可以是名詞性詞語，也可以是動詞性詞語。是名詞性詞語的例子如：

(93) 癸酉貞：射𠂤以羌自上甲乙亥?

癸酉貞：射𠂤以羌用自上甲于甲申?(合32023)

(94) 癸亥貞：危方以牛其登于來甲申?(合33191)

(95) 乙亥貞：又彳伐自上甲汎至父丁于乙酉?(合32212)

(96) 甲辰貞：其禱禾于丁未?(合33331)

(97) 丁亥貞：酒彳歲于庚寅?(屯4318)

(98) 其侑父己于來日，王受[祐]?(屯73)

是動詞性詞語的例子如：

(99) 其置鏞鼓于既卯?

叀𠨘卯?(合30693)

(100) 丁酉卜，兄貞：其品司在茲?

貞：其品司于王出?(合23713)

(101) 丁丑卜彭貞：其爲祖丁宊門于𩁹卒𠨘彡?(合30282)

(102) 乙酉卜，何貞：祖丁祏，其遘于日?(合27282)

(103) 辛卯卜：彳伐于𦘔(卒)彡?(合32263)

(104) ☐☐貞：上甲乇于大乙卯?(屯900)

下引一例中的“于”，似是時點介詞，表示時間終點。這種“于”很少見到，因爲表示這種意義時一般是用“至于”、“至”的，例如：

(105) 丁卜：雨不延于庚?

丁卜：[雨]其延于庚?子占曰：☐。用。(花400)

如上所述，“于+時間詞語”的通常位置是在語句主語之後、謂語動詞之前，這種用法的“于”佔時間介詞“于”出現總次數的92%。

當“于+時間詞語”出現語句主語之前時，是一種主題化的現象，是狀語的主題化。語句狀語被提到句首位置充當主題，成爲注意的中心。主題表示的是舊信息，把狀語主題化，意在提高和強調信息的已知程度。

當“于+時間詞語”出現在謂語中心詞之後、句子末尾時，應是一種焦點化現象。我們知道，在現代漢語中，遵循尾焦原則，即自然焦點一般位於句子末尾的詞語上，也就是說句子尾部是被強調和被凸顯的成分。在語言的綫性序列上，越靠近句末，信息內容就越新；信息內容越新，就越容易成爲句子的焦點。古代漢語也應是如此，把句中狀語移到句尾，讓它處在自然焦點的位置上，它就被強調、被凸顯，它表達的是新信息。

四、“于”字句的省略

“于”字句中常發生省略，被省略的可以是主語、謂語、賓語、補語，也可以是時間介詞“于”本身。

(一) 省略主語

“于”字句的主語經常被省去，這是因爲主語往往不言自明。例如：

(106) 甲辰卜，貞：乙巳王步？
于丁未步？(屯923)
(107) 乙未卜：王入今三月？
于四月入？(屯4514)
(108) 于壬子王田敝，亡災，擒？
于來壬子廼田敝，☐？(屯3608)
(109) 甲辰卜，散貞：王勿卒入，于秽入？(合9522)
(110) 貞：今十二月我步
貞：于生一月步？(合6949)
(111) 己卯卜：亞侯？
于木月至？(合32806)

例（106）、（107）、（108）、（110）都是後一條卜辭主語承前一條卜辭而省略，例（109）是後一小句主語承前一小句省略，例（111）是互依省略，前一條卜辭蒙後省略謂語，後一條卜辭承前省略主語。

（二）省略謂語

時間詞語在語句中出現，往往作境事成分，不是語句必有的語義成分，因此，它一般是占卜者所關心的，卜問者關心動作行爲何時進行或情況何時出現時才會在句中引入時間成分。有時間詞語出現的小句，動詞及其所帶的賓語或補語等，往往不是卜問者所關注的，所以可以省去。"于"字句中謂語省略的情況比較多見。例如：

(112) 禱，惠今日酒？吉。
于翌日？(合30832)
(113) 貞：中丁歲，叀蓺？
貞：于既日？二月。(合22859)
(114) 王其田，杋，亡𢦏？
于旦，亡災？(合28514)
(115) 己未卜，散貞：王叀［今］日往？
貞：勿隹今日往？
于翌甲申？
勿于翌甲申？(合7351)
(116) 戊辰卜，鼓貞：有來執自戰，今日其延于祖丁？
貞：于來日？(合27302)
(117) 其出舟，叀今日癸，亡𢦏？
于乙，亡𢦏？(英2322)
(118) 其登黍，叀翌日乙？
于丁？(屯2715)
(119) 戊寅卜：其又歲于妣己，叀翌日☐？
于來日乙？(合27516)

下引各例，都是選貞卜辭。在兩條卜辭中，謂語動詞都被省略去了。

(120) 癸巳貞：叀甲午？
于乙未？(屯424)
(121) 叀今日？
于來日？(合29734)
(122) 叀壬子？

于壬戌？（合29743）

（123）叀今秋？

于春？（合29715）

下引一個例子中，後一小句的謂語動詞承前一小句省去了：

（124）己酉卜，王：占娥娩，允其于壬？不。十一月。（合21068）

（三）省略賓語、補語

在“于”字句中，動詞之後的賓語、補語，往往不是語句的焦點，因此，有時也可以省去。例如：

（125）☐翌丁巳伐羌？

于庚申伐？（合469）

（126）丁丑貞：叀辛巳酒河？

于辛卯酒？（屯4397）

（127）貞：于庚申出于敦？

勿于庚申出？（合7942）

（128）己未貞：叀甲子酒伐自上甲？

己未貞：于乙丑酒伐？（合33692）

（129）辛酉貞：其禣于祖乙，叀癸？

于甲禣（屯593）

（130）叀己燎豕于嶽，雨？

于辛燎，雨？（合34204）

前引例（125）、（126）第二條卜辭省去的是賓語，例（127）、（128）、（129）第二條卜辭省去的是介賓補語，例（130）第二條卜辭把賓語和補語同時省去了。

（四）省略時間介詞“于”

時間介詞“于”本身也可以被省去。這有三種情況：一是在一組對貞卜辭中“于”被省去，二是在一組選貞卜辭中“于”被省去，三是在一組重貞卜辭中“于”被省去。

“于”在一組對貞卜辭中被省去的例子如：

（131）于乙酒，有雨？

乙弜酒，亡雨？（屯2261）

（132）于壬射，亡戋？

弜壬射，弗擒？（合28817）

（133）于壬王田，湄日不［雨］？

壬王弜田，其悔，其遘大雨？（合28680）

（134）于壬王廼省田？

壬王弜省田？（合28635）

“于”在一組選貞卜辭中被省去的例子如：

（135）乙未卜：丙出舞？

乙未卜：于丁出舞？（屯4513＋4518）

（136）丁酉余卜：壬有事？

于癸有事？（合21586）

（137）翌甲戌用？

于翌乙亥用？（合15395）

“于”在一組重貞卜辭中被省去的例子如：

（138）貞：于庚申伐羌？一

貞：庚申伐羌？二

貞：庚申伐羌？三　四　二　告（合466）

總之，“于”字句中被省略的句子成分，一般都是非焦點部分，由於不是卜問者特别關心的，所以可以省去。當然，省略的前提應是省略部分在具體場合和上下文是能夠補出來的。時間介詞“于”是例外，即使“于+時間詞語”是語句的焦點，如前引例（135）、（136）、（137），“于”也可以省去，但“于”後的時間詞語不同時省去。

五、由“于”構成的固定格式

“于”可以跟“廼”、“既”、“卒”等構成“于……廼……”、“于……既……”、“于……既……廼……”、“于……卒……”、“于……卒……廼……”等固定格式，表示時間關係。

（一）于……廼……

這種固定格式最爲常見，在現有的甲骨文語料中，共出現51次。它表示到什麼時候就做什麼事，或出現什麼情况。

根據“于”後詞語詞性的不同，可以分爲兩類，一是“于”後爲名詞性詞語，二是“于”後爲動詞性詞語。

“于”後爲名詞性詞語的例子如：

（139）于壬王廼田，亡災？（屯271）

（140）弜己未歸，王其每？

于庚申廼歸，亡𢦏？（合27791）

（141）丁酉卜：今旦萬其學？

于來丁廼學？（屯662）

（142）于翌日壬廼敀庸，不遘大風？（合30270）

（143）于九月廼尋，有正？（合31062）

（144）于翌日廼霽？（合31035）

“于”後爲動詞性詞語的例子如：

（145）叀日敀？

于入自日廼敀？（合29713）

（146）于月出廼往，亡𢦏？（補9533）

（147）于來自宎廼逐辰麋，亡災？（屯3599）

（148）于麥（來）自伐廼敀牝于祖甲？用。（花149）

（149）丙卜：子其往吕，敀乃畣，于乍㝵廼來？（花16）

（150）于𣎆日市廼又彳，王受［祐］？（合27641）

當句子有主語時（如“于壬王廼田”），“于”字介賓短語作句首狀語，“廼”作句中狀語。如果句子沒有主語，則“于”字介賓短語和“廼”都可分析爲狀語。

（二）于……既……

這種固定格式表示到做完某事時再做另一件事，是表示兩件事之間的時間關係的。這種用例共見到6個。

這種“于”的賓語，都是由動詞性詞語充當的，例如：

（151）貞：于既父丁彳歲酒？（合23224）

（152）其置鏞鼓于既卯？

叀𠨘卯？（合30693）

（153）貞：中丁歲，叀䕬？

貞：于既日？（合22859）

（154）☐祖丁莫歲，于既祭？（合 27273）

（155）辛巳卜：于既湳☐乇？

辛巳卜：于既品？（屯 917）

上引例（151）和例（155）第一條卜辭，“于”字介賓短語出現在謂語中心詞之前作狀語。例（152）第一條卜辭，“于”字介賓短語作補語。例（153）、（154）和（155）中第二條卜辭，“于”字句中的謂語中心詞被省去了。

“既”出現在“于”的賓語之中，前引例（151）中的“既”可以分析爲動詞，其餘諸例中的“既”可以分析爲副詞。

（三）于……既……廼……

這種固定格式表示到做完某事時就做另一件事，也是表示兩件事之間時間關係的。這種用例共見到6個，其中1個是殘辭。

這種“于”的賓語，也都是由動詞性詞語充當的，例如：

（156）于既酒父丁翌日劦日彡日，王廼賓？（合 32714）

（157）戍興伐，𠨘方食☐？

于方既食戍廼伐，𢦏？（合 28000）

（158）辛丑卜：公禱，叀今日酒，王受祐？

于癸酒，王受祐？

于父己，父庚既祭廼酒？（合 27416）

（159）乙巳卜：于既畝舌廼畝䢅一祖乙？用。（花 241）

（160）辛于既乎食廼宜？（花 286）

由於“廼”作爲副詞只能作狀語，而“于”要與“廼”前後呼應，所以這種“于”字介賓短語都要出現在謂語中心詞之前作狀語。“既”則出現在“于”字的賓語之中，都可以分析爲副詞。

（四）于……衶（卒）……

依據裘錫圭（1990），“衶”應讀爲“卒”。這種固定格式表示到了某件事結束時做另一件事，也是表示兩件事情之間的時間關係的。這種用例可以見到9個。

這種“于”的賓語，一般都是由動詞語充當的，例如：

（161）乞日酒？

于日衶酒？（屯 2366）

（162）癸巳貞：于彡衶，叀𥜌先？（合 34415）

（163）己丑卜：其又歲，于翌日衶又歲于大乙？（合 33370）

（164）己丑卜，彭貞：其爲祖丁兮門于𦉪卒𠨘彡？（合 30282）

（165）辛卯卜：彳伐于衶彡？（合 32263）

（166）辛丑貞：禱于河于彡衶？（合 34238）

前三個例子，“于”字介賓短語作狀語，後三個例子，“于”字介賓短語作補語。

這種“衶”應看成動詞，如“日衶”，是說日祭結束時；“彡衶”，是說彡祭結束時。

（五）于……卒……廼……

這種固定格式表示到某件事結束時就做另一件事，也是表示兩件事之間的時間關係的。這種用例見到2個。

這種“于”的賓語，都是由動詞性詞語充當的，例如：

（167）丁卯卜：其禱又大乙？

于翌日衶廼禱又大乙，王受祐？（合 27092）

（168）于彡卒，廼又戲，王受祐？（合 41410）

“卒”應爲動詞，出現在“于”的賓語裏，“于”字介賓短語和“廼”都是作狀語的。

六、結論

本文首次對甲骨文中的時間介詞“于”進行系統全面的研究，得出了如下一些結論：

“于”最初是動詞，由此發展爲位事介詞，由位事介詞發展爲處所介詞，再由處所介詞發展爲時間介詞。

時間介詞“于”是時段介詞，絕大多數可譯爲“到”，極少數可譯爲“在”。

時間介詞“于”的賓語可以由時間名詞語充當，也可以由動詞性詞語充當。充當“于”賓語的動詞性詞語不再表示動詞行爲，而是表示進行這種動作行爲的時間，業已名詞化了。

表示時間的“于”字介賓短語，絕大多數（佔總數的92%）出現在語句主語之後、謂語中心詞之前，這是它的通常位置。有時（佔總數的5%）出現在語句主語之前，這時“于”字介賓短語主題化了，這種變化意在提高和強調信息的已知程度。有時（佔總數的3%）出現在謂語中心詞之後，這時“于”字介賓短語焦點化了，這種變化意在提高和強調信息的新鮮程度。

“于”字句的主語、謂語、賓語、補語都可以被省去，時間介詞“于”本身也可以被省去。一般說來，被省去的句子成分都不是語句的焦點部分，不是卜問者特別關注的內容。“于”可以跟“迺”、“既”、“卒”等詞構成多種固定格式，用來表示多種比較複雜的時間關係。

參考文獻

[1] 郭錫良：《介詞“于”的起源和發展》，《中國語文》1997年第2期。

[2] 韓耀隆：《甲骨卜辭中“于”字用法探索》，《中國文字》1972年第四十九冊。

[3] 黃偉嘉：《甲骨文中“在、于、自、從”四字介詞用法的發展變化及其相互關係》，《陝西師範大學學報》1987年第1期。

[4] 李麗豔：《甲骨文介詞、連詞研究》，河北師範大學碩士學位論文，2007年。

[5] 李先銀：《甲骨文中“于”語法化過程構擬》，《武漢工程大學學報》2010年第2期。

[6] 馬彩紅：《甲骨文中介詞“于”的用法》，《現代漢語》2007年第12期。

[7] 裘錫圭：《釋殷墟卜辭中的“卒”和“𧘲”》，《中原文物》1990年第3期。

[8] 裘錫圭：《釋“木月”“林月”》，《古文字論集》，北京：中華書局1992年版。

[9] 裘錫圭：《談談殷墟甲骨卜辭中的“于”》，余靄芹、柯蔚南主編：《羅傑瑞先生七秩晉三壽慶論文集》，香港：香港中文大學中國文化研究所吳多泰中國語文研究中心2010年版。

[10] 沈培：《說殷墟甲骨卜辭的“枳”》，《原學》（第三輯），北京：中國廣播電視出版社1995年版。

[11] 蕭德銑：《甲骨文介詞述略》，《懷化師範專科學校學報》1990年第6期。

[12] 張玉金：《甲骨文虛詞詞典》，北京：中華書局1994年版。

[13] 張玉金：《甲骨卜辭語法研究》，廣州：廣東高等教育出版社2002年版。

Time Preposition “Yu（于）” in Oracle Bones Inscriptions

Zhang Yujin

Abstract: This paper made a systematic and comprehensive study on time prepositions “Yu（于）” in oracle bones inscriptions first. “Yu（于）” is a verb at fist, from here develop into “Wei shi” preposition, from “Wei shi” preposition develop into location preposition, then from location prepositions develop into time preposition. Time preposition “Yu（于）” is a time interval preposition, most can be explained as “Dao（到）”. The object of time preposition “Yu（于）” can be made by time noun, also can act as a predicate word. Prep-object phrases of “Yu（于）” expressing time, most appeared after the subject of sentence, before predicate center words. Subject, predicate, object and complement of “（于）” all can be omitted, time preposition “Yu（于）” itself can also be left out. “Yu（于）” can be used with “Nai（廼）”, “Ji（既）” and “Zu（卒）” forming into various fixed phrases, be used to express various complex time relation.

Key Words: Oracle Bones Inscriptions; Time Preposition; Yu（于）

（張玉金　華南師範大學文學院　510006）

甲骨文乙類祭祀動詞在金文中的語法特點研究

鄭繼娥

提　要　文章選取甲骨文中以能直接支配犧牲名詞並使之作受事賓語，卻不能帶原因賓語爲特點的 21 個祭祀動詞爲研究對象，主要分析了其在金文中存在的數量、字形字義的特點，以及在句中的語法功能情況，並進行了甲金用法的對比，以期爲漢語語法史研究提供參考。

關鍵詞　祭祀動詞　甲骨文　金文　語法

“國之大事，在祀與戎”，商周祭祀的對比一直是研究商周歷史、思想、制度等必不可少的論題，有不少人從祭祀動詞出發對此給予了關注和嘗試（陳夢家，1936；劉雨同，1984、1998；文術發，1999、2000；劉源，2004 等）。對於商周時代語言面貌及變化的研究，也有不少成果，如有的嘗試對比商周甲金語言的特點（喻遂生，2002），有的則是在研究金文語言時在某些方面涉及跟甲骨文語言的對比（時兵，2003；鄧章應，2004；董黰黰，2004；潘玉坤，2005）。這些成果都爲我們對比研究甲金語言提供了很好的借鑒，不過這些研究多是舉例性地提及某些差異之處。爲了系統探討商周語言的變化，我們進行擬定性定量分析。商周的語言面貌中，祭祀語言在商周語言中一定佔有相當比重，因此我們選擇從甲骨文中最爲典型的祭祀動詞入手，通過研究其在銘文中的字形字義、語法的用法，探討甲骨、金文及傳世文獻中語言的變化，從而窺一斑而見全豹，揭示祭祀動詞在這兩個時代、兩種材料上語言面貌的傳承流變。

本文只是商周祭祀動詞對比研究之一①，研究對象選取的是在甲骨文中以能直接支配犧牲並使之作受事賓語，卻不能帶原因賓語爲特點的 21 個乙類祭祀動詞（鄭繼娥，2007：46，58）：乇$_{0736}$、烝$_{1032}$、彝$_{1044}$、烄$_{1228}$、燎$_{1526}$、沉$_{1553}$、埋$_{1554}$、攺（施）$_{1858}$、伐$_{2410}$、歲$_{2429}$、殻$_{2785}$、箙$_{2561}$、盟$_{2644}$、敦$_{2814}$、剛$_{2833}$、凡$_{2845}$、册$_{2935}$、用$_{3338}$、卯$_{3355}$、俎$_{3279}$、畿$_{3284}$。它們共同的語義特點是帶有“殺”義素，每個詞後面可以加“牛、羊、牢、羌”等犧牲作賓語，是傳統的祭牲動詞。而且除“箙、盟、殻、彝”以外的其他 17 個動詞因爲既可以以祭祀品作賓語，且又能帶受事賓語，是傳統說法中典型的祭名兼用牲動詞。這 21 個動詞的甲骨文語法、語義部分直接以拙著《甲骨文祭祀卜辭語言研究》爲參考，本文主要揭示其在金文中的用法以及甲骨金文的異同②。在甲骨文中的這些動詞在西周金文中已經在數量、字形、字義上以及語法結構上發生了不同程度的變化，下面分別說明。

一、乙類動詞在金文中數量、字形的變化

（一）數量變化

這 21 個動詞，在西周金文中繼續存在的有 15 個（乇、烝、彝、燎、伐、沉、埋、歲、箙、盟、剛、凡、用、卯、俎），6 個未見到（烄、攺、殻、册、畿、敦）。在西周金文中繼續存在的這 15 個詞，形、義方面與甲骨文不盡相同。

（二）字形字義的變化

（1）金文字形字義基本跟甲骨文一樣，專門作爲祭祀動詞，如“燎”是焚燒以祭祀。

（2）金文字形基本相同，字義上有四種情況：

第一，金文中的字義跟甲骨文一樣都既有祭祀意義又有非祭祀意義，但在字義所用頻率上，在卜辭中是祭祀意義頻繁，而在西周金文中正好相反，變成了非祭祀意義使用頻繁。如“歲”在卜辭中是三種用法：收成、祭祀名、用牲法，其中又以祭祀名、用牲法爲主；在金文中保留了頭兩個用法，還有

“歲星”和“年成”的意思。“彝”在金文中保留了祭祀的意思，又產生出引申義“祭祀用器的總名”和“常”。同理，還有“凡、宜、用”動詞。

第二，比較特殊，只留下了非祭祀意義用法。如“伐”只剩下非祭祀意義，只保留有“征伐、攻打”的意義，沒有了卜辭中充當“祭祀名稱、用牲法和人牲”的意義。“卯”只有“地支”和人名的用法。

第三，字義跟甲骨文不同，“箙”在甲骨文中用的是“䈏”的假借義，而在金文中用的是跟字形構造相吻合的本義“盛矢之器”。

第四，金文字例少，字義不能確定。如“乇”在甲骨文中相當於“磔”，是割裂牲體而祭；金文字形基本不變，但用例一字一例，無從考察。

(3) 金文字形既有與甲骨文一致的形體，也有字形增刪和改變，字義保持祭祀義不變的，如“烝”、“埋（陷）”、“盟”。

“烝”甲骨文从豆从廾，或从米（禾）从豆从廾，有的加“示”，表進獻米、稻、麥、鬯之祭，而文獻中作“蒸”。金文中既有从米从豆从廾的形體（大盂鼎），也有只从米从豆省去“廾”形的（段簋），還有借“登”音替代通用的（如陳侯午敦），祭祀意義仍舊保留。

“盟”甲骨文从皿囧聲，是“盟”的初文，有“殺牲歃血”之意。在金文中比較複雜，既有同甲骨文同構的，也有从皿从朙，或者从血朙聲；或从示朙。金文中的詞義既保持原祭祀義不變（如“盟祀”之“盟”），有時也假借爲“明”義，如“穆穆克盟厥心”（師望鼎）。

“埋（陷）”是埋牲於坑。金文見到一例从人从凵，字形構造與甲骨文中从牛（或从鹿，或从人）从凵一樣，但意義沒有“埋”義，引申作“侵犯”之義。

(4) 字形有改變，意思也不同，如“剛、沉（沈）”。“剛”在金文中从網从山从刀（剛“字金文从山，不是从土）土刀，字義與用牲法不同，是“剛強”，如“左右柔會剛鯀”（史牆盤，10175），或者完全是人名（靜簋，9033）、地名（散氏盤，10176）。“沉（沈）”只爲姓（1 沈之它簋蓋）

由上可知，這 15 個在金文中繼續存在字形的甲骨文祭牲動詞，甲金字形基本一致的佔 80%，字義還保留有甲骨文字義的佔 60%，甲骨文祭祀義還保留的佔 53. 3%。因此，從這 21 個動詞的字形字義在商周的用法來看，傳承是主要的。下面主要分析“烝、彝、燎、伐、埋、歲、盟、凡、用、宜”十個詞在金文中的句法功能。

二、十個甲骨文乙類祭祀動詞在金文句子中的語法功能

通過上面字形字義的分析，“剛、乇、沉”的字義多爲人名、地名，與字形構造義無關；“箙”義爲“盛矢之器”和“人名”，字義簡單，這些詞不在我們討論的範圍，下面主要分析“烝、彝、燎、伐、埋、歲、盟、凡、用、宜”十個動詞在金文中的句法功能。金文引例出處在括弧中依次爲：器名、《殷周金文集成》編號、時期。

(一) 作謂語

1. 烝

(1) 辛巳王祭、蒸在成周。(呂壺蓋，新收 1894，西周早期)

(2) 隹王十又四祀十又一月丁卯，王在畢蒸。(段簋，集成 8. 4208，西周中期)

(3) 隹還在周，辰在庚申，王飲西宮，烝咸。(高卣，集成 10. 5431，西周早期)

(4) ……夙夕召我一人烝四方。(大盂鼎，集成 5. 2837，西周早期)——烝，治理。

我們現在找到“烝”作謂語四例，以上前三例是祭祀意義，第 (4) 例是“治理”之意。

2. 燎

(5) 隹王伐逨魚，征伐潮黑，至，燎于宗周。(庸伯馭簋，集成 8. 4169，西周早期)

(6) 盂以人馘入門，獻西旅，□□入燎周廟……(小盂鼎，集成 5. 2839，西周早期)

(7) 隹王既燎，厥伐東夷。(保員簋，集成12322，西周早期)

以上三例是“燎”在金文中的全部用例，都作動詞謂語，與甲骨文完全一致。

3. 盟

(8) 王曰大保：乃明（盟）乃卺。(太保罍、太保盉)

(9) 服肇夙夕明（盟）享，乍文考日辛寶尊彝。(服方尊，集成11.5968，西周中期)

以上二例是“盟”借用“明”形表示，是通假關係，並跟“卺”、“享”並列作謂語。

4. 宜、歲

(10) 乙巳王曰：尊文武帝乙，宜在召大庭，遘乙。(四祀邲其卣，集成5413，商)

(11) 王宜人方，無務，咸。(作册般甗，集成3.944，西周早期)

(12) 攸立（涖）歲嘗，以祀皇族，以會父兄。(鵝陵君王子申豆，集成4.4695，戰國晚期)

以上三例中，“宜”、“歲”都是祭祀意義的動詞，《禮記·王制》記載：“天子將出，類乎上帝，宜乎社，造乎禰”。在商代金文中的“宜”還跟甲骨文一樣，後面可以帶受事賓語“人方”。“歲”在金文中常跟祭祀動詞“嘗”連用。

5. 凡

(13) 王凡（盤）三方，王祀于天室……丁丑王饗（饗），大宜。(天亡簋，西周早期)

上例中的“凡”有人認爲是祭祀動詞，有人認爲通“盤”，是環視義。

6. 用、埋（陷）、伐

(14) 隹五月，王在初，辰在丁卯，王禘，用牲于大室。(剌鼎，集成5.2667，西周中期)

(15) 南國𠬝子敢陷處我土，王敦伐其至，撲伐厥都。(㝬鐘，集成1.260，西周晚期)

上例中，“用”例沿用甲骨文中的用法，配合了“禘”祭。“陷”的字形構造跟“埋”形同，在金文中是“攻陷”[③]。“伐”爲“討伐”，也是甲骨文中非祭祀動詞用法的延續，但常是“敦伐”（集成5.2833）、“撲伐”（集成1.260，5.2834等）、“征伐”（集成5.2739等）連用。

以上我們舉例說明了九個動詞作句子謂語的情況，但“彝”還沒有發現此類用法，一般只作定語和中心語。此外，“燎”、“宜”、“盟”三個動詞後有補語，主要是處所如“燎于宗周（集成8.4169)”、“宜在召大庭”等。如果有狀語，僅“燎”、“宜”有“既燎”、“大宜”、“咸宜”極少數例子。動詞前面有狀語的只有“燎”、“宜”。

（二）作定語

動詞作定語，常表示性質。金文“烝、彝、盟、用”有作定語例，如：

(1) 太師虘作烝尊豆。(太師虘豆)

(2) 用作大孟姬媵彝缶，禋享是台（以），祇盟嘗禘。(蔡侯尊，集成11.6010，春秋晚期)

(3) 𢦏作祖丁盟彝[④]。(𢦏作祖丁鼎，集成2110，西周早期)

(4) 強乍井姬用鼎。(強乍井姬用鼎，集成2192，西周中期)

上例中，中心語一般是宗廟祭器，如上例中分別是“豆”、“缶”、“彝”、“鼎”，其中例（3）“彝”實際上是祭祀器物總名，在例子中代替“鼎”。在以上四個動詞中，“烝”只見到1例，“彝”還有1例“彝盤”（蔡侯盤）、1例“彝壺”（中山王壺）。“用”作定語的還有“用鼎”4例（集成4.2491，集成2774等）、“用甗”2例、“用劍”（集成11628）12例，並且體例都是某甲作（某乙）用器某。“盟”限定器物類別，還有“盟彝”（集成4.2018），主要在西周早期；“盟”還限定祭祀類別，如有“盟祀”7條，佔所有用例的39%，主要都是春秋中晚期器物。如：

(5) 作厥禾（盉）鐘，用敬恤盟祀（邾公釿。鐘，集成1.102，春秋中期）

(6) 畏忌趩趩，敬厥盟祀（王子午鼎，集成5.2811，春秋中期或晚期）

(7) 鑄其龢鐘，台（以）恤其祭祀盟祀（朱公華鐘，集成1.245，春秋晚期）

祭祀動詞作定語的特點，甲骨文未見，也許這與金文所在的器物恰是放在宗廟祭祀時所用的鐘鼎盤尊等器物有關。但只有四個動詞存在這個用法，使用頻率從高到低依次是“用”19例、“盟”9例、

“彝”2例、“烝”1例；所限定的中心語表示祭祀器物和祭祀總名“祀”，其中器物的種類是有“鼎、豆、缶”與兵器“劍”等。

(三) 作賓語

這些祭祀動詞還從表示祭祀行爲引申出行爲的名稱，即形成祭祀名稱，屬於“動靜”引申⑤，如“雨”、“食”由動詞義引申出名詞義等。詞義的變化形成語法功能的改變，因而金文中的祭祀動詞有作賓語的情況，下面分作動詞的賓語、作介詞的賓語兩種類別說明。

1. 作動詞的賓語

(1) 作父乙彝。(作父乙彝爵，集成14.8881，西周早期)

(2) 述作兄日乙寶尊彝。(述作兄日乙尊，集成11.5934，西周早期或中期)

(3) 用作寶彝。(公貿鼎，集成5.2719，西周中期)

“彝”在金文中已經沒有甲骨文時期的動詞用法，詞義轉變爲祭器之通稱，主要是“作”、“爲”等“製作”義動詞的賓語。這是“彝”在金文中的主要用法。

2. 作介詞的賓語

金文中介詞“用”、“以”後的賓語中，有原是祭祀動詞轉變來的祭祀名賓語，如：

(4) 唯十又四年，陳侯午台(以)群者(諸)侯獻金，作皇妣孝大妃祭器錞敦，台(以)登(烝)台(以)嘗，保又(有)齊邦，永世毋忘。(十四年陳侯午敦，集成4145、4646、4647、4648、4649，戰國晚期)

(5) 楚王熊肯作鑄匜鼎，台(以)共歲嘗。(楚王熊肯匜鼎，集成4.2479，戰國晚期)

(6) 賜女茲賸，用歲用政(征)。(毛公鼎，集成2841，西周晚期)

由以上三例可知，“烝”、“歲”常跟“嘗”一起作“台(以)”的賓語，在所有“歲”的用例中，佔8/42，即約19%。凡祭有四時：春祭曰礿，夏祭曰禘，秋祭曰嘗，冬祭曰蒸(《禮記·祭統》)。例(6)中“歲”爲祭祀，“政”爲“征伐”，可以推斷“歲、征”就是“國之大事，在祀與戎”的另外一種說法。

總之，從上所知，在金文中尚存的十個動詞(除“彝”)可以作謂語，保留了甲骨文中的用法；也有作定語、作賓語的用法，這是金文中才出現的用法，甲骨文沒有。

三、乙類祭祀動詞的甲金異同

就甲骨文中21個乙類動詞來說，在金文中用法變化很大。

第一，數量上，在金文中僅發現15個詞，字形字義相承的有十個，延續甲骨文祭祀意義的有“燎、宜、盟、用”，但用例很少。如甲骨文中僅“燎”的用例就有幾百例，而金文中“燎”才有四例。

第二，在語法功能上，十個祭祀動詞在金文中的用法跟甲骨文有五個方面的不同：①甲骨文中21個祭祀動詞都能作謂語，金文中作謂語的只有九個，其他詞的用法都有了變化。②甲骨文中帶賓語是普遍現象，金文則很少。甲骨文中21個祭祀動詞大多能帶賓語，能有牲品名詞作賓語，而金文中僅限於“用、宜”，其他大多不帶賓語；甲骨文中“燎、歲、乇、卯”等能帶雙賓語，如“歲父丁戊羌”(集成22073)。這在金文中沒有發現。③甲骨文中這類動詞很少轉化爲名詞，而金文從動詞轉化爲名詞現象較多。甲骨文只有“伐”有少數作名詞“人牲”的用法，如“貞侑於大甲伐十又五(902正)”。而金文中這種現象較多，如“彝”已經作祭名，在句子中作定語和名詞短語中心語；“歲、盟”已經虛化，從祭祀義動詞引申爲祭祀名稱。而且“用”的用法已經分化爲介詞和連詞，跟文獻以及現代漢語中的用法基本相同。④這些作謂語的動詞的修飾語在金文中只有表示時間的“既”、表範圍的“咸”、表程度的“大”，比甲骨文種類少，數量就更少。⑤金文中謂語動詞後的補語類別也較少，主要是地點補語，對象補語只有兩例。而在金文中還有對象補語、時間補語。

總之，通過對甲骨文中21個乙類祭祀動詞在金文中的傳承流變的考察，我們發現他們的用法在甲骨文、金文中既有相承，又有變化，且以變化爲主。表示祭祀意義的雖然還有，但用例數量已經非常少。“燎、宜、烝”在西周金文中還是比較活躍，可以斷定它們是商周時期比較典型的祭祀活動。而“烝、彝、盟、用”作定語、“烝、歲”作介詞賓語的用例則是金文特有的。這些區別和特點變化的原因可能與甲骨金文的文字性質、書寫材質、内容有關，具體原因將另外撰文研究。

附　注

①已撰文《甲金祭祀語言對比研究之一》，討論了以在甲骨文中能帶原因賓語爲特點的11個甲類祭祀動詞，即“告、祼、寧、取、侑、禦、祝、祐”等在西周金文中語言面貌的傳承流變，載《漢語本體及應用研究》，廣州：暨南大學出版社2010年版，第119～130頁。

②主要根據《甲骨文字詁林》、《金文常用字典》、《金文編》、《商周古文字讀本》、《殷商金文集成》（修訂增補本）等工具書認定。

③採自王輝的解釋，見《商周金文》，北京：文物出版社2006年版，第213頁。

④此例中，“彝”爲宗廟祭祀器物的總名，張亞初《殷周金文集成引得》第34頁釋爲“鑊”。

⑤參看方平權：《漢語詞義探索》，長沙：岳麓書社2006年版。

參考文獻

［1］陳夢家：《古文字中的商周祭祀》，《燕京學報》1936年第19期。

［2］鄧章應：《西周金文句法研究》，西南師範大學碩士學位論文，2004年。

［3］董豔豔：《商代金文語言研究》，西南師範大學碩士學位論文，2004年。

［4］劉雨：《西周金文中的祭祖禮》，《考古學報》1984年第4期。

［5］劉源：《商周祭祖禮研究》，北京：商務印書館2004年版。

［6］潘玉坤：《西周金文語序研究》，上海：華東師範大學出版社2005年版。

［7］時兵：《古漢語雙賓結構研究——殷商到西漢年代相關地下語料的描寫》，安徽大學博士學位論文，2002年。

［8］時兵：《兩周金文的雙賓語結構研究》，《巢湖學院學報》2003年第6期。

［9］文術發：《商周祭祀銘文研究》，中山大學博士學位論文，1999年。

［10］文術發：《從古文字看商周祭祀制度》，《西南師範大學學報》2000年第3期。

［11］喻遂生：《甲金語言文字對比研究論集》，成都：巴蜀書社2002年版。

字典辭書

［1］陳初生：《金文常用字典》，西安：陝西人民出版社2004年版。

［2］戴家祥：《金文大字典》，上海：學林出版社1995年版。

［3］華東師範大學中國文字與應用中心編：《金文引得》（殷商西周卷），南寧：廣西教育出版社2001年版。

［4］華東師範大學中國文字與應用中心編：《金文引得》（春秋戰國卷），南寧：廣西教育出版社2002年版。

［5］張亞初：《殷周金文集成引得》，北京：中華書局2001年版。

［6］徐中舒：《甲骨文字典》，成都：四川辭書出版社1989年版。

［7］于省吾主編：《甲骨文字詁林》，北京：中華書局1996年版。

Grammatical Features of B Group of Oracle Bone Worship Verbs in Bronze Inscriptions

Zheng Ji'e

Abstract: Twenty-one oracle bone verbs for worship which can directly take sacrifice nouns as their patient object, but can not precede reason objects are studied and their number, character form and meaning, and grammatical functions are compared with bronze inscriptions to provide reference for the historical study of Chinese grammar.

Key Words: Worship Verbs; Oracle Bone Inscription; Bronze Inscription; Grammar

（鄭繼娥　湛江師範學院人文學院　524048）

論甲骨文鬼神名詞的構詞特點

林春香

提　要　鬼神名詞在甲骨文中佔有很重要的地位。甲骨文鬼神名詞可分爲人鬼、自然神、帝及其臣屬三類。按照音節的多少，可分爲單音詞、複音詞。複音詞的構詞方式基本爲偏正式。甲骨文鬼神名詞書寫上的一些特點，反映了甲骨文文字系統的不穩定性。

關鍵詞　甲骨文　鬼神名詞　構詞方式　複音詞

鬼神名詞在甲骨文中佔有很重要的地位。《禮記·表記》曰："殷人尊神，率民以事神，先鬼而後禮。"所謂鬼神，即指已經去世了的人以及被神化了的自然物。目前，對甲骨文鬼神名詞的研究主要是歷史學和宗教學方面的，如對殷王世系的考證，對殷商時期親屬稱謂、祭祀特點、神靈崇拜的研究等。目前還沒有人對甲骨文鬼神名詞進行系統的語言學方面的研究。本文首先對甲骨文鬼神名詞作一個基本的概括描寫，然後重點考察其構詞和書寫上的特點，從而進一步反映甲骨文在詞彙和語法上的一些特徵。

一、甲骨文鬼神名詞概貌

結合前人的研究成果，我們將殷墟甲骨文中出現的鬼神名詞，概括分類如下：

（一）人鬼

1. 先公

大乙之前的先公有夒、[illegible]（契）、昌（相土）、王吳（曹圉）、季、王亥、王恒、上甲、報乙、報丙、報丁、示壬、示癸等[①]。其他的，如[illegible]、姬、娥等，也被商人隆重祭祀，地位重要，列爲先公。

"夒"、"王亥"以及自然神"河"在卜辭中又稱"高祖"，反映了這幾位祖先在殷人心目中的重要地位。高祖神屬於先公，有些祖先神的名字前也有"高"字，如高祖乙、高妣己、高妣庚，但兩者的"高"字之性質並不相同[②]。因此，我們不把他們歸入先公。

2. 先臣

有黃尹、黃奭、黃示、伊尹、伊奭、伊示、亦伊（合 3458 正）、巫、伊工（合 5625）、作"咸"（卜辭又稱作"咸"戊）、學戊、盡戊（合 3515）等。

3. 先王

大乙（唐、成）—大丁、卜丙、南壬（即仲壬）—大甲—虎祖丁（即沃丁）、大庚—小甲、雍己、大戊—仲丁（三祖丁）、卜壬、戔甲—祖乙（中宗祖乙、高祖乙）—祖辛、羌甲—祖丁（小丁、四祖丁）、南庚—虎甲（即陽甲）、盤庚（三祖庚）、小辛（二祖辛）、小乙（小祖乙、後祖乙）—武丁（後祖丁）—孝己（小王）、祖庚、祖甲—廩辛、康丁（康祖丁、康）—武乙（武祖乙）—文丁（文武、文武丁）—帝乙——帝辛。

4. 先子

如子庚、子癸、中子、長子。

5. 先妣

如妣癸、妣庚、妣己、妣辛、妣戊、中妣。

6. 先母

如母庚、母丙、母壬、母辛、小母、中母。

7. 先婦

如婦好、婦鼠。

（二）自然神

自然神是被神化了的自然物。劉青（2008）將自然神具體分爲如下幾類：太陽神、月神、星辰諸神、四方神、土神（即社神）、山水神、石神、動物神、植物神、血神。

（三）帝及其臣屬

帝、帝臣（合 14223）、帝使風（合 14226）、帝雲（合 14227）、上子（泛指天上的神靈，如合 14257）、帝五臣（合 30391）等。

二、甲骨文鬼神名詞構詞特點

（一）詞與短語的討論

1. 甲骨文有無複音詞

關於甲骨文有無複音詞（這裏指合成詞），語法學界有不同的看法。郭錫良（1997）認爲，甲骨文時代的語言可以說還是一種單音節語，只有單音節的詞，殷商時代語言的詞彙系統本質上是單音節的，少數複音結構應該是短語而不是詞，例如甲子、乙丑，都還是短語，而不宜看作複音詞。

另一種意見則認爲甲骨文中已經有複音詞。唐鈺明（2002）認爲“甲骨文的詞彙已出現複音化的萌芽”，但只產生了複音名詞，其中大部分是人名和地名，官名、時間和神名佔小部分。唐鈺明（2002）還總結出甲骨文開創的漢語構詞法中三種最基本的構詞方式，即偏正式、聯合式、動賓式。唐元發（2007）也做了相關的探討，認爲這些用作專有名稱的複音語言形式，“有特定的所指意義，表示具體的人或事物的名稱”，“與普通的單音節名詞在意義特徵和句法功能上沒有什麼不同，因而也都是詞”。

筆者贊同後一種看法，就指稱鬼神的形式來看，其中大部分雙音節形式應看作詞而不是短語，如大甲、小乙，少部分雙音節和所有多音節形式，從構詞和意義上來看，應把它們看作短語，如父庚、兄丁、高祖河、高祖王亥、高妣庚、多高妣等。

這裏我們參考程湘清（2003）區別詞和短語的方法，從以下三個方面來判斷：

（1）從語法結構上看，兩個音節結合緊密，不能拆開或隨意擴展的是詞。如上甲、小甲、大甲、羌甲、大丁、盤庚、王亥、雍己、仲丁、孝已、南庚等。

（2）從詞彙意義上看，凡結構上結合緊密、意義上共同代表一個概念的是詞；結構上結合鬆散、意義上表示兩個概念的則是短語。如高祖河、後祖乙、小妣已、三妣庚，它們除了表示河、祖乙等鬼神名外，還表示各自的身份或位次，因此是短語。

（3）從出現頻率上看，詞的出現頻率一般要高於短語。如“祖乙”、“妣辛”、“父庚”、“母辛”、“兄丁”、“子庚”，雖然都爲“親屬稱謂 + 天干”形式，如果按字面意義劃分，應該都爲短語，因爲它們既表示輩分，又用天干（祭祀某位祖先而選定的日子）來指稱。但從使用頻率來看，“祖乙”、“妣辛”明顯要高於其他形式，因此其詞化程度也更高。③

根據以上標準，我們可以知道甲骨文鬼神名詞已經具備複音詞形式，並且都爲雙音節，甲骨文鬼神名詞還沒有出現三個或三個以上音節的複音詞。

2. 合文、同素逆序與複音詞的關係

（1）合文。

合文，是指將兩個或兩個以上的漢字合併爲一個漢字方塊單元來書寫。卜辭常見的合文有“上甲、報乙、報丙、報丁”等。可以看作合文的一個前提是，合併的兩個或幾個字在同時代必須有不合文的例子。雖然“上甲、報乙、報丙、報丁”卜辭始終以合文的形式出現，但“上”、“匚”、“甲”、“乙”、“丙”、“丁”在甲骨文中已經是一個獨立的字了。如：

(1) 丙申卜：㞢三匚二示？（合 32392）

“三匚”就是報乙、報丙、報丁。

“上甲”在卜辭中最早寫作田，裏面的“十”即古甲字，與“田”有別（“田”字中間的“十”與四旁相接，而田字與四旁不接或直筆不接）。後來，爲了區别於“田”字，加一短横或一撇於上，寫作甶、亩；也有加一豎筆於右側，寫作⿰田丨；或加“凵”字，寫作⿶凵田。據陳夢家（1988：406）統計，不同時期的“上甲”字形見下：

武丁：田、甶、⿰田丨　　武丁晚期：⿶凵田

祖庚：(⿶凵田)、亩　　祖甲：⿶凵田、亩

廩辛：亩　　康丁：亩

武乙（文丁）：田　　帝乙帝辛：亩

報乙、報丙、報丁卜辭寫作⿷匚乙、⿷匚丙、⿷匚丁，沒有變化（“口”或以爲正面所見盛主之器，“匚”爲側面所見盛主之器）。

根據上甲的諸多書寫形式，我們似可作如下推斷：最早的字形田，聯繫報乙、報丙、報丁的合文，我們也可以把它稱爲報甲，只是後來爲了與“田”相區别，才有甶、⿰田丨、亩、⿶凵田等字形。那麼，“亩”、“⿶凵田”則應爲“上”和“報甲”的合文，全稱應爲“上報甲”。如果這樣，“亩”、“⿶凵田”就是三個字的合文了。

其他的合文還有：

，“小乙”的合文；，“小丁”的合文；，“妣庚”的合文。三者合文可見《合》27330。

，祖甲的合文，如《合》27334。

彐，“報二示”的合文，如：

(2) 貞：勿㞢自上甲［三］彐？（合 1161）

，“父庚庸”的合文，如：

(3) 叀父庚庸奏，王永？
叀祖丁庸奏？（合 27310）

例（3）前條卜辭的“父庚庸”，甲骨文就作。“庸”的上部分因與“父庚”的“庚”相同而合寫。“庸”爲大鐘的意思。

雖然大多數合文都爲複音詞，但兩者屬於不同的概念範疇。合文是兩個或兩個以上的漢字合併爲一個漢字，意義不變，它屬於文字現象。而複音詞是由兩個或兩個以上音節構成，屬於詞的層面，是語言現象。

上甲、報乙、報丙、報丁是研究者根據其字形以及殷王的世系，用現在的語言來命名的。像田、甶、⿰田丨、⿷匚乙、⿷匚丙、⿷匚丁，如果這幾個字在當時並不表示兩個字的結合，那麼它們就不是合文。但由於可以從甲骨文中找到單用的“上”、“匚”、“乙”、“丙”、“丁”，據此我們可以斷定亩、⿶凵田、⿷匚乙、⿷匚丙、⿷匚丁爲合文。至於田，由於“口”無法找到單用的例子，是否爲合文，只能存疑。而“祖甲、妣庚”等，因爲可以明確“祖”、“妣”、“甲”、“庚”各爲一個字，並且有分書的共時形式，它們共同書寫於一個漢字方塊內，則爲合文無疑。以上所舉合文形式，都爲複音詞。但“報二示”的合文以及“父庚庸”中“庚”與“庸”的合文，則與複音詞無關，這純粹是書寫問題。

(2) 同素逆序。

同素逆序，即兩個字書寫時順序顛倒，如“妣庚”寫作“庚妣”（合 22136），“祖庚”又作“庚祖”（合 12980）。此外還有辛母（合 1784）、己妣（合 22213）、戊大（合 32165）、示丁（合 22289）等。

同素逆序現象不僅表現在複音詞中，在短語中也有反映。如“多后”作“后多”（合 27042 反），“多子”作“子多”（合 27643），“高祖夒”作“夒高祖”（合 30399）。

同素逆序是構詞法問題，但甲骨文中的“同素逆序”與書寫有很大關係。在諸多構詞法中，除聯合式有兩個字順序不固定的現象外，其他構詞法很少有這種情況。以上同素逆序詞基本屬於偏正式。雖然古漢語中有正偏式結構，如“中心”，但這種結構的定型要到《詩經》時代了。此外，從卜辭的書寫來看，寫作“庚妣”和“妣庚”具有很大的隨意性。因此，甲骨文的同素逆序現象還只是一種萌芽形式，與書寫有很大關係，是甲骨文文字系統不穩定的表現之一。

（二）單音詞

單音節鬼神名詞見於人鬼及自然神中，如夒、季、唐、咸、昌、娥、河、嶽、雲、風、東、西等，此外還有天神“帝”。單音節的人鬼名詞，一般都是地位比較高並且離後世較遠的祖先。人鬼名詞中還有一類單稱天干或單稱祖、妣、父、母等親屬稱謂的單音詞。單稱天干的如：

（4）貞：勿㞢于乙？（合 7311）

（5）丙寅卜，賓貞：翌丁卯㞢于丁？（合 339）

董作賓先生（1936：125）認爲“殷人常有對最切近之人，僅舉忌日，不加稱謂者”，並舉上引《合》339 爲例，“載祭丁之辭十三，皆但稱丁，不加祖或父之稱謂。同版有祖乙之祀，若祖乙爲小乙，則此丁即父丁，武丁了。此版皆武丁時舊史，或系祖庚時之卜辭”。董說可從。

單稱祖、妣、父、母等親屬稱謂的，如：

（6）丁丑［卜］，□貞：告［于］妣？（合 2513）

（7）叀母歲先？（合 2596）

有些卜辭中的單音節鬼神名詞具有明顯的省略意味，如：

（8）貞：告于祖乙？七月。

勿告于祖？（合 938 正）

下條卜辭的“祖”顯然是“祖乙”的省略，這與純粹的單音詞不同，應該看作複音詞的省略形式。

（三）複音詞

1. **構詞方式**

甲骨文鬼神名詞複音詞的構詞方式基本爲偏正式，其次還有附加式。偏正式具體有如下幾種表現形式：

（1）X＋天干。

X 爲親屬稱謂或表身份的名詞，如祖辛、妣辛、父庚、母庚、兄丁、子庚、婦好、王亥。

X 爲具有區別作用或修飾限制作用的形容詞或名詞，如大甲、小甲、小乙、下乙。

（2）X＋示。

X 多爲形容詞，如元示、大示、小示、黃示。

（3）私名＋官職名。

如黃奭、黃尹、伊尹。

（4）帝＋天干。

“帝”是一種尊稱，由“帝”的至上神意義引申出來。卜辭稱“帝”的都是已經去世了的商王，如帝甲、帝丁。

其他神名，如出日、入日、東母、西母、中子、長子等，也屬於偏正式。

附加式爲“㞢＋親屬稱謂”，如㞢妣（合 03167 正）、㞢祖（合 04421）。“㞢”後來寫作“有”，爲詞綴，起臨時加足音節的作用。

2. 複音詞中的合用現象

我們在單音詞部分已經提到，單稱天干或親屬稱謂的詞，有些應該看作複音詞的省略。此外還有一種省略，即合用，指兩個相臨的詞，由於有一個共同的語素，爲了節省篇幅和人力，這個語素只書寫一次。

這種形式的省略，或者合用同一親屬稱謂，如“父庚辛”（合 2159、合 7862），或者合用同一尊稱，如“帝甲丁”（合 27438），或者合用同一天干，如“母妣甲”（合 22775）等。

短語中也有這種合用，如“高妣己妣庚”（合 279），“妣己、妣庚”合用表地位的“高”。此外，還有鬼神名詞與時間名詞共用一字的，如：

（1）癸卯貞：酒升歲于大甲辰五牢？兹用。（屯南 2953）

（2）乙亥卜：又十牢十伐大甲申？（合 32201）

“大甲辰”即“大甲甲辰”，“大甲申”即“大甲甲申”。

三、結語

根據以上對甲骨文鬼神名詞構詞和書寫特點的考察，可以得出以下結論：甲骨文時期已經出現了複音詞，其中的鬼神名詞以偏正式爲主，同時還出現了前加“㞢（有）”的附加式；甲骨文鬼神名詞書寫上的一些特點，如合文、同素逆序、合用等，反映了甲骨文時期文字系統的不穩定性。

附　注

①按照王國維的意見，商朝滅夏建國以前的商人首領被稱爲“先公”，建國以後的各王被稱爲“先王”。因此，可以大乙爲界，之前的稱先公，大乙及以後的稱先王。見王國維：《殷卜辭中所見先公先王考》及《殷卜辭中所見先公先王續考》，《觀堂集林》（卷九），北京：中華書局 1959 年版。

②如“高祖亥”是“高祖王亥”的省稱，應讀作“高祖亥”，而“高祖乙”則應讀作“高祖乙”。這個“高”也表地位，但同時還有區別作用。“高祖乙”（指仲丁子祖乙）是與“後祖乙”（小乙）相對的。詳見陳夢家：《殷虚卜辭綜述》，北京：中華書局 1988 年版，第 416 頁。

③雖然“父庚”、“母辛”、“兄丁”、“子庚”等形式還不能完全看作詞，但考慮到“親屬稱謂 + 天干”形式具有較強的穩定性，其結構較緊湊，且卜辭使用頻率也較高，因此本文將其看作複音詞來討論。

參考文獻

［1］陳夢家：《殷虛卜辭綜述》，北京：中華書局 1988 年版。

［2］程湘清：《漢語史專書複音詞研究》，北京：商務印書館 2003 年版。

［3］國立中央研究院歷史語言研究所編：《田野考古報告》（第 1 冊），上海：商務印書館 1936 年版。

［4］郭錫良：《先秦漢語構詞法的發展》，《漢語史論集》，北京：商務印書館 1997 年版。

［5］劉青：《甲骨卜辭神話資料整理與研究》，昆明：雲南人民出版社 2008 年版。

［6］唐鈺明：《金文複音詞簡論——兼論漢語複音化的起源》，《著名中年語言學家自選集·唐鈺明卷》，合肥：安徽教育出版社 2002 年版。

［7］唐元發：《先秦複音詞的產生與發展》，《浙江工業大學學報》2007 年第 5 期。

［8］王國維：《殷卜辭中所見先公先王考》及《殷卜辭中所見先公先王續考》，《觀堂集林》（卷九），北京：中華書局 1959 年版。

Research on the Nouns of Ghost in Inscriptions on Bones or Tortoise Shells

Lin Chunxiang

Abstract: The Nouns of Ghost has the important position in Inscriptions on Bones or Tortoise Shells. The Nouns of Ghost could be classified into human ghost, nature spirit, God and its belongings, and into monosyllabic word and compound word according to the number of its syllable. The main word-building of compound word is genitive structure. And the writing features of the Nouns of Ghost reflect the instability of the Inscriptions on Bones or Tortoise Shells' writing-system.

Key Words: Inscriptions on Bones; Nouns of Ghost; Word-building; Compound Word

（林春香　東莞行政學院　523013）

西周金文雙賓語句研究*

蔣書紅

提　要　西周金文中的雙賓語句隸屬於兩種基幹句型，共有 14 種具體表現形式。西周金文中的雙賓語句都是由三價動詞構成的，這些三價動詞共有 29 個，分屬於三種詞義類別。

關鍵詞　西周金文　雙賓語句　三價動詞　句型

從配價來看，漢語中的雙賓語句可由三價動詞和二價動詞構成。不過在西周金文中，根據我們的考察，雙賓語句都是由三價動詞構成的。本文側重於分析西周金文中這些三價動詞的詞義類别和由三價動詞構成的雙賓語句的句型。

一、三價動詞的詞義類别

從詞義來看，西周金文中能構成雙賓語句的三價動詞可分爲以下幾類。

（一）給予義

給予義包括賞賜、贈送、交還、回報、賠償等含有“給予、付出”意義的動詞，在西周金文中共有“受（授）、舍、賓、貯、分、光、賸、令、賞、易（賜）、降、舍、禮、割、賫、付、償、畀、典、報、即、覞畀、貯受（授）、復友（賄）、復付”25 個。

（二）奪取義

奪取義包括罰沒、搶奪、贖買等含有“獲得、取得”意義的動詞，與給予義相反，在西周金文中共有“罰、寇、贖”3 個。

（三）教告義

教告義是指含有“教育、告訴”意義的動詞，在西周金文中只有“告”1 個。

二、由三價動詞構成的雙賓語句的句型

“句型”這個概念，在語法學中有不同的理解，這裏用來表示從若干句例中抽象概括出來的模式。爲了分析論述的簡潔方便，下面用 S、V、$O_{間}$、$O_{直}$、AV、CO 來分别代替雙賓語句句型中的主語、三價動詞、間接賓語、直接賓語、狀語、補語；用“＝＝”、“＿＿”、“～～”、“……”、“［］”、“< >”來分别標注雙賓語句中的主語、謂語、間接賓語、直接賓語、狀語、補語。

（一）$S + V + O_{間} + O_{直}$

這種句型的例句在西周金文中數量很多。例如：

1. 受（授）

受（授）：授予。

王　受（授）　作册尹　書。（作册矢令簋，8.4240，西中）

* 基金項目：2010 年教育部人文社會科學一般研究項目“金文動詞詞典”（編號：10YJC740051）；2009 年廣東省哲社“十一五”規劃項目“西周金文動詞研究”（編號：09J－09）。

2. 舍

舍：給予。

（1）我 舍 顏陳 大馬兩。（九年衛鼎，5.2831，西中）

（2）余 舍 女（汝） 田五田。（五祀衛鼎，5.2832，西中）

3. 賓

賓：饋贈。

（1）尸伯 賓 睘 貝、布。（作冊睘卣，10.5407，西早）

（2）䁱 賓 𦺇 章（璋）一、馬兩。（𦺇簋，8.4195，西中）

4. 貯

貯：賜。

兮公 貯 盂 鬯束、貝十朋。（盂卣，10.5399，西早）

5. 分

分：予。

己侯貉子 分 己姜 寶。（己侯貉子簋蓋，7.3977，西中）

6. 光

光：授。

周師 光 守宮 事。（守宮盤，16.10168，西中）

7. 媵

媵：陪嫁，給予陪嫁品。

鼄伯 媵 嬴尹母 𣪕盤。（鼄伯盤，16.10149，西晚）

8. 令

令：賞賜。

（1）楷伯 令 厥臣獻 金車。（獻簋，8.4205，西早）

（2）師田父 令 小臣傳 非余。（小臣傳簋，8.4206，西早）

9. 賞

賞：賞賜。

（1）帝司 賞 庚姬 貝卅朋、貸絲廿鋝。（商卣，10.5404，西早）

（2）公大保 賞 御正良 貝。（御正良爵，14.9103，西早）

（3）尹 賞 史獸 福。（史獸鼎，5.2778，西早）

（4）姜 賞 令 貝十朋、臣十家、鬲百人。（作冊夨令簋，8.4300，西早）

10. 易（賜）

易（賜）：賜予。

（1）王 易（賜） 鮮 吉金。（鮮鐘，1.143，西晚）

（2）伯姜 易（賜） 從 貝卅朋。（從鼎，4.2435，西中）

（3）休王 易（賜） 效父 呂（鋁）三。（效父簋，7.3822，西早）

（4）王 易（賜） 呂 秬鬯三卣、貝卅朋。（呂方鼎，5.2754，西中）

（5）伯 易（賜） 小臣宅 畫毌、戈九、昜（錫）、金車、馬兩。（小臣宅簋，8.4201，西早）

（二）$V + O_{間} + O_{直}$

這種句型在西周金文中數量更多。例如：

1. 賓

賓：給予。

(1) 賓　膳夫豐生　璋、馬匹。(吴虎鼎，364，西晚)
(2) 賓　睽　介璋、帛束。(大簋，8.4298，西晚)

2. 降

降：賜予。
(1) 降　余　多福。(胡鐘，1.260，西晚)
(2) 降　余　魯多福亡疆。(士父鐘，1.145，西晚)
(3) 降　余　厚多福無疆。(井人妄鐘，1.110，西晚)
(4) 降　克　多福、眉壽、永命。(善夫克盨，9.4465，西晚)

3. 令

令：賞賜。
令　女(汝)　幽衡、鋚勒。(康鼎，5.2786，西中或西晚)

4. 受(授)

受(授)：授予。
(1) 受(授)　余　純魯、通祿、永命、眉壽、靈終。(𤼈鐘，1.247，西中)
(2) 上帝司擾尤保，受(授)　天子　綰命、厚福、豐年。(史牆盤，16.10175，西中)
(3) 受(授)　余　純魯。(五祀胡鐘，2.358，西晚)

5. 賞

賞：賞賜。
(1) 賞　小臣豐　貝。(小臣豐卣，10.5352，西早)
(2) 賞　叔　鬱鬯、白金、芻牛。(叔簋，8.4133，西早)

6. 舍

舍：給予。
(1) 舍　矩姜　帛三兩。(九年衛鼎，5.2831，西中)
(2) 舍　顏有司壽商　貉裘、盠冟。(九年衛鼎，5.2831，西中)

7. 易(賜)

易(賜)：賜予。
(1) 易(賜)　克　佃車、馬乘。(克鐘，1.204，西晚)
(2) 易(賜)　寓　曼絲。(寓鼎，5.2718，西早或西中)
(3) 易(賜)　女(汝)　赤芾、縈衡、鑾旗。(申簋蓋，8.4267，西中)
(4) 易(賜)　女(汝)　赤雍芾、鑾旗。(揚簋，8.4294，西晚)

8. 禮

禮：分與。
禮　百姓　豚。(士上盉，10.5421，西早)

9. 割

割：分與。
割　邢侯　服，易(賜)臣三品：州人、重人、墉人。(榮作周公簋，8.4241，西早)

10. 齎

齎：贈予。
齎　女(汝)　干五、昜登、……(五年師旋簋，8.4218，西晚)

11. 付

付：付給。
(1) 付　永　厥田。(永盂，16.10322，西中)

（2）付　厥　尚官。（虎簋蓋，491，西中）

12. **罰**

罰　女（汝）　三百鋝。（𠑇匜，16.10285，西晚）

13. **償**

償：賠償。

（1）償　曶　禾十秭。（曶鼎，5.2838，西中）

14. **告**

告：告訴。

（1）告　余　先王若德。（毛公鼎，5.2841，西晚）

（三） S + AV + V + $O_{間}$ + $O_{直}$

這種句型，在西周金文中如：

（1）王　［親］　易（賜）　馭方　玉五瑴、馬四匹、矢五束。（噩侯鼎，5.2810，西晚）

（2）天子　［多］　易（賜）　追　休。（追簋，8.4219，西中）

（3）余　［既］　易（賜）　大　乃里。（大簋，8.4298，西晚）

（4）我　［既］　付　散氏　田器，有爽，實余有散氏心賊。（散氏盤，16.10176，西晚）

（5）王　［則］　畀　柞伯　赤金十鈑。（柞伯簋，486，西早）

（6）余　［其］　舍　女（汝）　臣十家。（令鼎，5.2803，西早）

（7）邦君厲　［眔］　付　裘衛　田。（五祀衛鼎，5.2832，西中）

（四） AV + S + AV + V + $O_{間}$ + $O_{直}$

這種句型，在西周金文中如：

（1）［乃］　天子　［多］　易（賜）　旅　休。（虢叔旅鐘，1.238，西晚）

（2）［肆］　天子　［多］　易（賜）　逨　休。（逨盤，《文物》2003年第6期，第66頁，西晚）

（3）［穆穆］　王　［親］　易（賜）　遹　爵。（遹簋，8.4207，西中）

（4）［剌祖］　文考　［弋］　貯受（授）　牆　爾𩁹福。（史牆盤，16.10175，西中）——貯受（授），同義連用。

（五） S + V + $O_{間}$ + $O_{直}$ + CO

這種句型，在西周金文中只有以下兩例：

（1）王　易（賜）　中　馬　<自□侯四□>。（中觶，12.6514，西早）

“自□侯四□”作補語，補充說明所賜之馬的來源（“自□侯”）、數量（“四”）、具體品種（“□”）。

（2）毛公　易（賜）　朕　文考臣　<自厥功>。（盂簋，8.4162，西中）

（六） S + AV + V + $O_{間}$ + $O_{直}$ + CO

這種句型，在西周金文中只有以下一例：

我　［既］　賣　女（汝）　五夫效父　<用匹馬束絲>。（曶鼎，5.2838，西中）

（七） AV + V + $O_{間}$ + $O_{直}$

這種句型，在西周金文中有以下一些例句：

（1）［用］　典　格伯　田。（格伯簋，8.4262，西中）

（2）［阤阤］　降　余　多福、憲烝。（胡簋，8.4317，西晚）

（3）［因］　付　厥祖　僕二家。（𪒠鼎，5.2765，西中）

（4）［乃］　賓　史𡚬　韋兩。（吳虎鼎，364，西晚）

(5)［乃］　舍　裘衛　林䣄裏。(九年衛鼎，5.2831，西中)
(6)［新］　易（賜）　女（汝）　赤芾、朱衡、中絅、鋚勒。(師酉簋，8.4288，西中)
(7)［多］　易（賜）　逑　休命。(逑編鐘，106，西晚)
(8)［凡用］　即　曶　田七田、人五夫。(曶鼎，5.2838，西中)
(9)［今］　兄畀　女（汝）　福土。(中方鼎，5.2785，西早)
(10)［凡］　復友（賄）、復付　鬲比　田十又三邑。(鬲比盨，9.4466，西晚)

(八) $AV+S+V+O_{間}+O_{直}$

這種句型，在西周金文中有以下一些例句：
(1)［庚申］，太保　賞　堇　貝。(堇鼎，5.2703，西早)
(2)［乙未］，王　賞　宗庚豐　貝二朋。(豐作父丁鼎，5.2625，西早)
(3)［□卯］，尹　賞　彥　貝三朋。(彥父丁鼎，4.2499，西早)
(4)［在斤］，天君　賞　厥征人　斤貝。(征人鼎，5.2674，西早)
(5)［唯四月既生霸己丑］，公　賞　作冊大　白馬。(作冊大方鼎，5.2758，西早)
(6)［今］　余　易（賜）　女（汝）　毌五、鍚戈、彤緌。(逆鐘，1.60，西晚)
(7)［在戊辰］，燕侯　易（賜）　伯矩　貝。(伯矩鬲，3.689，西早)
(8)［在成贏］，周公　易（賜）　小臣單　貝十朋。(小臣單觶，12.6512，西早)
(9)［甲午］，伯懋父　易（賜）　召　白馬、䮾黃、髮微。(召卣，10.5416，西早)
(10)［昔饉歲］，匡眔厥臣廿夫，寇　曶　禾十秭。(曶鼎，5.2838，西中)

(九) $V+O_{間}+O_{直}+CO$

這種句型，在西周金文中有以下一些：
(1) 易（賜）　女（汝）　田　<于埜>。(大克鼎，5.2836，西晚)
(2) 易（賜）　女（汝）　田　<于渒>。(大克鼎，5.2836，西晚)
(3) 易（賜）　女（汝）　田　<于匽>。(大克鼎，5.2836，西晚)
(4) 易（賜）　女（汝）　田　<于寒山>。(大克鼎，5.2836，西晚)
(5) 易（賜）　女（汝）　邦司四伯、人鬲　<自馭至于庶人六百又五十又九夫>。(大盂鼎，5.2837，西早)

(十) $AV+V+O_{間}+O_{直}+CO$

這種句型，在西周金文中只有以下一例：
［纘］　易（賜）　女（汝）　井人　<奔于量>。(大克鼎，5.2836，西晚)

(十一) $S+V+O_{直}+O_{間}$

這種句型，在西周金文中只有以下一例：
公　賞　貝　束。(束作父辛卣，10.5333，西早)

(十二) $AV+V+O_{直}+O_{間}$

這種句型，在西周金文中只有以下一例：
今余既一名典獻伯氏，［則］報　璧　琱生。(六年召伯虎簋，8.4293，西晚)

(十三) $V+O_{直}+O_{間}+CO$

這種句型，在西周金文中只有以下一例：
癸亥，我天君饗飫酒，賞　貝　厥征　<斤貝>。(天君鼎，7.4020，西早)
將此例與下一例相比較：
在斤，天君賞厥征人斤貝。(征人鼎，5.2674，西早)
可見，“賞貝厥征斤貝”中的“征”爲“征人”，“斤貝”爲產於斤地之貝，作補語。這句話的意思是：(天君)賞貝給征人，這種貝產於斤地。

(十四) $AV + S + V + O_{\text{間}} + O_{\text{直}} + CO$

這種句型，在西周金文中有以下一些例句：

(1) [唯八月初吉]，王姜　易(賜)　旟　田三　<于待劇>。(旟鼎，5.2704，西早)

(2) [丁亥]，覣　賞　又正聯　嬰貝　<在穆朋二百>。(聯方鼎，5.2702，西早)

(3) [五月初吉甲申]，懋父　賞　御正衛　馬匹　<自王>。(御正衛簋，7.4044，西早)

三、小結

綜合上述西周金文中出現的十四種句型，可見雙賓語句的必有成分爲 V、$O_{\text{間}}$、$O_{\text{直}}$，而 S、AV、CO 等成分則可有可無。因此，如果不考慮 S、AV、CO 等成分的有無，它們在語序上隸屬於以下兩種基幹句型：

(1) $V + O_{\text{間}} + O_{\text{直}}$

(2) $V + O_{\text{直}} + O_{\text{間}}$

第一種是雙賓語句的常見句型（如果 V 前有主語，一般被視爲賓語句的典型句型），在雙賓語句中出現的數量比例是最高的；第二種句型相對而言並不多見。

綜合以上分析，我們可以將西周金文中由三價動詞構成的所有雙賓語句句型用如下一張表格來進行小結。

西周金文雙賓語句基幹句型	西周金文雙賓語句具體句型
$V + O_{\text{間}} + O_{\text{直}}$	$S + V + O_{\text{間}} + O_{\text{直}}$
	$V + O_{\text{間}} + O_{\text{直}}$
	$S + AV + V + O_{\text{間}} + O_{\text{直}}$
	$AV + S + AV + V + O_{\text{間}} + O_{\text{直}}$
	$S + V + O_{\text{間}} + O_{\text{直}} + CO$
	$S + AV + V + O_{\text{間}} + O_{\text{直}} + CO$
	$AV + V + O_{\text{間}} + O_{\text{直}}$
	$AV + S + V + O_{\text{間}} + O_{\text{直}}$
	$V + O_{\text{間}} + O_{\text{直}} + CO$
	$AV + V + O_{\text{間}} + O_{\text{直}} + CO$
$V + O_{\text{直}} + O_{\text{間}}$	$S + V + O_{\text{直}} + O_{\text{間}}$
	$AV + V + O_{\text{直}} + O_{\text{間}}$
	$V + O_{\text{直}} + O_{\text{間}} + CO$
	$AV + S + V + O_{\text{間}} + O_{\text{直}} + CO$

參考文獻

[1] 管燮初：《西周金文語法研究》，北京：商務印書館 1981 年版。

[2] 馬承源：《商周青銅器銘文選》，北京：文物出版社 1988 年版。

[3] 張玉金：《西周漢語語法研究》，北京：商務印書館 2004 年版。

On the Sentence Patterns of Double Object Sentence in the Western Zhou Dynasty Bronze Inscription

Jiang Shuhong

Abstract: There are two kinds of basic sentence patterns and forteen kinds of specific sentence patterns of double object sentence in the Western Zhou Dynasty Bronze Inscription. All these object sentences are constituted by trivalent verbs. And there are twenty-nine trivalent verbs, which belongs to three kinds of semantic categories.

Key Words: the Western Zhou Dynasty Bronze Inscription; Double Object Sentence; Trivalent Cerbs; Sentence Patterns

（蔣書紅　佛山科學技術學院　528000）

論西周金文中的謂賓動詞“有”

夏永聲

提　要　西周金文中的謂賓動詞“有”，因其所帶賓語是謂詞性的，故常被看成詞頭或語綴助詞。本文對西周金文中此類“有”進行了系統研究，且以《尚書·周書》作爲比照對象，對“有”的語法位置和所帶賓語類型進行了歸納，並對與此相關的“詞頭”問題進行了簡要討論。

關鍵詞　西周金文　有　謂賓動詞　詞頭

在甲骨文中，動詞“有”是可以帶謂詞性賓語的，張玉金（2001：143）在談到甲骨文中的謂詞性賓語時，把它們分爲“由動詞構成的”、“由形容詞構成的”和“由主謂短語構成的”三類，並把由動詞構成的謂詞性賓語細分爲“由動詞構成的”、“由狀動短語構成的”、“由動補短語構成的”、“由動賓短語構成的”、“由動詞性並列短語構成的”等五小類。郭鳳花（2002）專文討論了甲骨文中“有+謂詞性賓語”的情況，並把它們分成了四類：“有+動詞”類、“有+動詞+補語”類、“有+動詞+賓語”類和“有+多個動詞”類。

在西周金文中，句子的謂語前也能出現“又”字，如“又（有）芇于大命”、“母（毋）女（汝）又閑（閒）”等，這種用法的“又”，因爲不同於用作副詞和連詞的“又”，所以一般認爲它通“有”，即“有無之有”。這種用法的“有”因其後面所帶的賓語是謂詞性的，所以常被認爲是動詞和形容詞前的詞綴。如上例“又（有）芇于大命”中的“又（有）”，管燮初（1981：202）就認爲是個動詞前綴，他同時認爲，西周金文中動詞結構極少作賓語（只有一例）。但根據我們對西周金文的考察，這個結論並不可信。

與西周金文處於同時代的傳世文獻，有《周易》卦爻辭、《詩經》的《雅》（《小雅》中的有些篇目可能不屬於西周時代）及《周頌》和《尚書·周書》（簡稱《周書》，下同）（張玉金，2006）。《周易》卦爻辭和《詩經》是韻文，其語法結構受到句式的影響顯得相對鬆散而不夠規整，因此我們以《周書》中的謂賓動詞“有”作爲西周金文中謂賓動詞“有”的比照對象，把西周金文中的謂賓動詞“有”分成下列幾類來考察：

一、有+動詞

（1）朕猷又（有）成亡（無）競。（《㝬鐘》，《集成》1.260）

銘文大義爲“我治國之謀大有成就而無可匹敵”（馬承源，1990：278），其中的“有成”須譯爲“有成就”，是因爲現代漢語中的“有”不能帶單音節的動詞性賓語，但在西周金文中，“成”沒有作名詞的用例，而是都作動詞，例如：

①三年静（靖）東或（國），亡不成。（《班簋》，《集成》8.4341）

“成”作動詞，受否定副詞“不”的修飾。

②广成厥工（功）。（《班簋》，《集成》8.4341）

“成”作動詞，帶賓語“厥工（功）”。

③履付裘衛林晉里，則乃成夆（封）亖（四）夆（封）。（《九年衛鼎》，《集成》5.2831）

“成封”義爲築起封土，“封”是動詞“成”的賓語。

④曶母（毋）卑（俾）成于既。（《曶鼎》，《集成》5.2838）

此句大義爲“曶不能使既了結此案”，“成”是“講和”的意思，作動詞，後面帶補語。

⑤休厥成事。(《師害簋》,《集成》7.4116)

"厥"是代詞性主語,"成事"是動賓結構。

⑥厥書史戠武,立(蒞)臿(歃)成塱。(《格伯簋》,《集成》8.4262)

塱,楊述達(1952:27)讀爲"誓",訓爲授受田邑履勘田境時所用的誓約。所以句中的"成塱"是動賓短語。

這6例中的"成"都作動詞,所以我們有理由認爲,"有成"是一個"有+動詞"的結構。

(2)余弋毋墉又(有)䛐(忘)。(《師鼎》,《集成》5.2774)

"忘"是動詞,作"有"的賓語。

(3)也用褱(懷)逹我多弟子,我孫克又(有)井(型)斅(效)。(《沈子它簋蓋》,《集成》8.4330)

"井"和"斅"兩個同義的動詞連用,作"有"的賓語。

(4)䟤駭(馭)從王南征,伐楚荆(荊),又(有)得(得)。(《䟤馭簋》,《集成》7.3976)

現代漢語不能說"有成"而必須說"有成就",不能說"有忘"而必須說"有所忘",不能說"有型效"而必須說"有所型效",不能說"有得"而必須說"有所得";因此這裏的"忘"、"成"、"型效"和"有"可以被認爲是動詞活用爲名詞。但現代漢語的語法與古代漢語語法有區別,用詞類活用來解釋這種現象,應該是不準確的。一些方言如廣州話中的"有講"、"有來"、"有睇"等,應該是這種謂賓動詞"有"的遺留。

這種"有+動詞"的情況在《周書》中用例不少:

(5)我惟有及。(《康誥》)

"及",追隨(文王的遺教)也,動詞,作"有"的賓語。

(6)在今予小子旦,非克有正。(《君奭》)

"正"是動詞,可譯爲"做表率",作"有"的賓語。

(7)汝有合哉?(《君奭》)

整句雖可譯爲"還有品德相稱(的人)嗎",但"合"是動詞,作"有"的賓語。

(8)惟御事厥棐有恭,不敢自暇自逸,矧曰其敢崇飲?(《酒誥》)

句中"恭",顧頡剛、劉起釪(2005:1406)讀爲"供職"之"供",訓"棐有供"爲"不在當值的時候","恭"是"有"的賓語。

以上是"有"在西周金文和《周書》中帶動詞賓語的情況。另在《周書》中,形容詞謂語也可以作"有"的賓語。這種現象只有一例:

(9)茲式有慎,以列用中罰。(《立政》)

"有"帶單個形容詞賓語的情況,我們在西周金文中沒有見到,《周書》中僅此一見。此句可譯爲"這些法令要謹慎使用,(如有訴訟之事)要按成例用其適中之罰"。"慎"是形容詞,作"有"的賓語。

二、有+動賓結構

(10)母(毋)又(有)逹女。(《㾓父鼎》,《集成》5.2672)

董珊(2011)釋"逹"爲"達"。故整句可譯爲"(你的諸位兄長)沒有人比得上你"。"達"是動詞,"女"是它的賓語,"逹女"是動賓結構,作謂賓動詞"有"的賓語。

(11)休有成事。(《史頌鼎》,《集成》5.2787)

(12)又(有)成事,多禽(擒)。(《多友鼎》,《集成》5.2835)

如上所論,"成"在金文中用作動詞,"成事"是動賓結構,所以(11)、(12)兩例中"事"都是"成"的賓語。

《周書》中的"有"也有這樣的用法:

(13) 其刑上備，有並兩刑。(《吕刑》)

“並兩刑”是説並輕刑於重刑之中，唯處以重刑，而不再處以輕刑。所以“並兩刑”是動賓結構，作謂賓動詞“有”的賓語。

(14) 時則勿有閒之。(《立政》)

此句意爲“對這些（事務）不要包辦代替”，“間”是動詞，與代詞“之”一起構成動賓結構，作“有”的賓語。

三、有＋動補結構

(15) 厚趠又（有）償（饋）于𨸏（溓）公。(《厚趠方鼎》,《集成》5.2730)

動詞“饋”是“賞賜”的意思，帶補語“于𨸏（溓）公”，整個動補結構作了“有”的賓語。

(16) 自乃且（祖）考又（有）爵于周邦。(《彔伯𢦔簋蓋》,《集成》8.4302)

“爵”，張亞初（2001）認爲通“勛”；馬承源（1990：263）認爲“爵”假借爲“恪”，義爲“敬”，如从馬説，“爵于周邦”就是動補結構。

(17) 覠（視）于公氏，有爵于天。(《何尊》,《集成》11.6014)

同上例，“爵于天”也應是動補結構，作“有”的賓語。

(18) 又（有）成于周邦。(《逨盤》,《考古與文物》2003年第3期，第10頁)

介賓短語“于周邦”作動詞“成”的補語。

(19) 又（有）芇于大命。(《乖伯簋》,《集成》8.4331)

馬承源（1990：140）引《説文》“芇，相當也”，“‘有芇于大命’就是有當於天命，即符合天命”。可見“芇于大命”是動補結構。

(20) 又（有）成于猷。(《逨盤》,《考古與文物》2003年第3期，第10頁)

猷，謀略也，介賓短語“于猷”作動詞“成”的補語。

“有＋動補結構”在西周金文中用例非常多，但在《周書》中只有一例：

(21) 矧曰其有聽念于先王勤家？(《多士》)

四、有＋狀語＋謂詞

(22) 禽又（有）戉祝。(《禽鼎》,《金文總集》2.1157)

戉是一種祝祭的器物，在這裏作了動詞“祝”的名詞狀語。

(23) 肄（肆）母（毋）又（有）弗競。(《毛公旅方鼎》,《集成》5.2724)

肄，張亞初（2001）認爲通“競”，馬承源（1990：253）訓爲“順”，是形容詞作謂語，受否定副詞“弗”的限定。

“有＋狀語＋謂詞”的情況在《周書》中沒有見到，但在《周書》中有另外一種“有”的用法，即“惟＋前置賓語＋有＋動”。如：

(24) 予惟時命有申。(《多士》)

“時命”作動詞“申”（可譯爲“重申”）的前置賓語。

另外，《周書》中，“有”還可以放在助動詞“能”前面，與它後面的成分一起構成“有＋助動詞＋動”、“有＋助動詞＋動賓”及“有＋助動詞＋動補”的結構。如：

(25) 我則鳴鳥不聞，矧曰其有能格？(《君奭》)

“格”是動詞，可訓爲“知曉”，置於助動詞“能”的後面；“能格”作“有”的賓語。

(26) 矧曰其有能格知天命？(《大誥》

“格”、“知”是同義動詞的連用，帶賓語“天命”。

(27) 矧曰其有能稽謀自天？(《召誥》)

“稽”、“謀”也屬於兩個同義的動詞連用，介賓短語“自天”作補語。

爲求簡明，我們把上述西周金文和《周書》中謂賓動詞“有”的用法類型列表如下：

	有+謂詞	有+動賓	有+動補	有+狀語+謂詞	惟+前置賓語+有+動	有+助動詞+動［或+賓（補）］
西周金文	√	√	√	√	×	×
《周書》	√	√	√	×	√	√

明確了西周金文、《周書》和甲骨文一樣都存在着不少的“有”作謂賓動詞的現象，有助於我們分析西周漢語中的“語綴助詞”（也有人稱作“詞頭”或“前綴”）“有”。

關於詞頭，郭錫良（2007：130）認爲，“古代漢語的詞頭，能夠肯定的只有一個‘有’字。作爲詞頭，‘有’字常用在朝代、邦國、部落等專有名詞的前面。……有時用在某些形容詞的前面，也有點類似詞頭，例如‘不我以歸，憂心有忡’（《詩經·邶風·擊鼓》）、‘彤管有煒，說懌女美’（《詩經·邶風·靜女》）”。何樂士（2006：533）認爲，“語綴助詞”“有”多見於《詩經》，第一種用於單音節形容詞前，作用是加強形容，並使“有·形”成爲該形容詞的重疊式；第二種是用在單音節名詞前，有協調音節或強調的作用；第三種是用在單音節動詞前，起協調音節、加強語氣的作用，如“女子有行”（《墉風·蝃蝀》）、“有鳴倉庚”（《豳風·七月》）、“有懷于衛”（《邶風·泉水》）等。

何樂士所說的“語綴助詞”其實就是郭錫良所論的“詞頭”，只是郭氏充分肯定了加在名詞前的詞頭“有”，而對於加在謂詞前的“有”只說它“類似詞頭”；何樂士則認爲，無論是加在名詞性還是謂詞性結構前的“有”都應該看作詞頭。張玉金（2004：182）持與何樂士類似的觀點，且把“鞗革有鶬”（《詩經·周頌·載見》）、“朱芾斯皇，有玱葱珩”（《詩經·小雅·采芑》）中象聲詞前面的“有”也看作詞頭。

筆者認爲，對於西周金文中名詞前的詞頭“有”和謂詞前類似於詞頭的“有”，不能一概而論。把西周金文中的“有周”、“有正”等“有+名”結構中的“有”看作詞頭，基本已成定論。管燮初（1981：202）就指出，西周金文中“有周”的“有”是一個前綴；張玉金（2001：95）也認爲，這種名詞詞頭“有”早在甲骨文中就有了，“作爲詞頭，‘有’有時用在專有名詞前，有時用在普通名詞前，與後面的名詞組成一個雙音節名詞”，如“有正”、“有宗”、“有祖”、“有玉”等。

“有”作名詞詞頭，時賢往往都能認可，但是把謂詞前的“有”也看作詞頭，卻值得商榷。通過我們的考察，西周金文中謂詞性詞語前面的“有”都不是詞頭。理由有三：首先，“詞頭”是“詞”的前綴，把“有+謂”中的“又”、“有”看成詞頭，前提條件必須是“有+謂”是一個詞而不是短語。而從西周金文和《周書》中的情況看，“有+謂”的結構是一種臨時的組合，其意義並沒有整體性。其次，“有+謂”中間可以插入別的成分如副詞和助動詞，如例（22）中的“又（有）戌祝”和例（23）中的“又（有）弗競”，這兩個結構中間分別插入了狀語“戌”與“弗”，《周書》中的例（25）、（26）、（27）中“有”和其後的謂詞中間插入了助動詞“能”。再次，“有”後面可以跟兩個並列的同義動詞，即組成“有+謂1+謂2”的結構，如例（3）“我孫克又（有）井（型）斅（效）”中“有”放在同義詞“型”和“效”之前，例（21）“矧曰其有聽念于先王勤家”中“有”置於“聽”和“念”兩個並列的動詞之前。

這些現象說明，“有”和其後的謂詞之間的關係是鬆散的，它們的組合只能看作一個短語，而不能看成一個詞。既然“有+謂”不是一個詞，“有”自然就不是詞頭了。

另外，西周金文中的“有嗣”和“有周”一樣，在西周金文中的出現頻率非常高，是一個詞而不是臨時組合的短語，“有”和“嗣”不是簡單的一加一的關係，它們結合在一起，共同表達一個完整的概念，可以受數詞“三”的限定［如例（29）、（30）］。所以把這個“有”看成是詞綴應該沒有問題。而“有嗣”中的“嗣”，似乎是一個動詞，因爲“嗣”在金文中常作動詞，這似乎與我們上面的論點相悖。因此，關於“有嗣”之“嗣”的詞性，值得我們重新討論。

“有嗣”在西周金文中可以受定語的修飾，可以作主語、賓語和兼語。如：

(28) 焚（榮）又（有）嗣爯乍（作）齍鼎。(《榮有嗣爯鼎》,《集成》4.2470)

銘文大義：榮國的有嗣（之官）名叫爯的做了齍鼎。“有嗣”在句中作主語，受定語“榮”的修飾。

(29) 用嗣六𠂤（師）王行参有嗣：嗣土（徒）、嗣馬、嗣工（空）。(《盠方尊》,《集成》11.6013)

銘文大義：以掌管西六師的三種官員：嗣徒、嗣馬和嗣空。“有嗣”在句中作賓語，受定語“三”的修飾。

(30) 廼令参（三）有嗣嗣土（徒）邑人逋（趙）、嗣馬頚人邦、嗣工（空）隱（陶）䂓（矩）、內史友寺芻，帥（率）履（堳）裘衛厲田亖（四）田。(《五祀衛鼎》,《集成》5.2832)

銘文大義：就命令三位官員有嗣即嗣徒邑人趙、嗣馬頚人邦、嗣空陶矩以及內史友寺芻相率來勘定裘衛應得的田地，即厲的四百畝田。句中“有嗣”作“令”的賓語和後面主謂結構的主語，應屬兼語，受定語“三”的修飾。

管燮初（1981：202）把“有嗣”的“有”看成“動詞詞綴”，值得商榷，因爲西周金文中“嗣”不但可以用作動詞，而且可以用作名詞。如：

(31) 易（賜）女（汝）邦嗣亖（四）白（伯）。(《大盂鼎》,《集成》5.2837)

馬承源（1990：40）訓“邦嗣”爲“周人原有的管理奴錄的執事人”，依上下文，這個解釋應該是可信的，可見這個“嗣”是用作名詞的，意思是“官員”。

(32) 易（賜）尸（夷）嗣王臣十又三白（伯）。(《大盂鼎》,《集成》5.2837)

馬承源（1990：40）訓“夷嗣”爲“商王室管理奴隸的低級官員”，可見這裏的“嗣”也用作名詞，意思也是“官員”。

崔永東（1994）就認爲，“金文中‘有’字多作名詞詞綴，嵌於名詞之前，與名詞構成雙音詞。例‘乃命参有嗣’（《衛盉》）”。

西周金文中“嗣”和“司”是兩個字，後者一般通“祠”或“事”。到了《周書》，二字就合併爲一個“司”字了。《周書》中也有“司”作名詞的用例，如：

(33) 往慎乃司，茲率厥常。(《君陳》)

“往慎乃司”就是“去慎重對待你的職事”，“司”受人稱代詞“乃”的修飾，是名詞性的。

(34) 汝陳時臬司。(《康誥》)

顧頡剛、劉起釪（2005：1330）引黃式三的說法“‘臬司’，法吏也”。可見“司”是官員的意思，也是名詞。

王引之（2000：32）也把“有司”看成“有＋名詞”的結構：“若虞夏殷周皆國名而曰有虞、有夏、有殷、有周是也。推之他類亦多有此，故邦曰有邦，家曰有家，室曰有室，……王曰有王，司曰有司，正曰有正，僚曰有僚，民曰有民……”

“司”有“官職”、“職事”等名詞義，在西周以後的漢語中非常普遍，如《尚書·胤征》有“俶擾天紀，遐棄厥司”，《國語·魯語上》有“不能事疆場之司”，明張居正《乞鑒別忠邪以定國是疏》有“紀綱振舉，百司奉職”等。

西周金文和《周書》中的這些現象可以說明，“嗣（司）”在西周時代就已經可以用作名詞了。因此，西周金文中“有嗣”的“有”也可以和“有周”的“有”一樣，看作名詞詞頭。

所以，在判定西周漢語中詞頭“有”時，我們不能把名詞前的詞頭“有”和謂詞前的“有”混同起來，名詞前的“有”是詞頭，而謂詞前的“有”是謂賓動詞。

“有”作真正的謂賓動詞，帶多種類型的謂詞性賓語的現象，到現代漢語中已經消失了。現代漢語中“有”雖然可以帶謂詞性的賓語，但只限於雙音節的名動詞，如“打算”、“主張”、“計劃”等，而且不能帶主謂、述賓和連謂等結構。所以朱德熙（1999：71）把現代漢語中的“有”稱爲“準謂賓動詞”。而現代漢語中常用的“有請”、“有勞”，以及一些方言如廣州話中的“有講”、“有來”、“有睇”

等，應該是古漢語謂賓動詞“有”的遺留。

參考文獻

［1］崔永東:《兩周金文虛詞集釋》，北京：中華書局1994年版。

［2］董珊:《新見魯叔四器銘文考釋》，復旦大學出土文獻與古文字研究中心網站，2011年8月3日。

［3］顧頡剛、劉起釪:《尚書校釋譯論》，北京：中華書局2005年版。

［4］管燮初:《西周金文語法研究》，北京：商務印書館1981年版。

［5］何樂士:《古代漢語虛詞詞典》，北京：語文出版社2006年版。

［6］郭鳳花:《説甲骨文中的謂賓動詞“有”》，《大理學院學報》2002年第2期。

［7］郭錫良:《古代漢語語法講稿》，北京：語文出版社2007年版。

［8］馬承源:《商周青銅器銘文選》，北京：文物出版社1990年版。

［9］王引之:《經傳釋詞》，南京：江蘇古籍出版社2000年版。

［10］楊述達:《積微居金文説》，北京：中國科學院1952年版。

［11］張亞初:《殷周金文集成引得》，北京：中華書局2001年版。

［12］張玉金:《甲骨文語法學》，上海：學林出版社2001年版。

［13］張玉金:《西周漢語語法研究》，北京：商務印書館2004年版。

［14］張玉金:《西周漢語代詞研究》，北京：中華書局2006年版。

［15］朱德熙:《語法講義》，北京：商務印書館1999年版。

The Verbal Object Verb YOU（有）in the West Zhou Dynasty Bronze Inscriptions

Xia Yongsheng

Abstract: The verbal object verb YOU（有）in the West Zhou Dynasty bronze inscriptions is often seen as a prefix or a auxiliary word because of its brought predicative objects. This issue analyzed the verb YOU（有）of this kind comprehensively, and classified its syntax positions and its object types with treating *Zhou Shu* as a compare object. And briefly discussed the prefix problem about this subject in addition.

Key Words: the West Zhou Dynasty Bronze Inscriptions; YOU（有）; Verbal Object Verb; Prefix

（夏永聲　韶關學院文學院/華南師範大學文學院　512023）

清華簡《繫年》虛詞初探

陳民鎮

提　要　本文對清華簡《繫年》的虛詞進行了初步研究。從《繫年》的虛詞特徵可以看出，篇中各章史料的來源是相當複雜的。其虛詞特徵多與時代、地域以及內容因素密不可分。

關鍵詞　清華簡　《繫年》　虛詞

關於清華簡的虛詞研究，目前主要有針對第一輯的《〈清華大學藏戰國竹簡（壹）〉虛詞研究》一文。由於清華簡第一輯主要包括“書”類文獻等先秦典籍，文義晦澀，尚存疑悟，相關虛詞研究必然存在需要繼續討論的地方。再者，由於清華簡第一輯中的九篇文獻並非一類典籍，亦非寫作於同一時代、成篇於同一時間的文獻（尤其《楚居》一篇，與其他文獻差別較大），對該輯報告的虛詞進行整體研究，恐怕不如基於分篇研究的綜合整理更爲合理。同樣，以往學者對上博簡等出土文獻的虛詞研究，也存在這樣的局限。因爲如果一輯報告中所包含的文獻性質、寫作年代、成書年代、作者地域等信息不盡相同，將它們驢彙爲一編進行整體的虛詞分析，往往難以達到預期的目的。清華簡第二輯的內容係一篇完整的先秦文獻，整理者擬題作《繫年》，它似乎不存在上述局限。即便如此，《繫年》各章的虛詞特徵仍存在差異，通過對《繫年》虛詞的整體討論與分章研析，對把握其寫作年代、成篇年代以及史料來源均不無裨益。

本文所研究的虛詞包括介詞、連詞、助詞、語氣詞、兼詞五類，不包括副詞。本文所引簡文俱用寬式，簡文後附章節數及簡號。本文所據釋文與整理者釋文存在若干出入，或據學者考證補正，或據筆者意見修訂，限於體例，不一一注明①。需要説明的是，本文僅是對《繫年》虛詞的初步整理，更爲詳盡的分析及個案研究有待深化。由於張玉金先生《出土戰國文獻虛詞研究》已經就該書所能搜集到的出土戰國文獻虛詞進行了窮盡性研究，且構建了相對新穎、科學、全面的體系，本文的研究主要參照該書的體系②，並在此基礎上進行橫向比較。

一、介詞

張玉金（2011）對出土戰國文獻介詞的分析，採用的是陳昌來先生《介詞與介引功能》一書的體系，即根據介詞的語義功能進行分類，並涉及介詞的句法功能及語用功能。本文的分析，亦基本沿用這一體系。

《繫年》中的介詞，有“於/于”、“自”、“至”、“至于”、“以”、“以至”、“用”、“與”、“及”、“共”。

（一）於/于

張玉金（2011）認爲，“于”、“於”、“乎”是一個虛詞的三種不同的書寫形式。也有學者認爲三者是不同的虛詞。無論如何，“于”、“於”、“乎”古音相近，一些用法存在重疊；同時，它們職能的某些區別也是客觀存在的。《繫年》未見“乎”的用法，但“于”、“於”的用法值得我們深究。眾所周知，“于”、“於”的用法存在時代差異，這在某種程度上可以爲我們探討《繫年》的史料來源及文本性質提供綫索。

首先看“於”。《繫年》中“於”出現54次，以下按其語義功能分別闡論。

《繫年》中的“於”未見主事介詞、憑事介詞、因事介詞、關事介詞、比事介詞的用法，僅見及客事介詞、與事介詞與境事介詞的用法，用法相對單一。

1. 客事介詞

用作位事介詞，可譯爲“在”、“到”，見及6例，如：

（1）遂以遷許於葉而不果。（十七·91）

（2）欒盈襲絳而不果，奔入於曲沃。（十七·93）

（3）昭王即世，獻惠王立十又一年，蔡昭侯申懼，自歸於吴。（十九·106）

（4）楚人涉氾，將與之戰，鄭師逃入於蔑。（二十三·130、131）

帶位事的動詞主要是靜態存在動詞、放置動詞以及位移運動動詞，“居”屬於放置動詞，“遷”、“歸”、“入”屬於位移運動動詞。

未見客事介詞中的受事、成事、任事、使事、感事、涉事、止事等用法。

2. 與事介詞

用作當事介詞，可譯爲“向”、“跟”、“給”，帶當事的動詞主要有交接動詞、稱呼動詞、針對動詞。“於”作當事介詞的用法，見及16例，如：

（5）蔡哀侯娶妻於陳。（五·23）

（6）君來伐我，我將求救於蔡，君焉敗之。（五·25）

（7）鄭人屬北門之管於秦之戍。（八·45、46）

（8）駒之克降堂而誓曰：“所不復訽於齊，毋能涉白水！”（十四·68）

（9）王命平夜悼武君使人於齊陳淏求師。（二十三·137）

用作共事介詞，可譯作“跟”，見及1例：

（10）齊崔杼殺其君莊公，以爲成於晉。（十七·95）

3. 境事介詞

境事介詞包括處所介詞與時間介詞，《繫年》中的“於”僅見及處所介詞的用法，譯爲“在”、“從”、“到”。“於”的處所介詞用法出現較多，共31次，如：

（11）懷公自秦逃歸，秦穆公乃召文公於楚，使襲懷公之室。（六·37、38）

（12）文公率秦、齊及群戎之師以敗楚師於城濮。（七·43、44）

（13）齊三嬖大夫南郭子、蔡子、晏子率師以會於斷道。（十四·69、70）

（14）楚人舍圍而還，與晉師戰於長城。（二十一·117）

（15）陳人焉叛，而入王子定於陳。（二十三·136）

“於”的賓語可由名詞性詞語充當，也可以由謂詞性詞語充當，《繫年》不見後一種情況。由謂詞性詞語充當賓語的情形，主要見於論說性文本。無論是出土文獻還是傳世文獻，“於”字介詞短語主要出現在謂詞性詞語之後作狀語，據張玉金（2011）統計，這種情況佔總數的98.8%。此外，“於”字短語還可以出現在謂詞性詞語之前作狀語，《繫年》也有出現，例（9）即是。張玉金（2011）認爲，“於”字短語作狀語有三種情況：“於”用於境事介詞中的時間介詞；“於”用於境事介詞中的處所介詞；“於”用於關事介詞中的對象介詞。但例（9）的“於”實際上是當事介詞，“王命平夜悼武君使人於齊陳淏求師”相當於“王命平夜悼武君使人求師於齊陳淏”。

再來看介詞“于”。“于”共出現74次，主要用作客事介詞、與事介詞與境事介詞，但較“於”多出主事介詞的用法。

1. 主事介詞

用作經事介詞，可譯爲“被”，出現1次：

（16）褒姒嬖于王。（二·5）

2. 客事介詞

用作位事介詞，可譯爲“在”、“到”，出現12次，如：

（17）三年，乃東徙，止于成周。（二·9）

（18）周武王既克殷，乃設三監于殷。（三·13）

(19) 西遷商蓋之民于邾圄。(三·14、15)

(20) 息嬀乃入于蔡，蔡哀侯妻之。(五·24)

(21) 居于州來，是下蔡。(十九·107)

用作感事介詞，可譯爲“對”或不譯，出現1次：

(22) 卿士、諸正、萬民弗忍于厥心。(一·2)

用作涉事介詞，可譯爲“對”或不譯，共1例：

(23) 厲王大虐于周。(一·2)

帶涉事的動詞一般是性狀動詞。張玉金（2011）所引例證中，能帶涉事的動詞有“害”、“化”、“得”等。如睡虎地秦簡《語書》:“甚害於邦。”可與之相較。

3. 與事介詞

用作當事介詞，可譯爲“向”、“跟”、“給”，共9例，如：

(24) 乃歸厲王于彘。(一·3)

(25) 周幽王娶妻于西申。(二·5)

(26) 息侯弗順，乃使人于楚文王曰。(五·24、25)

(27) 明歲，齊頃公朝于晉景公。(十四·72)

(28) 楚莊王立，吳人服于楚。(十五·74)

不見用作共事介詞的例子。

4. 境事介詞

均用作處所介詞，不見時間介詞，共50例，如：

(29) 立卅又九年，戎乃大敗周師于千畝。(一·4)

(30) 邦君諸正乃立幽王之弟余臣于虢，是攜惠王。(二·7)

(31) 翟人又涉河，伐衛于楚丘。(四·21)

(32) 惠公焉以其子懷公爲質于秦，秦穆公以其子妻之。(六·35)

(33) 舍其君之子弗立，而召人于外，而焉將寘此子也?(九·52)

“于”的賓語，可由名詞語充當，也可由謂詞語充當，《繫年》不見後者。“于”字短語一般在謂詞後作補語，也有在謂詞前作狀語的。據張玉金（2011）統計，出土戰國文獻中“于”的這種用法僅出現3次，均見於戰國金文。但上例（26）便可以看作“于”字短語作狀語，彌足珍貴。

在《繫年》中，“於”出現54次，“于”出現74次，可以說是“于”多“於”少。而據張玉金（2011）統計，出土戰國文獻中的“於”共出現1 006次，而“于”只出現68次，“于”出現的次數僅佔“於”出現次數的6.8%。而從《繫年》看來，“于”反而比“於”多。從絕對數字上看，《繫年》一篇出現的“于”竟然比張玉金（2011）統計的所有楚簡所見“于”（共25次）多得多，甚至比全部出土戰國文獻所見用例的總和（68次）還要多。

茲結合張玉金（2011）對楚簡、秦簡“於”、“于”語義功能的統計，列出表格如下（表格中的統計數字，“/”之前是出現的次數，“/”之後是該用法在該批次材料中所佔比重）:

從下表的統計結果看，我們可以得出以下幾點認識：

其一，《繫年》中的“於”與“于”用法比較單一，集中於客事介詞中的位事、與事介詞中的當事和境事介詞中的處所；且比重最大的均爲處所介詞，超過一半的比重。除了“於”當事介詞用法比較多外，其他用法二者比例均差別不大。總體來說，《繫年》中“於”與“于”在語義功能方面的各種用法，無論是使用情況還是所佔比重，均相當接近。從語義功能看，二者並無甚區別。據筆者對古本《竹書紀年》佚文虛詞的研究，古本《竹書紀年》佚文中介詞“于/於”同樣以位事介詞、當事介詞與處所介詞三種用法最爲常見。

表1 《繫年》及楚簡、秦簡"於"、"于"語義功能統計表

語義功能材料		《繫年》的"於"	《繫年》的"于"	楚簡的"於"	楚簡的"于"	秦簡的"於"	秦簡的"于"
主事介詞	施事			7/0.8%			
	經事		1/1.4%	3/0.3%		2/3.2%	
	繫事					1/1.6%	
客事介詞	受事			25/2.9%	1/4.0%	2/3.2%	
	位事	6/11.1%	12/16.2%	85/9.7%	7/29.2%	14/22.2%	3/42.9%
	使事			3/0.3%			
	感事		1/1.4%	13/1.4%		1/1.6%	
	涉事		1/1.4%		1/4.0%	4/6.3%	
	止事					1/1.6%	
與事介詞	當事	16/29.6%	9/12.2%	213/24.4%	4/16.7%	3/4.8%	
	共事	1/1.9%		4/0.4%			
憑事介詞	工具			4/0.4%			
	依據					3/4.8%	
境事介詞	處所	31/57.4%	50/67.6%	163/18.7%	3/12.5%	23/36.5%	3/42.9%
	時間			21/2.4%	1/4.0%		
因事介詞	原因			1/0.1%			
關事介詞	對象			18/2.0%		2/3.2%	
	範圍			277/31.7%	1/4.0%	4/6.3%	
	方面			24/2.7%	5/20.8%	1/1.6%	
比事介詞	比事			12/1.3%	1/4.0%	2/3.2%	1/14.3%
合計		54	74	873	24	63	7

其二，在《繫年》中用例最多的處所介詞，在此前所見楚簡、秦簡材料中，並沒有佔到如此大的比例。楚簡"於"用例最多的依次是範圍介詞（31.7%）、當事介詞（24.4%）、處所介詞（18.7%）。楚簡的"于"用例最多的依次是位事介詞（29.2%）、方面介詞（20.8%）、當事介詞（16.0%）。秦簡中的"於"用例最多的依次是處所介詞（36.5%）、位事介詞（22.2%）、涉事介詞（6.3%）、範圍介詞（6.3%）。秦簡中的"于"僅用於位事介詞、處所介詞與比事介詞，以前兩者爲多。秦簡中的"於"、"于"用於處所介詞比重是最大的，這與《繫年》的情況較爲接近。

其三，就"於"而言，《繫年》中的各種用法，除了處所介詞用得特別多，其他用法的比重與此前的楚簡材料比較接近，而與秦簡材料存在差距。

其四，就"于"而言，由於《繫年》的"于"出現較多，甚至多於張玉金（2011）統計的出土戰國文獻介詞"于"的總和，所以《繫年》的"于"的用法與此前的楚簡、秦簡材料所反映的信息存在較大差別。

雖然"於"、"于"的地域分野難以遽定，但對其歷時演變的考察，學術界已經取得較爲豐碩的成果。前輩學者通過對傳世文獻與出土文獻的研究，得出了一些基本認識：甲骨文中的"于"已有介詞用法，此外，還有動詞的用法；介詞是由動詞用法虛化而來的，而甲骨文中尚見不到介詞"於"；西周時期開始出現介詞"於"，但西周時期仍以介詞"于"爲主，無論是傳世文獻還是出土文獻，介詞"於"所佔比重均極小，可以說是個別現象；春秋以降，介詞"於"的用法逐漸普遍，在《左傳》中"於"、"于"用例大致相當，在戰國時代業已以"於"爲主，這在傳世文獻和出土文獻中均有反映。此後，基本是"於"行於世。可以說，"于"、"於"的使用存在時間上的嬗替，即由使用"于"，到

“於”產生並逐漸增多的過程。

“于（於）”的時代性是客觀存在的，但也有一點不能忽視，那便是文本形式與內容的影響。何樂士（2006：551）指出：“于”所在句式保留古代原始用法較多，“於”反映新興、靈活的語言特色較多；“于”引自古書的例子較多，“於”則有不少來自當時的歌謠、諺語；“于”多用於書面語，“於”則常用於口語、對話中；“于”更多出現在客觀敘事的句子中，“於”除用於敘事句外，還常用於表示強調或傳遞某些主觀感情的句子中。可見，文本形式與內容同樣對“于”、“於”的使用產生制約作用。據張玉金（2011）統計，在戰國金文中，“於”出現26次，而“于”出現了27次。由於金文更爲正式，更爲保守，且書面化程度高、多敘事句，故戰國金文的“于”仍佔相當比重。從《繫年》看，它主要是敘事體，大量使用敘事句，且使用的是較爲正式的書面語，這在一定程度上造成了《繫年》中“于”使用較多。

爲進一步了解《繫年》介詞“于”、“於”的使用特點，茲將二者在《繫年》各章的分佈情況列示如下：

表2　清華簡《繫年》“于”、“於”分佈統計表

章節	一	二	三	四	五	六	七	八	九	十	十一	十二	十三	十四
“於”頻數	0	0	0	1	8	1	2	2	0	0	1	0	0	2
“于”頻數	5	12	4	6	3	5	1	1	3	2	2	2	2	6

章節	十五	十六	十七	十八	十九	二十	二十一	二十二	二十三
“於”頻數	4	5	5	2	1	1	2	5	12
“于”頻數	4	0	1	5	1	4	1	3	1

前三章所敘，乃西周至兩周之際的史事，純用介詞“于”，而不用介詞“於”。而隨着《繫年》敘事的進展（基本是歷史的進展），“於”的比重有增大的趨勢，“于”的比重則趨於衰減。這無疑是耐人尋味的。從《左傳》看，雖然全書“于”、“於”大致相當，但“於”的使用存在增多的趨向。何樂士（2004：117）指出，自隱公到成公，每公中的“于”、“於”比重大約都是60%：40%；而從襄公以後，比例一變而爲40%：60%。同時，“於b・D”的例句有70%左右是出現在襄公以後的，“於”的一些富有特色的用法也是出現在襄公以後的。無論《繫年》還是《左傳》，各章節“于”、“於”的比重，在一定程度上反映了各章節史料來源的早晚。在《繫年》中，敘寫西周、兩周之際史事的文字均只用“于”，這恐怕不是偶然的現象。筆者認爲，《繫年》中“于”、“於”的使用，主要是受史料的時代性制約，文本形式、內容等因素雖然有所影響，但並不是主導因素。同時，之所以《繫年》的“于”、“於”使用受到史料時代性的制約，還是與其文體分不開的。出於敘事體史書（尤其是編年體類史書）的要求，其史料來源不是單一的，至少不是同時的。

（二）自

《繫年》中的介詞“自”凡10見，均用作境事介詞中的處所介詞：

（34）翟人又涉河，伐衛于楚丘，衛人自楚丘遷于帝丘。（四・21、22）

（35）鄭成公自厲逃歸，莊王遂加鄭亂。（十二・61）

（36）齊頃公使其女子自房中觀駒之克。（十四・67）

（37）自晉蹠吳，焉始通吳晉之路，教吳人叛楚。（十五・79）

（38）齊人焉始爲長城於濟，自南山屬之北海。（二十・112）

《繫年》所見用例，“自”所接賓語均爲名詞，介賓短語均出現於“VP”之前。在出土戰國文獻中，“自＋賓語”可以出現在“VP”之前，也可以出現在“VP”之後。據張玉金（2011）研究，

“自＋賓語”出現在“VP”之後的情況，主要是兩種：一是表示當事的，一般構成“自……以就……”這樣的介詞框架；二是表示處所的，“自＋賓語”在“VP”後作補語。且據張玉金（2011）研究，處所介詞“自”出現了19次，放在“VP”後的有10次，可見以後置爲常，且這種情況均出現於楚地文獻之中。可以說，這在一定程度上反映了楚地文獻介詞“自”的地域特色。然而，從《繫年》的材料看，出現的10次用例均是“自＋賓語”在“VP”之前，與此前所見楚地出土文獻的材料不甚相合。

（三）至

據張玉金（2011）統計，出土戰國文獻中的介詞“至”，楚簡出現15次，秦簡出現3次，中山國金文出現3次。相比之下，楚簡更爲常見。“至”主要有境事介詞中的處所介詞與時間介詞兩種用法。《繫年》的“至”均用作時間介詞，引介動作行爲所到時間（不見引進時間的終點）。凡2見，均“至今”連用：

（39）諸侯同盟于鹹泉以反晉，至今齊人以不服于晉，晉公以弱。（十八・103）

（40）至今晉、越以爲好。（二十・113）

以上兩例，“至”所接賓語均爲名詞，放在“VP”前作狀語，此前出土戰國文獻所見“至”字介賓短語基本是這一用法。“至今”的用法在古代典籍中較爲常見，尤其是在敍事體文字中。

此外，清華簡《楚居》亦有“至今”的出現：“妣厲賓于天，巫咸賅其脅以楚，至今曰楚人”、“懼其主，夜而納尸，至今曰㮴，㮴必夜”、“衆不容於免，乃潰疆浧之陂而宇人焉，至今曰郢”。“至今”，簡文作“氏今”[③]。這也是《繫年》與《楚居》的一個相似之處（陳民鎮，2012）。

（四）至于

“至于”用法與“至”相同，有處所介詞與時間介詞兩種用法，古本《竹書紀年》佚文的“至于”用法相同。

用作處所介詞，“至于”表示處所的終點，凡3例：

（41）使君涉河，至于梁城。（六・34）

（42）明歲，厲公先起兵，率師會諸侯以伐秦，至于涇。（十六・89、90）

（43）爲平陰之師以圍齊，焚其四郭，驅車至于東海。（十七・92）

《繫年》亦見及時間介詞的用法，表示進程發展所到的時間點，出現1次：

（44）至于厲王，厲王大虐于周。（一・2）

時間介詞“至于”的用法，與上述時間介詞“至”的用法相當。過去出土戰國文獻的時間介詞“至于”，主要表示動作行爲時間延續的終點，與此不同。

以上4例，“至于”的賓語均由名詞充當。“至于”介賓短語常常作補語，以上所列3例處所介詞的用法，便是作補語。至於用作時間介詞的例（44），則作狀語，用法與“至今”之“至”相近。

據張玉金（2011），出土戰國文獻中的介詞“至于”，楚簡出現3次，楚帛書出現2次，戰國金文出現2次，戰國玉石文字出現1次。《繫年》一篇出現了4例，豐富了這方面的材料。

（五）以

《繫年》的介詞“以”共出現30次。介詞“以”主要有客事介詞、與事介詞、憑事介詞、境事介詞以及因事介詞五種用法，《繫年》均有涉及。

1. **客事介詞**

用作受事介詞，介引受事，可譯作“把”、“將”。共出現6次，如：

（45）惠公焉以其子懷公爲質于秦。（六・35）

（46）秦穆公以其子妻之。（六・35）

（47）鄭之賈人弦高將西市，遇之，乃以鄭君之命勞秦三帥。（八・46、47）

（48）以華孫元爲質。（十一・60）

（49）取以爲妻。（十五・78）

例（45）、（48）、（49）涉及“以……爲……”式，且“以”、“爲”均用作動詞，“以”爲任用義。據張玉金（2011）統計，這種用法在出土戰國文獻中出現30次，佔總數的16.9%。

未見客事介詞的其他用法。據張玉金（2011）研究，出土戰國文獻“以”作客事介詞時，也主要是受事介詞。

2. 與事介詞

與事介詞主要有共事介詞與當事介詞兩種用法，《繫年》未見後者。共事介詞指動作行爲的協同參與者，可譯作“與”、“同”、“率領”。共出現8次，如：

(50) 文王爲客於息，蔡侯與從，息侯以文王飲酒。(五·26、27)

(51) 景公以歸。(十六·86)

(52) 吳洩庸以師逆蔡昭侯。(十九·106、107)

對於例(50)，整理者(2011：148)指出：“《左傳》莊公十四年：‘楚子如息，以食入享。’簡文‘以’義同‘與’。《儀禮·鄉射禮》‘各以其耦進’，鄭注：‘今文“以”爲“與”。’”其說是，即共事介詞的用法。

以下4例與副詞連用，且省略賓語：

(53) 楚穆王立八年，王會諸侯于厥貉，將以伐宋。(十一·56)

(54) 晉莊平公即位元年，公會諸侯於湨梁，遂以遷許於葉而不果。(十七·91)

(55) 靈王先起兵，會諸侯于申，執徐公，遂以伐徐。(十八·98)

(56) 遂以伐齊。(二十·112)

“將以”、“遂以”的用法也多見於《左傳》。對於這種省略賓語的用法，何樂士(2004：176)有專門論述。

據張玉金(2011)，出土戰國文獻中與事介詞“以”主要用作與事。作爲共事介詞的“以”，學術界尚有爭議，或以爲是動詞，或以爲是介詞。甲骨文中的“以”用作動詞，訓攜帶或率領。從《繫年》看，例(51)和(52)與甲骨文“以”的意義更爲接近。《水經·沂水注》引古本《竹書紀年》：“晉烈公四年，越子朱句滅郯，以郯子鴣歸。”亦可參看。張玉金(2011)認爲，戰國時代，這種意義的“以”確實是介詞，而殷商時代這種意義的“以”仍應看成動詞。

3. 憑事介詞

憑事介詞尚可細分爲工具介詞、材料介詞、方式介詞、依據介詞四類，有時難以區分。《繫年》中憑事介詞共出現3例：

(57) 莊王率師圍宋九月，宋人焉爲成，以女子與兵車百乘。(十一·59、60)

(58) 齊人爲成，以鞎骼玉筊與淳于之田。(十四·71、72)

(59) 齊與越成，以建陽、邱陵之田，且男女服。(二十二·120)

“以”所介引的，均爲請成的憑藉。“VP”實際上省略。

4. 境事介詞

境事介詞包括處所介詞與時間介詞。

時間介詞見及7例，如：

(60) 改立厲公，鄭以始正。(二·12)

(61) 楚文王以啓于漢陽。(二·12)

(62) 楚以與晉固爲怨。(二十一·117、118)

(63) 楚邦以多亡城。(二十三·136)

(64) 甲戌，晉楚以戰。(二十三·137、138)

“以”後均省略。

處所介詞見及1例：

(65) 文王以北啓，出方城。(五·29)

“以北”位於謂語之前。上博簡《容成氏》出現“以北”，不過是作方位名詞解。也有學者認爲，這種用法的“以”是介詞或助詞或連詞，此從張玉金（2011）。不過《繫年》的“以北”用法不同，“以”作處所介詞。張玉金（2011）指出，在出土戰國文獻中，只見到介引時間的境事介詞。《繫年》則提供了新的材料。整理者將例（65）的“以”訓作“乃”（第149頁），與筆者理解不同。以“以”訓“乃”者，多不成立（解惠全等，2008：907）。（61）與（65）的結構，亦可合參。

5. 因事介詞

因事介詞表示原因，可譯作“因”、“由”，《繫年》中出現5例：

（66）以同姓之故，必入。（五·24）

（67）晉文公立七年，秦晉圍鄭，鄭降秦不降晉，晉人以不憖。（八·45）

（68）靈公高立六年，秦公以戰于堇陰之故，率師爲河曲之戰。（十·55）

（69）至今齊人以不服于晉。（十八·103）

（70）至今晉、越以爲好。（二十·113）

其中例（67）、（68）、（70）“以”後均省略。

表3　介詞“以”的分佈及語義功能

章節	二	三	五	六	八	十	十一	十四	十五	十六	十七	十八	十九	二十	二十一	二十二	二十三	合計
頻數	2	1	3	2	2	1	3	1	1	1	1	3	1	2	2	2	2	30
客事				2	1		1		1						1			6
與事			1				1			1	1	1	1	1		1		8
憑事							1	1								1		3
境事	2	1	1									1			1		2	8
因事			1		1	1						1		1				5

總的來說，介詞“以”在各章的分佈較爲平均。據張玉金（2011）統計，出土戰國文獻虛詞共出現1 475次，其中出現最多的是憑事介詞，共665次，佔總數的45.1%，其中以工具介詞與依據介詞爲多；其次是境事介詞中的時間介詞，共556次，佔總數的37.7%。此外，原因介詞出現139次，佔9.4%；受事介詞出現96次，佔6.5%；與事介詞出現19次，其中當事介詞2次，共事介詞17次。在《繫年》中，出現最多的是境事介詞和與事介詞，各8次，佔總數的26.7%，而憑事介詞才出現3次。《繫年》中介詞“以”的用法，與此前的楚簡材料以及全部出土戰國文獻所反映出的信息是不盡相符的。究其原因，筆者認爲當與《繫年》的內容或語體有關。《繫年》的敍述對象是列國史事，出於敍事體的內在要求，境事介詞和與事介詞出現的頻率便更高。我們同樣可以來看楚簡與秦簡介詞“以”用法的不平衡。在楚簡中，憑事介詞出現的頻率更高，共354次，佔總數的53.9%；在秦簡中，共出現255次，佔33.9%。在境事介詞方面，楚簡共出現98次，佔總數的14.9%；而秦簡共出現453次，佔總數的60.2%，與《繫年》一樣，境事介詞出現較多。在原因介詞方面，楚簡出現130次，佔總數的19.8%；秦簡才出現8次，佔總數的1.1%。這種不平衡，已經很難說是受“方言”的約束了，而與內容或語體的關係更加密切。據筆者研究，古本《竹書紀年》佚文的介詞“以”用作客事介詞、與事介詞、憑事介詞、境事介詞以及因事介詞，但《繫年》使用較多的境事介詞，《竹書紀年》佚文僅出現1次。

《繫年》所見介詞“以”，省略賓語的有12例，主要見於境事介詞與因事介詞，佔總數的46.2%。據張玉金（2011）統計，出土戰國文獻介詞“以”賓語省略的有618次，佔總數的41.9%。二者比例相近。《繫年》所見3例憑事介詞“以”，則是“VP”省略。“VP”可以在介賓之前，也可以在介賓之後，後者爲常態。上述例（6）即是“VP”在介賓之前，據張玉金（2011），出土戰國文獻中這一用法出現164次，佔總數的11.1%。VP在介賓之後的用法，可分爲賓語在“以”前和賓語在“以”後兩種用法，其中賓語前置較少見，《繫年》未見。

（六）以至

《繫年》中介詞“以至”凡兩見，均用作境事介詞中的時間介詞：

（71）以至靈王，靈王伐吴，爲南懷之行。（十五·80）

（72）二邦爲好，以至晉悼公。（二十·108）

據張玉金（2011），介詞“以至”有處所介詞與時間介詞兩種用法，其中時間介詞僅見於新蔡楚簡，構成“自……以至……”的格式；處所介詞僅見於中山國金文，構成“從……以至……”的格式。《繫年》所見時間介詞“以至”，是新蔡楚簡之外的新材料，且用法有所不同。其中例（71）與上述“至”、“至于”用法相同，均表示進程發展所到的時間點；例（72）與新蔡楚簡所見“以至”用法相同，引進時間終點。

（七）用

《繫年》中的介詞“用”凡2例，均用作因事介詞：

（73）申公叔侯知之，宋公之車暮駕，用抶宋公之御。（十一·57、58）

（74）鄭太宰欣亦起禍於鄭，鄭子陽用滅，無後於鄭。（二十三·131、132）

“用”的賓語均省略。據張玉金（2011）研究，出土戰國文獻的介詞“用”有憑事介詞、境事介詞、因事介詞的用法，且均出現於戰國金文及秦簡之中；“用”的連詞用法見於上博簡《用曰》，只出現於楚簡中。《繫年》出現了兩例“用”的介詞用法，值得玩味。

（八）與

《繫年》中介詞“與”共出現26次，均用作共事介詞，如：

（75）立六年，秦公率師與惠公戰于韓，止惠公以歸。（六·34、35）

（76）秦穆公欲與楚人爲好，焉脫申公儀，使歸求成。（八·48）

（77）秦焉始與晉執亂，與楚爲好。（八·48、49）

（78）陳、蔡、胡叛楚，與吴人伐楚。（十九·104、105）

（79）越公句踐克吴，越人因襲吴之與晉爲好。（二十·110、111）

“與”常出現於互向動詞之前，如上揭“爲好”、“戰”等。據筆者研究，古本《竹書紀年》的介詞“與”亦均用作共事介詞。

介詞的“與”在《繫年》各章分佈如下：

表4　介詞“與”的分佈

章節	六	八	十五	十六	十八	十九	二十	二十一	二十二	二十三
頻數	1	3	3	1	1	2	6	2	4	3

可見，介詞“與”總共出現26次，其中15次出現於第二十至二十三章。前面五章不見介詞“與”的用法，主要集中於後半部分。

據張玉金（2011）統計，戰國簡牘中“與”作爲共事介詞的用法，楚簡出現59次，秦簡出現73次；作爲比事介詞的用法，楚簡不見，秦簡出現22次。在《繫年》中，依然不見“與”作爲比事介詞的用法，26例介詞用法均屬共事介詞。

（九）及

介詞“及”亦由動詞演化而來。《繫年》中的“及”凡12見，用作介詞僅見1例：

（80）晉文公思齊及宋之德，乃及秦師圍曹及五鹿。（七·41、42）

據張玉金（2011）統計，“及”在出土戰國文獻中主要用作連詞，用作介詞者比較少見，兩者的比例是324∶21。《繫年》中“及”作爲連詞與介詞的比例，與此相近。據筆者研究，古本《竹書紀年》

佚文中介詞“及”出現8次，均用作共事介詞。

出土戰國文獻中的介詞“及”，主要有共事介詞、時間介詞、對象介詞、方面介詞、條件介詞等用法，上述晉文公“乃及秦師圍曹及五鹿”的“及”，即屬共事介詞，“及”的賓語爲名詞語。

據張玉金（2011）統計，“及”作爲共事介詞的用法，楚簡不見，秦簡僅見1例；作爲介詞的“及”在楚簡中見及14次，秦簡見及3次。雖然楚簡出現的介詞“及”較秦簡多，但張玉金（2011）所統計的共事介詞“及”尚是空白。清華簡的發現，豐富了我們對楚簡共事介詞“及”的認識。《清華大學藏戰國竹簡》第一輯便見及4例共事介詞“及”，分别見於《尹至》、《尹誥》、《程寤》。

（十）共

《繫年》第二章載：

（81）幽王起師，圍平王于西申，申人弗畀，繒人乃降西戎以攻幽王。（二·6、7）

整理者的釋文在“降西戎”後面斷句。整理者無說，當將“降”理解作“投降”之義，如此，則此處記載與傳世文獻記載不同。師弟萬德良結合有關辭例及史實認爲“降”當讀作“共”，“降西戎”後不斷。尤其是萬德良舉《史記·周本紀》的辭例：“十五年，王降翟師以伐鄭。”（可參看前文“王怒，將以翟伐鄭”）語甚接近。“繒人乃降西戎以攻幽王”相當於《國語·鄭語》的“繒與西戎會以伐周”，“降（共）”和“與”均用作共事介詞，《繫年》文義亦與傳世文獻無悖矣。

二、連詞

《繫年》中的連詞，有“以”、“與”、“及”、“而”、“且”、“苟”、“所”、“又”、“焉”、“是”、“是故”。

（一）以

連詞“以”有目的連詞、結果連詞、順承連詞、方式狀態連詞、修飾連詞、並列連詞、轉折連詞、原因連詞八種用法，《繫年》連詞“以”凡59見，未見後三種用法。

1. 目的連詞

用來連接兩個動詞或分句，前項表示動作行爲，後項表示動作行爲的目的，可譯作“以便”、“來”。共出現38例，如：

（82）乃作帝籍，以烝祀上帝天神。（一·1）

（83）戴公卒，齊桓公會諸侯以城楚丘。（四·20）

（84）令尹子玉遂率鄭、衛、陳、蔡及群蠻夷之師以交文公。（七·43）

（85）王入陳，殺徵舒，取其室以予申公。（十五·76）

（86）平公率師會諸侯，伐齊，以復朝歌之師。（十七·94、95）

據筆者研究，古本《竹書紀年》佚文連詞“以”出現7次，均作目的連詞。

2. 結果連詞

用來連接兩個動詞或分句，前項表示動作行爲或原因，後項表示動作行爲的結果，可譯作“以至於”、“從而”。共出現4次：

（87）以克反商邑，敷政天下。（一·2）

（88）文公率秦、齊及群戎之師以敗楚師於城濮。（七·43、44）

（89）以敗楚師，是雞父之洍。（十五·82）

（90）伍員爲吴太宰，是教吴人反楚邦之諸侯，以敗楚師于柏舉。（十五·83）

3. 順承連詞

用來連接兩個動詞或分句，表示前後項時間上或順序上的先後關係，可譯作“就”、“才”或不譯。共出現13次，如：

（91）明歲，起師伐息，克之，殺息侯，取息嬀以歸。（五·28、29）

（92）既會諸侯，駒之克乃執南郭子、蔡子、晏子以歸。（十四·70）

（93）齊崔杼殺其君莊公，以爲成於晉。（十七·95）

（94）公會諸侯，以與吳王壽夢相見于虢。（二十·109）

（95）楚師圍之於蔑，盡降鄭師與其四將軍，以歸於郢。（二十三·131）

4. 方式狀態連詞

用來連接兩個動詞或分句，前項表示動作行爲或狀態，後項表示動作行爲，可譯作“地”或不譯。共出現 3 次：

（96）襄夫人聞之，乃抱靈公以號于廷。（九·51）

（97）王命申公聘於齊，申公竊載少盐以行，自齊遂逃適晉。（十五·78、79）

（98）越公入饗於魯，魯侯御，齊侯參乘以入。（二十二·121）

5. 修飾連詞

用在狀語與中心語之間，充當狀語的有介賓短語、名詞狀語、助動詞、形容詞、副詞；充當中心語的一般是動詞語。共出現 1 次，用於連接介賓短語與動詞語：

（99）繒人乃共（？）西戎以攻幽王。（二·6、7）

表 5　連詞“以”的分佈及語義功能

章節	一	二	三	四	五	六	七	九	十	十二	十三	十四
頻數	2	1	2	3	4	3	4	1	1	1	1	2
目的連詞	1		2	3	2	1	3		1	1	1	1
結果連詞	1						1					
順承連詞					2	2						1
方式狀態連詞								1				
修飾連詞		1										

章節	十五	十六	十七	十八	二十	二十一	二十二	二十三	合計
頻數	6	3	5	3	3	2	1	11	59
目的連詞	2	2	4	3		2		9	38
結果連詞	2								4
順承連詞	1	1	1		3			2	13
方式狀態連詞	1						1		3
修飾連詞									1

由表 5 可見，《繫年》中“以”作目的連詞出現最多，佔總數的 64.4%。在出土戰國文獻中，目的連詞的確是連詞“以”最常見的用法。據張玉金（2011）統計，出土戰國文獻共出現目的連詞 120 次，佔總數的 26.9%。在楚簡中，方式狀態連詞用法最多，共 85 次，佔總數的 26.3%；目的連詞則居第三位，佔總數的 22.7%。《繫年》的目的連詞“以”比例很高，這同樣與其文本內容和語體特徵分不開。至於出土戰國文獻中出現較多的方式狀態連詞，《繫年》則出現不多。

連詞“以”可以連接兩個分句（這種情況“以”包括原因連詞和非原因連詞）、兩個動詞語、兩個形容詞語、名詞語與動詞語、形容詞與動詞語、助動詞與動詞語、副詞與動詞語、介賓短語與動詞語。在《繫年》中，“以”用作連接兩個分句的非原因連詞共出現 21 次，佔總數的 35.6%；連接兩個動詞語出現 37 次，佔總數的 62.7%。此外，有 4 例連接副詞與動詞語，有 1 例連接介賓短語與動詞語。據張玉金（2011）統計，出土戰國文獻中連詞“以”用法最多的正是連接兩個分句的非原因連詞以及連接兩個動詞語，分別出現149次與204次，分別佔總數的33.3%與45.3%，《繫年》的比例與其相近。

（二）與

《繫年》中的“與”，除了2例用作動詞，26例用作介詞，剩下的13例均爲連詞。作爲連詞的“與”，有時易與作爲介詞的“與”相混淆。出土戰國文獻的連詞“與”，主要有並列連詞與選擇連詞兩種用法。《繫年》中的連詞“與”，均爲並列連詞。並列連詞可細分爲並連、合連與分連三種形式，《繫年》中出現的辭例基本屬於並連，且“與”所連接的兩個並列式基本是名詞或名詞性短語：

（100）少師無極讒連尹奢而殺之，其子伍員與伍之雞逃歸吳。（十五・81）

（101）晉三子之大夫入齊，盟陳和與陳淏於溋門之外。（二十二・123、124）

（102）楚師圍之於蔑，盡降鄭師與其四將軍，以歸於郢。（二十三・131、132）

（103）明歲，楚人歸鄭之四將軍與其萬民於鄭。（二十三・132、133）

連詞的“與”在《繫年》各章分佈如下：

表6　連詞“與”的分佈

章節	二	九	十一	十四	十五	十八	二十二	二十三
頻數	1	1	1	1	1	1	1	6

連詞“與”共出現13次，除了第二十三章出現6次之外，其他各章最多出現1次。一個重要原因是，第二十三章容量特別大。但不能忽視的是，連詞“與”主要出現於後半部分。

據張玉金（2011）統計，戰國簡牘中作爲並列連詞的“與”，楚簡出現97次，秦簡出現4次；作爲選擇連詞的“與”，楚簡出現2次，秦簡不見。選擇連詞較爲罕見，《繫年》亦未出現這一用法。值得玩味的是，楚簡習見的並列連詞“與”，秦簡僅見4例，且其中3例見諸《日書》，與楚地《日書》存在淵源關係。從目前的材料看，秦簡基本不用“與”作爲連詞，作爲並列連詞的“與”在楚簡中則大量存在。

（三）及

出土戰國文獻中的連詞“及”，均用作並列連詞。根據所連接成分的不同，又可分爲連接名詞語、連接謂詞語或分句、連接名詞語和謂詞語。《繫年》用作連詞的“及”有11例，均是連接名詞語，不見其他兩種形式，且基本是並連關係（古本《竹書紀年》佚文同），如：

（104）殺息侯，取息嬀以歸，是生堵敖及成王。（五・28、29）

（105）晉文公思齊及宋之德，乃及秦師圍曹及五鹿。（七・41、42）

（106）明歲，楚王子罷會晉文子燮及諸侯之大夫，盟於宋。（十六・88、89）

也有連接三個以上名詞語的例子：

（107）令尹子玉遂率鄭、衛、陳、蔡及群蠻夷之師以交文公。（七・43）

連詞的“及”在《繫年》各章分佈如下：

表7　連詞“及”的分佈

章節	二	五	六	七	十六	十八
頻數	1	1	1	5	1	2

可見除第七章出現較多外，連詞“及”在全篇分佈相對均衡。筆者曾指出，楚簡罕見的連詞“及”在《繫年》中竟然出現11次，這是值得注意的現象，要知道，張玉金（2011）所統計的全部楚簡資料中連詞“及”才出現6次。雖然秦簡多用連詞“及”，但我們很難說《繫年》與秦人有關。《繫年》虛

詞的特點爲我們審視《繫年》的成篇年代及地域提供了重要綫索，至少《繫年》的用詞風格不同於一般的楚地文獻，而且《繫年》的素材來源當是複雜的，從各章虛詞表現出不同特點也可以略窺一二（陳民鎮，2012）。我們當然不能說，《繫年》出現許多連詞“及”，便是秦人的作品。我們也不能因爲這一點，便斷然否定《繫年》與楚人的關係。

此外，清華簡《楚居》與《繫年》的性質相近，虛詞的使用也存在諸多共性。《楚居》出自楚人之手、是楚人對楚史的記述——幾乎是沒有學者懷疑的。但如果單從虛詞看，楚人慣用的連詞“與”才出現1次，連詞“及”卻出現了5次。這同樣是與楚人的用詞習慣相悖的，這是否說明《楚居》並非楚人的作品呢？能否因爲《繫年》、《楚居》使用了楚人不常用的連詞“及”，便否定它們出自楚人之手呢？如果它們是楚人的作品，又該如何解釋這一現象呢？有一點需要注意，《繫年》與《楚居》既然文體相近，同屬於敍事體的史書，那麼連詞“與”、“及”是否反映了該文體的特色呢？有一種可能是，由於《繫年》與《楚居》是嚴謹的史書，如果作者是楚人的話，作者採用了更正式的用語，而捨棄楚人慣用的“與”。還有一種可能是，由於《繫年》與《楚居》是史書性質，而史料具有傳承性，我們知道，“及”的使用較“與”爲早，《繫年》與《楚居》中連詞“及”的使用，可能本自原初的史料。同時，由於史料具有複雜的來源，這些文獻也可能採用了其他地域的史料。

（四）而

連詞“而”可以分爲單句中的連詞“而”與複句中的連詞“而”，《繫年》中“而”共出現18次，多出現於單句中。

1. 單句中的連詞“而”

單句中的連詞“而”共出現14次。這種情況又可以分爲兩類，一是連接謂詞語，二是連接狀語和中心詞，《繫年》不見後一種用法（古本《竹書紀年》佚文有出現）。

連接兩個謂詞語時，可以有並列、順承、遞進、轉折、結果、目的、方式、時間等關係。除並列、時間關係外，其他均有出現。

“而”所連接的兩個謂詞語之間是順承關係的有7例，如：

（108）其大夫高之渠彌殺昭公而立其弟子眉壽。（二·11）

（109）其大夫里之克乃殺奚齊而立其弟悼子，里之克又殺悼子。（六·32、33）

（110）晉人殺懷公而立文公，秦晉焉始會好，戮力同心。（六·38、39）

（111）駒之克降堂而誓曰：“所不復訽於齊，毋能涉白水！”（十四·68）

（112）楚人舍圍而還，與晉師戰於長城。（二十一·117）

表示遞進關係的有2例：

（113）乃讒太子共君而殺之，又讒惠公及文公。（六·31、32）

（114）少師無極讒連尹奢而殺之，其子伍員與伍之雞逃歸吳。（十五·81）

表示轉折關係的有2例：

（115）晉莊平公即位元年，公會諸侯於湨梁，遂以遷許於葉而不果。（十七·91）

（116）欒盈襲絳而不果，奔入於曲沃。（十七·93）

表示結果關係的有1例：

（117）景之賈與舒子共止而死。（二十三·128）

表示目的關係的有1例：

（118）伍雞將吳人以圍州來，爲長壑而洍之。（十五·81、82）

表示方式狀態的有1例：

（119）楚人盡棄其旃、幕、車、兵，犬逸而還。（二十三·135、136）

以上用例，謂詞語均是動詞性詞語。

在出土戰國文獻中，用法最多的是轉折關係，其次才是順承關係。而在《繫年》中，順承關係最爲常見。

2. 複句中的連詞“而”

複句中的連詞“而”出現 4 次。用“而”來連接的複句，有並列複句、順承複句、遞進複句、按斷複句、轉折複句、條件複句、假設複句、因果複句和目的複句。《繫年》只用於順承複句、遞進複句、轉折複句。

順承複句有 1 例：

(120) 陳人焉叛，而入王子定於陳。(二十三・136)

遞進複句有 1 例：

(121) 而焉將寘此子也？(九・52)

轉折複句有 2 例：

(122) 文公十又二年居狄，狄甚善之，而弗能入。(六・36)

(123) 舍其君之子弗立，而召人于外。(九・52)

在複句中，出土戰國文獻的轉折複句仍然是出現最多的，其次是順承複句。

表 8　連詞“而”的分佈及語義功能

章節			二	三	六	九	十四	十五	十七	二十一	二十三	合計
頻數			1	1	4	2	1	2	2	2	3	18
單句中	用於謂詞語之間	順承關係	1	1	2		1			2		7
		遞進關係			1			1				2
		轉折關係							2			2
		結果關係									1	1
		目的關係						1				1
		方式關係									1	1
	狀中之間		無									
複句中	順承複句										1	1
	遞進複句					1						1
	轉折複句				1	1						2

(五) 且

《繫年》中“且”除用作時間副詞外，均用作連詞。連詞“且”有並列連詞、遞進連詞、選擇連詞與讓步連詞四種用法，《繫年》均用作並列連詞，出現 4 次，如：

(124) 且召高之固曰：“今春其會諸侯，子其與臨之。”(十四・66、67)

(125) 共王使鄖公聘於晉，且許成。(十六・86、87)

(126) 晉師大疫且饑，食人。(十八・101、102)

例 (125) 與“景公使糴之茷聘於楚，且修成，未還，景公卒，厲公即位”(十六・87) 相近，但細玩文義，有所不同。

據張玉金 (2011) 研究，出土戰國文獻中的連詞“且”出現最多的是並列連詞的用法，楚簡不見選擇連詞與讓步連詞的用法，是與《繫年》一致的。

(六) 苟

假設連詞“苟”用於假設複句的假設分句中，可以譯作“如果”、“假使”，見及 1 例：

(127) 我苟果入，使君涉河，至于梁城。(六・33、34)

“苟”，簡文作“句”，整理者讀作“後”。陳劍、黃傑等先生讀作“苟”④，另有學者從之。其說是。有些學者將“果”也釋作假設連詞，實際上這裏的“果”是表示結果的副詞。在“苟”所在的假設分句中，若出現主語，則“苟”在主語之後，例（127）也是相符的。另“魯陽公率師以交晉人，晉人還，不果入王子”（二十三・129）的“果”用法相同，亦可參看。

在以往的出土文獻中，“苟”出現的次數並不多。據張玉金（2011）統計，出土戰國文獻中出現假設連詞“苟”28 次，其中楚簡 20 次，秦簡 7 次，戰國玉石文字 1 次。

（七）所

假設連詞“所”出現 1 例：

（128）駒之克降堂而誓曰：“所不復訽於齊，毋能涉白水！”（十四・68）

這段記述，可以參看《左傳》宣公十七年的記載：“獻子怒，出而誓曰：‘所不此報，無能涉河！’”所記相同，郤克的誓言均用到了“所”這一連詞。在《左傳》、《國語》等傳世文獻中，連詞“所”主要用於誓詞。據張玉金（2011）統計，出土戰國文獻見及 3 例，均出自秦簡。秦簡中的“所”並不用於誓言，而是法律文書。《繫年》的出現，使我們首次在秦簡之外的出土戰國文獻中見到假設連詞“所”，而且是第一次在出土戰國文獻中發現“所”用於誓詞。

（八）又

順承連詞“又”用於時間表述，表示整數之外加零數，共 13 例，如：

（129）十又四年，厲王生宣王，宣王即位，共伯和歸于宗。（一・3）

（130）立廿又一年，晉文侯仇乃殺惠王于虢。（二・8）

（131）文公十又二年居狄，狄甚善之。（六・36）

（132）昭王即世，獻惠王立十又一年。（十九・106）

表 9　連詞“又”的分佈

章節	一	二	四	六	十二	十五	十八	十九	二十	合計
頻數	2	1	1	1	1	1	2	1	3	13

以上“又”的用法均表示年歲，未見其他內容，與《繫年》的內容特徵有關，且其分佈往往與《繫年》王侯紀年的分佈有關。

（九）焉

《繫年》中的“焉”均寫作“玄”，楚簡中的“焉”除寫作“玄”外，還有寫作“言”的。與此相對，秦簡與中山國金文寫作“焉”。“玄”與“焉”是相通關係，楚簡與北方出土戰國文獻的區別，與方言等因素無甚關聯，更多的是受用字習慣的影響。

出土戰國文獻中的“焉”主要用作兼詞。此外，“焉”還有順承連詞的用法，表示兩件事的先後關係，可譯作“於是”、“就”、“才”。據張玉金（2011），出土戰國文獻連詞“焉”出現 23 次，且均見諸戰國簡牘。《繫年》出現連詞“焉”20 次，如：

（133）衛人乃東涉河，遷于曹，焉立戴公申，公子啓方奔齊。（四・19、20）

（134）秦穆公欲與楚人爲好，焉脫申公儀，使歸求成。（八・48）

（135）自晉蹠吳，焉始通吳晉之路，教吳人叛楚。（十五・79）

（136）昭王既復邦，焉克胡、圍蔡。（十九・106）

（137）焉始通吳晉之路，二邦爲好，以至晉悼公。（二十・108）

《左傳》昭公九年云：“伯父惠公歸自秦，而誘以來，使偪我諸姬，入我郊甸，則戎焉取之。”何樂士（2004：357）指出其中的“焉”是兼詞（《左傳》中的“焉”97%是兼詞），兼詞“焉”不但可以出現在謂語中心詞之後，還可以出現在謂語中心詞之前。張玉金（2011）認爲，順承連詞“焉”就是從這種“焉”虛化而來的。除了上舉 7 例，剩下的 13 例近乎《左傳》昭公九年的辭例，如：

（138）周亡王九年，邦君諸侯焉始不朝于周。（二・8）

(139) 秦仲焉東居周地，以守周之墳墓，秦以始大。(三・16)

(140) 晉人殺懷公而立文公，秦晉焉始會好，戮力同心。(六・38、39)

(141) 秦焉始與晉執亂，與楚爲好。(八・48、49)

(142) 吴王子晨將起禍於吴，吴王闔閭乃歸，昭王焉復邦。(十五・84)

以上辭例如果看作兼詞，則是表示時間的兼詞。兼詞"焉"在句子中一般作補語，如果以上辭例是兼詞，則均用作狀語。據張玉金（2011）統計，此前出土戰國文獻中表示時間的兼詞"焉"，只見及上博簡《曹沫之陣》的1例。據張玉金（2011）研究，連詞"焉"也有用於後一分句的主謂之間的。例（135）、（137）的連詞"焉"均與副詞"始"連用，這種現象同樣存在於例（138）、（140）、（141）等中，爲保持一致，剩餘的13例也當視作連詞。不管怎麼說，《繫年》的有關材料可以進一步佐證張玉金先生的觀點，即順承連詞"焉"是由兼詞演變而來的。

表10 連詞"焉"的分佈

章節	二	三	四	五	六	八	九	十一	十五	十九	二十	二十三	合計
頻數	2	1	1	2	2	2	1	1	3	2	2	1	20

連詞"焉"的分佈較爲平均。《繫年》的連詞"焉"出現較多，相當於過去出現的出土戰國文獻所見辭例的總和。這一現象，同樣是與其文本內容特徵分不開的。可與之相參證的是《楚居》，連詞"焉"出現了8次，且同樣出現了與副詞"始"連用的句子。

值得注意的是，"焉始"的用法亦見諸傳世文獻。如《逸周書・月令》："天子焉始乘舟。"《墨子・魯問》："公輸子自魯南遊楚，焉始爲舟戰之器。"

（十）是

"是"可以用作順承連詞，用於複句的後面分句中，可譯作"因而"、"就"等。《繫年》見及3例：

(143) 宣王是始棄帝籍，弗田。(一・3、4)

(144) 殺息侯，取息嬀以歸，是生堵敖及成王。(五・28、29)

(145) 是教吴人反楚邦之諸侯，以敗楚師于柏舉，遂入郢。(十五・83)

"是始"的用法，與"焉始"的用法相近，"是"與"焉"均是順承連詞。

此外，《繫年》中的"是"還用作代詞，如：

(146) 邦君諸正乃立幽王之弟余臣于虢，是攜惠王。(二・7)

(147) 西遷商蓋之民于邾圉，以禦奴虘之戎，是秦之先，世作周𡱒。(三・14、15)

這種用法在結構上與上述用作連詞的辭例亦有相似之處。

（十一）是故

連詞"是故"主要用於因果句群，表示原因的結果，可譯作"因此"。《繫年》見及1例，即用於因果句群：

(148) 宋人是故殺申伯無畏，奪其玉帛。(十一・59)

據張玉金（2011），"是故"可用在語句主語之後，例（148）即此用法。張玉金（2011）還指出，"是故"是在春秋戰國時代才出現的，且除了楚簡，未見於其他出土戰國文獻。"是故"的時代性與地域性值得我們重視。

三、助詞

《繫年》中的助詞，僅見"之"。

《繫年》中，"之"除出現代詞用法44次外，其餘均用作助詞，共出現91次。

結構助詞“之”可用於定中、狀中、中補、主謂、主語和介賓結構之間，《繫年》僅見用於定中、主謂之間兩種。事實上，這兩種也是最常見的。據張玉金（2011）統計，在出土戰國文獻中，“之”用於定中之間共 3 175 次，佔總數（3 432）的 92.5%；而用於主謂之間共 204 次，佔總數的 5.9%。此外，尚有用於專名的助詞“之”。

1. 用在定中之間的“之”

“之”之前的定語，可以是體詞性詞語，也可以是謂詞性詞語。從《繫年》的用例看，均爲體詞性詞語。而“之”之後的中心語，一般都是體詞性詞語，《繫年》亦是如此。

“之”可以用於四種語義類型的定中短語之中，分别是領屬關係、修飾關係、限制關係和同一關係。除修飾關係外，《繫年》均有出現。

首先是領屬關係，即用於領屬性定語和中心語之間。共出現 26 次，如：

（149）王又娶褒人之女，是褒姒。（二・5）

（150）秦仲焉東居周地，以守周之墳墓，秦以始大。（三・16）

（151）令尹子玉遂率鄭、衛、陳、蔡及群蠻夷之師以交文公。（七・43）

（152）明歲，楚王子罷會晉文子燮及諸侯之大夫。（十六・88、89）

（153）三執珪之君與右尹昭之竢死焉。（二十三・135）

其次是限制關係，用於限制性定語和中心語之間。共出現 38 次，如：

（154）伐衛以脱齊之戍及宋之圍。（七・42）

（155）自晉蹠吴，焉始通吴晉之路，教吴人叛楚。（十五・79）

（156）以至靈王，靈王伐吴，爲南懷之行。（十五・80）

（157）晉人且有范氏與中行氏之禍，七歲不解甲。（十八・102）

再次是同一關係，即用在同一性定語和中心語之間，共出現 2 次：

（158）以同姓之故，必入。（五・24）

（159）秦公以戰于堇陰之故。（十・55）

2. 用在主謂之間的“之”

用在主謂之間的“之”的性質，學者多有討論，許多論者認爲這種情況下“之”“取消句子的獨立性”。本文依循張玉金（2011）的看法，將這種“之”看作結構助詞。

這種用法的“之”共出現 7 次，其中 6 次“主之謂”作賓語：

（160）昔周武王監觀商王之不恭上帝。（一・1）

（161）欲其子奚齊之爲君也。（六・31）

（162）越人因襲吴之與晉爲好。（二十・111）

（163）告以宋司城坡之約公室。（二十一・114）

除例（163）作介詞賓語外，其他均作動詞賓語。

據張玉金（2011）統計，出土戰國文獻中“主之謂”用法最多的是作主語，其次是作動詞賓語。《繫年》僅有 1 次用作主語：

（164）齊侯之來也，老夫之力也。（十四・72）

3. 用於專名的“之”

這種用法，一般也看作助詞，張玉金（2011）沒有論及。何樂士（2004：57）將這種用法也在助詞“之”下專門列出，指出這種用法在《左傳》中佔助詞“之”用法的 1.3%，列舉介之推、燭庸之越等。有些辭書認爲，這種用法有調整音節、舒緩語氣的作用（中國社會科學院語言研究所古代漢語研究室，1999：843）。在注釋“高之渠彌”時，整理者（2011：140）指出：“高之巨爾，即高渠彌。之，助詞。先秦古書習見在人姓名中加‘之’的用法，可參看楊樹達《古書疑義舉例續補》‘人姓名之間加助字例’條。”這種用法，俞樾《古書疑義舉例・句中用虛字例》已有強調。傳世文獻多有用例，而《繫年》更是出現了 18 次。其中 16 次用於人名，一般是在姓氏與名之間，如：

（165）其大夫高之渠彌殺昭公而立其弟子眉壽。（二·11）

（166）其大夫里之克乃殺奚齊。（六·32）

（167）景其子伍員與伍之雞逃歸吳。（十五·81）

（168）景之賈與舒子共止而死。（二十三·128）

也有學者認爲用於人名的“之”不能看作助詞，人名並非詞組，只能看作詞嵌（楊劍橋，2010：16），這當然是有道理的。而用於其他事物的專名時，則往往用在種名與屬名之間。《繫年》中另外2例，分別是族群名與地名：

（169）以禦奴虘之戎。（三·15）

（170）是雞父之洍。（十五·82）

“奴虘”是地名，但“奴虘之戎”已是一個族群的專名，“×之戎”的稱名，古書多見。至於“雞父之洍”，則是地名，是以“雞父”這一人名命名的，這種用法亦見諸傳世文獻。有學者將這種地名歸入定中之間的同一關係（陳坤德，1996），筆者將其歸入專名。

據筆者研究，古本《竹書紀年》佚文所見助詞“之”的用法與《繫年》所見相同，且同樣多用於專名，這是值得注意的。

表11　助詞“之”的分佈及語義功能

章節	頻數	定中之間			主謂之間	用於專名
		領屬關係	限制關係	同一關係		
一	1				1	
二	5	2	1			2
三	4	2	1			1
四	2	1			1	
五	3	1		1	1	
六	5	2			1	2
七	5	3	2			
八	5	2	3			
九	2	2				
十	2		1	1		
十一	3	2	1			
十三	1		1			
十四	13	2	1		1	9
十五	5		3			2
十六	5	1	3			1
十七	3		3			
十八	6	2	4			
十九	1		1			
二十	4	1	2		1	
二十一	2		1		1	
二十二	7	2	5			
二十三	7	1	5			1
合計	91	26	38	2	7	18

四、語氣詞

《繫年》中的語氣詞有“也”和“矣”。

(一) 也

語氣詞“也”可以用作句末語氣詞，也可以用作句中語氣詞，其中以前者爲多。依據張玉金(2011)的數據，可知出土戰國文獻中“也”用作句末語氣詞佔總數(1 170)的83.8%。《繫年》中語氣詞“也”共出現7次。

1. 句末語氣詞

句末語氣詞可用於陳述句句末，包括單句末、複句末、緊縮複句末、複句前一分句末；疑問句句末、感嘆句句末、祈使句句末以及與語氣詞連用。

用於陳述句中單句末的有2次：

(171) 齊侯之來也，老夫之力也。(十四·73)

(172) 是余受妻也。(十五·77、78)

例(171)屬於判斷句，主語和謂語都是名詞性短語。用作判斷句，在出土戰國文獻中最爲常見。據張玉金(2011)統計，共出現463次，佔語氣詞“也”總數的39.6%。例(172)可以看作敍述句。

用於陳述句中複句前一分句末的有3次：

(173) 晉蔡侯知息侯之誘己也，亦告文王曰：“……”(五·27)

(174) 欲其子奚齊之爲君也，乃讒太子共君而殺之。(六·31、32)

(175) 君幼，未可奉承也，毋乃不能邦？猷求強君。(九·50)

用於疑問句句末1次：

(176) 舍其君之子弗立，而召人于外，而焉將寘此子也？(九·52)

2. 句中語氣詞

句中語氣詞“也”出現1次：

(177) 齊侯之來也，老夫之力也。(十四·72)

出現於主語後，主語由“主+之+謂”充當，這也是最常見的主語形式。據張玉金(2011)統計，用於主語之後的語氣詞“也”最爲常見，有137次，佔句中語氣詞“也”總數(189)的72.5%。

(二) 矣

《繫年》中語氣詞“矣”僅出現1次：

(178) 秦之戍人使人歸告曰：我即得鄭之門管矣，來襲之。(八·46)

用於複句的前一分句之末，屬陳述句。用於複句前一分句之末的“矣”出現並不多，據張玉金(2011)統計，出土戰國文獻共見19次，佔語氣詞“矣”總數(234)的8.1%。

五、兼詞

《繫年》中的兼詞有“焉”和“諸”。

(一) 焉

關於“焉”語氣詞與兼詞的用法，學者的衡量標準不盡一致，本文依循何樂士、張玉金等先生的看法。兼詞“焉”可以理解作介代兼詞，相當於“于(於)之(此、是)”。《繫年》中“焉”的兼詞用法出現3次，未見語氣詞的用法。張玉金(2011)依據“于(於)”的引介功能將兼詞“焉”的用法分爲9類，《繫年》中只出現表示處所的例子(古本《竹書紀年》佚文相同)：

(179) 赤翟王峁虎起師伐衛，大敗衛師於睘，幽侯滅焉。(四·19)

（180）戴公卒，齊桓公會諸侯以城楚丘，□公子啓方焉，是文公。（四・20、21）

（181）三執珪之君與右尹昭之竢死焉。（二十三・134～136）

據張玉金（2011），在此前的出土戰國文獻中，無論是楚簡還是秦簡，乃至全部的出土戰國文獻，表示處所的兼詞“焉”始終是最常見的。其次是表示範圍方面的和表示比較的，但《繫年》中均未出現。

（二）諸

“諸”作爲兼詞，相當於“之於”、“之乎”、“之”或“於”。與“焉”不同，“諸”還是個合音詞。張玉金（2011）依據“于（於）”的引介功能將兼詞“諸”的用法分爲3類，分別是引介處所、引介當事、引介範圍。《繫年》中“諸”僅出現1例，用作當事：

（182）鄭人止鄖公儀，獻諸景公，景公以歸。（十六・85、86）

六、簡短的結論

通過對清華簡《繫年》虛詞的初步分析，我們可以得出以下幾點認識：

其一，《繫年》的虛詞特點，有的與此前的楚簡材料相合，有的則出入較大。如《繫年》出現了較多連詞“及”，10例介詞“自”均是“自＋賓語”在“VP”之前，出現2例介詞“用”，諸如此類，與此前所見楚簡材料不甚相合。

其二，從《繫年》虛詞看，各章史料來源的時代存在不平衡的現象，以介詞“于”、“於”的使用爲著例。

其三，從《繫年》虛詞看，各章史料來源的地域也可能存在不平衡的現象。《繫年》的一些虛詞現象，與楚簡不合，可能具有其他地域的特色。

其四，《繫年》虛詞的許多特點，是與其文體、語體特色分不開的，因此，其虛詞用法與古本《竹書紀年》佚文較爲接近（主要虛詞是基本一致的，主要虛詞的用法也是基本一致的）。同樣值得注意的還有《繫年》與《左傳》、《楚居》的共性。在《繫年》中，介詞“于（於）”的賓語均由名詞性詞語充當，且用法比較單一，集中於客事介詞中的位事、與事介詞中的當事和境事介詞中的處所；介詞“以”以境事介詞和與事介詞使用最多，與此前的楚簡材料以及全部出土戰國文獻所反映出的信息相較，是不盡相符的；連詞“以”的使用，目的連詞出現最多；順承連詞“焉”使用較多等。這些現象，與《繫年》的文體、語體特色密不可分。

我們尚難以論定《繫年》具體創作於何時、出自哪國人之手，但可以肯定的是，《繫年》的史料來源是相當複雜的，有待我們進一步考索。

附　注

①過去一些針對出土文獻的虛詞研究，或出於謹慎之故，吸收學術界新成果不夠。筆者認爲，在審慎的前提下，參考學術界對有關釋文考訂的新進展是十分必要的，否則難以達到預期的研究效果。

②若無特別說明，本文有關虛詞概念以及此前的出土戰國文獻虛詞數據俱參見該書。

③取劉樂賢先生說。參見陳民鎮集釋、按語：《清華簡〈楚居〉集釋》，復旦大學出土文獻與古文字研究中心網站，http：//www. gwz. fudan. edu. cn/SrcShow. asp？Src_ ID＝1663，2011年9月23日。

④參見復旦大學出土文獻與古文字研究中心讀書會：《〈清華（貳）〉討論記錄》，復旦大學出土文獻與古文字研究中心網站，http：//www. gwz. fudan. edu. cn/SrcShow. asp？Src_ ID＝1746，2011年12月23日；黃傑：《初讀〈清華大學藏戰國竹簡（貳）〉筆記》，復旦大學出土文獻與古文字研究中心網站論壇“學術討論”，http：//www. gwz. fudan. edu. cn/ShowPost. asp？ThreadID＝5336，2011年12月20日。

參考文獻

［1］陳昌來：《介詞與介引功能》，合肥：安徽教育出版社 2002 年版。

［2］陳坤德：《古代漢語同一性定語芻議》，《惠州大學學報》（社會科學版）1996 年第 1 期。

［3］陳民鎮：《〈繫年〉“故志”說——清華簡〈繫年〉性質及撰作背景芻議》，《邯鄲學院學報》2012 年第 2 期。

［4］何樂士：《〈左傳〉虛詞研究》（修訂本），北京：商務印書館 2004 年版。

［5］何樂士：《古代漢語虛詞詞典》，北京：語文出版社 2006 年版。

［6］李學勤主編：《清華大學藏戰國竹簡》（貳），上海：中西書局 2011 年版。

［7］解惠全、崔永琳、鄭天一編：《古書虛詞通解》，北京：中華書局 2008 年版。

［8］楊劍橋：《古漢語語法講義》，上海：復旦大學出版社 2010 年版。

［9］張顯成、王玉蛟：《〈清華大學藏戰國竹簡（壹）〉虛詞研究》，《出土文獻》（第二輯），上海：中西書局 2011 年版。

［10］中國社會科學院語言研究所古代漢語研究室：《古代漢語虛詞詞典》，北京：商務印書館 1999 年版。

A Study of Functional Words of Bamboo Slips about Xinian Collected by Tsinghua University

Chen Minzhen

Abstract: This paper makes a preliminary study of the functional words of Bamboo Slips about Xinian Collected by Tsinghua University. It is obvious that the material source of the Xinian should be complex. There is a close link between the functional words and times, regions and contents.

Key Words: Bamboo Slips Collected by Tsinghua University; Xinian; Functional Words

（陳民鎮　中國社會科學院研究生院文學系　102488）

上博簡（八）楚辭類文獻虚詞研究

鍾之順

提　要　上博簡第八册包含四篇楚辭類文獻，本文對這批文獻的虚詞進行了綜合研究，同時與屈原賦的虚詞進行比較。這批文獻地域性明顯，且内容極富個性，具有重要價值。

關鍵詞　上博簡　楚辭　屈原賦

《上海博物館藏戰國楚竹書》第八册刊佈了四篇早於屈原的楚辭類作品，分别是《李頌》、《蘭賦》、《有皇將起》、《鶹鷅》[①]。這四篇楚辭類文獻，豐富了我們對楚辭的認識，同時也是研究楚地語言的重要材料。我們知道，與公文、遣策、卜筮簡等出土文獻相比，書籍類出土文獻的性質相對複雜，即便是楚簡，也未必代表楚地的語言特色。而這批楚辭類文獻則可以避免這一問題，它們是少有的較爲明確的楚地文獻，彌足珍貴。

此前雍宛苡先生發表《〈上海博物館藏戰國楚竹書（八）〉虚詞初探》一文，對上博簡第八册的虚詞進行了初步探討。自上博簡第八册公佈以來，學術界對其展開了熱烈的探討，修正了許多整理者的錯誤認識。遺憾的是，該文並沒有吸收這些新的成果，而是以整理者釋文爲準。如此一來，在分析虚詞的過程中出現了不少失誤。另一方面，上博簡第八册的内容並不是純粹的，如楚辭類文獻與其他幾篇文獻相比，時代、地域、文體均不盡一致。基於以上兩方面考慮，我們仍有進一步研究上博簡（八）楚辭類文獻虚詞的必要。

本文並不認同將副詞歸入虚詞，本文所討論的虚詞包括介詞、連詞、助詞、語氣詞、兼詞五類。筆者與陳民鎮在整理上博簡（八）楚辭類文獻集釋的基礎上，擬定了新的釋文，限於體例，與整理者釋文相異之處不一一註明。本文所引簡文俱用寬式，簡文後附篇章名及簡號。在研究上博簡（八）楚辭類文獻虚詞的同時，筆者也注意將其與傳世楚辭類文獻的虚詞進行比較。由於張玉金先生的《出土戰國文獻虚詞研究》已經就該書所能搜集到的出土戰國文獻虚詞進行了窮盡性研究，且構建了相對新穎、科學、全面的體系，本文的研究主要參照該書的體系。

一、介詞

介詞一般用在名詞或代詞之前，把名詞或代詞介紹給句中的謂詞。所構成的介賓短語（賓語有時可省略），位於謂語動詞之前或之後，充當句子的狀語、補語，有時也可作定語。上博簡（八）楚辭類文獻中的介詞可分爲客事介詞、與事介詞、境事介詞、比事介詞四類，共出現於、于、爲、與$_1$、在、與$_2$六個介詞。

（一）客事介詞

客事介詞是在句子中介引並顯化各種客事的介詞，可分爲受事、位事、使事、涉事等，句子中的客事一般都作賓語。上博簡（八）楚辭類文獻中共出現一個客事介詞，即“於”，用作受事介詞。

1. 於

介詞“於”在上博簡（八）楚辭類文獻中主要用作受事介詞，可譯爲“對”。共出現1例：

（1）使遊於仁……（《有皇將起》簡1）

這種用法的“於”又見於《上博楚簡五·君子爲禮》：“君子爲禮，以依於仁。”張玉金（2011：73）認爲此處“於”爲受事介詞，其説可從。上引例（1），“於”的用法與此相同。《論語·述而》云：“子曰：‘志於道，據於德，依於仁，遊於藝。’”句中“於”的用法亦與簡文相同。

（二）與事介詞

與事介詞是用來介引行爲動作的一定的針對對象或協同參與者，可分爲當事介詞和共事介詞兩類。上博簡（八）楚辭類文獻中共出現兩個與事介詞，即“爲”、“與$_1$”。

2. 爲

在上博簡（八）楚辭類文獻中，“爲”用作當事介詞，用來介引行爲動作的針對對象，相當於“給”、“替”。共1例：

（2）可期成夫今兮，能爲余拔楮柧今兮。（《有皇將起》簡1）

上引例（2），“爲”與“余”構成介賓短語，作謂語動詞“拔”的狀語。據筆者統計，屈原賦中這種用法的“爲”出現8次，其中《離騷》出現3次，《九歌》2次，《九章》1次，《遠遊》2次。

3. 與$_1$

介詞“與$_1$”最常見的一種用法就是作共事介詞，用來介引行爲動作的協同參與者。上博簡（八）楚辭類文獻中，“與$_1$”的這種用法共出現2例：

（3）違與它木，非與從風兮。（《李頌》簡2）

（4）慮余子其速長今兮，能與余相助（?）今兮。（《有皇將起》簡1）

上引例（3），“與$_1$”作共事介詞，引進行爲動作協同參與者，可譯爲“跟”、“和”、“同”。其後省略了賓語，我們可以還原成“非與之從風兮”，“之”代表上句的“它木”，“與之”構成介賓短語作狀語，修飾“從風”。有時“與$_1$”和它的賓語常出現在互向動詞之前，所謂互向動詞，是指需要兩個參與者協同動作才能完成某種動作行爲的動詞，如例（4）中的“相助（?）”。據筆者統計，這種用法的“與”在屈原賦中共出現23次。

雍宛苡（2012）將例（4）的“與”理解作並列連詞，與筆者的理解不同。

（三）境事介詞

境事介詞包括處所介詞和時間介詞，上博簡（八）楚辭類文獻中共出現2個境事介詞，即“在”、“于”。

4. 在

介詞“在”在這裏用作處所介詞，引進動作行爲發生或持續的處所。它既可用在謂語前作狀語，也可用在謂語後作補語。上博簡（八）楚辭屬於後一種用法，共有1例：

（5）決去選物，宅在幽中。（《蘭賦》簡1）

屈原賦中，介詞“在”共出現5次，均用作處所介詞，只見於《天問》與《九章》。上引例（5），“在幽中”作謂語動詞“宅”的補語。屈原賦中處所介詞“在”的用法亦是置於謂語之後，與處所名詞構成介賓短語作謂語的補語。如《九章·思美人》：“竊快在中心兮，揚厥憑而不竢。”《天問》：“永遏在羽山，夫何三年不施?”

5. 于

介詞“于”在上博簡（八）楚辭類文獻中主要用作處所介詞。共出現1例，如：

（6）芳盈苾（?）彌（?）而達聞于四方。（《蘭賦》簡2）

上引例（6），“于四方”作謂語動詞“達聞”的補語。“于”介詞詞組在句中作謂語動詞的補語，這是它最常見的用法。

（四）比事介詞

比事介詞用來介引與主事在某一或某些方面進行比較的事物。共出現1個，即“與$_2$”。

6. 與$_2$

比事介詞“與$_2$”在上博簡（八）楚辭類文獻中相當於“跟”、“同”、“和”。共出現1例：

（7）違與它木，非與從風兮。（《李頌》簡2）

上引例（7），“與$_2$”和名詞“它木”構成介賓短語，作爲補語來修飾動詞“違”。這裏表示的是桐樹（主事）跟它木（比事）在某方面不相同、不相類。如果調整語序，將動詞與介賓短語調換位置即“與它木違”，句義不變。據筆者統計，這種用法的“與”在屈原賦中共出現5次。

表1　上博簡（八）楚辭類文獻的介詞

介詞		於	爲	與	在	于	合計
客事介詞	受事	1					1
與事介詞	當事		1				1
	共事			2			2
境事介詞	處所				1	1	2
比事介詞				1			1
合計		1	1	3	1	1	7

從表1可以看出，上博簡（八）楚辭類文獻中介詞出現不多。與今本《楚辭》相比，介詞出現少，且用法相對不夠豐富。其中，“于”、“於”各出現1次。據筆者統計，在屈原賦中，“于”出現5次，“於”出現26次。“於”多而“于”少，是符合戰國時期“于（於）”使用特點的。至於上博簡（八）楚辭類文獻，“于（於）”的材料並不充分，難以說明問題。在屈原賦中，介詞“于”、“於”、“乎”使用最多的是處所介詞用法。

二、連詞

連詞，顧名思義，是用於連接詞、詞組、分句和句子，表示一定的語法關係的虛詞。連詞不單獨作句子成分。它可以根據所連接的各部分之間的關係分爲順承連詞、並列連詞、轉折連詞、因果連詞、假設連詞、目的連詞、方式狀態連詞等。上博簡（八）楚辭類文獻中共出現連詞有：而$_1$、則、斯、焉、其$_1$、與、是故、如、以。

（一）順承連詞

順承連詞所連接的前後成分存在着時間上的先後關係或事理上的相承關係。上博簡（八）楚辭類文獻中的順承連詞有“而$_1$”、“則”、“斯”、“焉”、“其$_1$”五個。它們或用在兩個或多個謂詞性詞語（包括動詞和形容詞）之間，或用在主語與謂語之間；既可用於單句，也可用於複句（多用在緊縮複句中）。

1. 而$_1$

上博簡（八）楚辭類文獻中的順承連詞“而$_1$”主要用於連接前後兩個動詞，有時也可以連接兩個分句。前後兩項所代表的動作前後相繼，或前一個動作行爲是後一個動作行爲的原因，後一個動作行爲是前一個動作行爲的結果，前後聯繫很緊密。可以譯爲“就”、“便”、“然後”、“因而”等。共計4例：

（8）鳳鳥之所集，竢時<u>而</u>作兮。（《李頌》簡1）

（9）……自悔今兮，有過<u>而</u>能改今兮。（《有皇將起》2）

（10）芳盈苾（？）彌（？）<u>而</u>達聞于四方。（《蘭賦》簡2）

（11）容則簡逸<u>而</u>莫之能效矣。（《蘭賦》簡5）

上引例（8）、例（9）和例（10），“而$_1$”所連接的兩個謂詞語或詞組之間都爲順承關係。所連接的都是兩個動詞，構成“動$_1$＋而＋動$_2$”這樣的結構，動$_1$和動$_2$之間存在時間上的先後關係，二者不能互換。例（8），“而$_1$”連接“竢時”與“作”兩個動詞，這兩個動詞所代表的行爲動作都是由同一個主語所代表的事物（即“鳳鳥”）所發出的，且兩個動作是前後相繼的。例（9），“有過”和“能改”在事理上是相承的關係，此“而$_1$”可譯爲“便”。例（10）的“而”，雍宛苡（2012）歸入轉折連詞，與筆者的理解不同，“達聞于四方”實際上是“芳盈苾（?）彌（?）”的結果。而例（11）是一個緊縮複句，且後一分句的賓語提前，其正常語序是“莫能效之矣”。這種現象也是古漢語中常見的語法現象，即在否定句中代詞作賓語時，賓語往往提前。

2. 則

順承連詞“則”既可連接詞、短語，也可連接分句，可譯爲“就”、“便”。在上博簡（八）楚辭類文獻中共出現1例，即：

(12) 人因其情則樂其事，遠其情。(《李頌》簡2)

上引例（12），“則”用在緊縮複句中，連接兩個分句。它所連接的後一分句“樂其事”是前一分句“人因其情”的結果，可以譯爲“就”、“便”。據筆者統計，順承連詞“則”在屈原賦中出現三次。

按，“則”在上博簡（八）楚辭類文獻中出現三例，另外兩例是否用作虛詞，爭議較大。其中一例爲：“豈不偕生，則不同兮。”（《李頌》簡1背）整理者（2011）認爲此“則”是副詞，“就”、“乃”的意思。雍宛苡（2012）則認爲是順承連詞。上述整理者與雍宛苡（2012）的觀點都是值得商榷的。筆者認爲，這裏的“則”不爲虛詞，當爲名詞。王寧（2001）認爲：“則，法也，意思相當於現在的原則。”陳民鎮認爲，“（則）不一定是虛詞，而可能是名詞。‘則’，通常訓法、準、常”[②]。另外一例爲：“容則簡逸而莫之能效矣。”（《蘭賦》簡5）“則”簡文寫作“惻”，對於該字的理解，學者也是眾說紛紜。整理者（2011）認爲：“‘惻’，讀爲‘則’，‘惻’从‘則’得聲，可通。……則，連詞。”雍宛苡（2012）也當作連詞解，析爲轉折連詞。以上爲虛詞說。還有一些學者理解爲實詞。如劉雲先生疑“蓉惻”應讀爲“容姿”，“姿”意爲“姿態”，認爲“則”聲字與“次”聲字可以相通，將“惻”讀爲“姿”也是沒有問題的[③]。黄浩波（2011）也主張將“蓉惻”讀爲“容則”，而把“則”訓爲“法則”、“法度”。不管是讀爲“姿”，還是訓爲“法度”、“法則”，都應是實詞，而非虛詞。

3. 斯

作爲順承連詞的“斯”，在上博簡（八）楚辭類文獻中主要用於連接主語和謂語，相當於“則”。共計兩例：

(13) 木斯獨生，榛棘之間兮。(《李頌》簡1)

(14) 違遠行道，不窮（?）有折，蘭斯秉德。(《蘭賦》簡3)

對於這種起連接作用的“斯”的詞性，學術界向有歧說，或認爲是代詞，或認爲是副詞，或認爲是連詞。對此，張玉金（2011：358）總結道：“這種起連接作用的‘斯’雖然仍有一定的對上文的複指作用，但其主要作用是表示承接，所以還是看成連詞好一些。”筆者同意這一看法。“斯”在這裏也應爲連詞，表順承關係。楊樹達《詞詮》：“承接連詞，則也，乃也。”可以參看。

上引例（13）、例（14），“斯”用在主語與謂語之間，具有承接上文的作用。整理者（2011：261）認爲：“‘斯’，虛詞，相當於‘此’。……按《楚辭》‘斯’字多見，皆用作虛詞，訓爲‘此’，如《卜居》：‘將送往勞來，斯無窮乎?’《漁父》：‘子非三閭大夫與? 何故至於斯?’均其例。”姜亮夫（2002：296）指出：“《楚辭》斯字八用皆一義。皆借爲語詞。……總八用言，皆可訓‘此’。”查屈原賦“斯”字用例，均爲明顯指代用法，與此不同。

4. 焉

連詞“焉”在簡文中寫作“安”。用在表示連續動作或相繼事件的詞組或分句之間，具有承上啓下的作用，可譯爲“於是”、“就”。該字在上博簡（八）楚辭類文獻中共出現1例：

(15) 備修庶戒，逢時焉作。(《蘭賦》簡2)

關於例（15）中的“焉”字，整理者（2011：256）已指出：“焉，連詞，相當於‘則’、‘於是’。”整理者之說甚是。此處用作順承連詞，“逢時”和“作”是表示兩個連續動作的詞，在語法上是一種順承關係。

《離騷》中有兩句值得注意："步余馬於蘭皋兮，馳椒丘且焉止息。""皇天無私阿兮，覽民德焉錯輔。""焉"出現在謂語中心詞之前，已經接近連詞用法。

5. 其$_1$

"其$_1$"的連詞用法在先秦文獻中比較少見，在屈原賦中則大量出現。上博簡（八）楚辭類文獻中也出現了用作連詞的"其$_1$"。

上博簡（八）楚辭類文獻中，"其$_1$"最多的是用作順承連詞。主要有兩種情況：其一，用於主謂之間；其二，用於狀中之間。可譯爲"就"，共有6例。

首先是用於主語與謂語之間的"其$_1$"。共出現4例：

（16）䖒冬之祁寒，葉（？）其方落兮。（《李頌》簡1）

（17）如蘭之不芳，信蘭其沫（？）也。（《蘭賦》簡4）

（18）風旱之不亡，天道其越也。（《蘭賦》簡4、5）

（19）慮余子其速長今兮，能與余相助（？）今兮。（《有皇將起》簡1、3）

雍宛苡（2012）把以上用法歸入語氣助詞。上引例（19），主謂結構"余子其速長"充當了動詞謂語"慮"的賓語。

用於狀語與中心語之間的連詞"其$_1$"共出現2例：

（20）年前其約儉，美後其不長。（《蘭賦》簡4）

過去學者對《楚辭》所見"其$_1$"多有討論，包括張縱逸和胡小石的《離騷文例》、《屈原與楚辭》等論著均有涉及。薛恭穆（1980）將《楚辭》中大量的"其$_1$"、"而"、"之"等虛詞看成是附在形容詞、副詞後面的助詞。胡朝勳（1991）認爲《楚辭》第四字位"其$_1$"字，大抵屬於先秦詩歌中用以舒緩語氣、諧和音律的語間助詞，並非詞綴。鑒於不少學者將此類"其$_1$"視作詞綴或助詞，熊焰（1997）強調它應該是先秦韻文的一種特殊用法，即代詞虛用。呂亞東（1985）對屈原賦中的"其$_1$"有細緻的劃分，他認爲屈原賦中的"其$_1$"用作連詞的所佔比例最大，有表示修飾、轉折、因果三種用法；此外，"其$_1$"還有代詞、副詞、助詞的用法。呂亞東先生的看法是相對客觀的。陳明富（2004）將《楚辭》連詞"其$_1$"區分爲表示修飾關係、承接關係、假設關係、讓步關係、兼語詞組間起連接作用五種用法。

由於《楚辭》中連詞"其$_1$"的用法比較特殊，大多數相當於連詞"而"，這在其他文獻中是罕見的，故在裴學海《古書虛字集釋》之前的虛詞專書多未涉及此義。廖序東（1980；1995）認爲《離騷》中大多數"其$_1$"相當於"而"，至於用在主謂之間的連詞"其$_1$"，他則認爲是代詞。他分別反駁了以"而"、"之"、"且"等虛詞代替"其$_1$"字的觀點，認爲衹有一種說法能完全適用於本類的"其$_1$"字，即這些"其$_1$"字是人稱代詞，複指主語作主語的同位語，有強調主語的作用。對於用在主謂之間的"其$_1$"，崔重慶（1983）認爲是連詞："在散文中，'其$_1$'雖可用於主謂之間，但都表示一定的語氣，是作爲語氣副詞出現的。而楚辭中的'其$_1$'卻可用於主謂之間，而不表示任何語氣，因此不是語氣副詞。……這種'其$_1$'也不能解釋成複指主語的代詞，因爲'其$_1$'在先秦一般是不做主語的。"這種用於主謂之間的"其$_1$"均爲不表示任何意義的連詞，是楚辭所特有的。郭愛平（2007）認爲與先秦散文相比較，"其$_1$"在《楚辭》中主要用作連詞。主謂之間的"其$_1$"具有複指強調主語的功能，而當"其$_1$"的這種複指功能弱化時，"其$_1$"便產生了主謂之間的連詞。筆者同意將這種"其$_1$"看作連詞。用於主謂之間的"其$_1$"具有複指主語的功能，爲指示代詞。而最晚當在戰國後期，這種複指功能就已經弱化了。於是，連接主謂的"其$_1$"作爲連詞出現了。從上引4例不難看出，這種用法的"其$_1$"在語義上具有承接的作用，與上文"斯"用法相近。在先秦其他傳世文獻乃至出土戰國文獻中，"其$_1$"的這種用法都是罕見的。至於用在狀語與中心語之間的連詞"其$_1$"，早在西周傳世文獻中就已經出現了。而且，"這一連詞也是由指示代詞'其$_1$'的複指功能弱化所致。不過，此時的'其$_1$'不是複指前面的詞，而是複指後面的動詞，即複指特殊的動作行爲方式"（郭愛平，2007）。"其$_1$"的連詞用法是楚辭類文獻的特徵之一，這種用法在屈原賦中大量出現，在上博簡（八）楚辭類文獻中亦有運用。

（二）並列連詞

並列連詞所連接的前後成分地位等同，有時可以互換位置。它既可以連接詞、短語，又可以連接句子。上博簡（八）楚辭類文獻中共出現3個並列連詞，它們分別是：與$_3$、而$_2$、其$_2$。

6. 與$_3$

並列連詞“與$_3$”所連接的前後成分爲意義相同或相近的詞或短語，它們可以是名詞，可以是形容詞，也可以是動詞。共出現1例：

（21）……大路今兮，敎蒧與楮今兮。（《有皇將起》簡3）

上引例（21），“與$_3$”前之“蒧”和後之“楮”均作動詞“周”的賓語，二者地位等同，可以互換。雍宛苡（2012）則理解作介詞。

先秦文獻中，還有一個和連詞“與$_3$”用法相近的連詞“及”。它們都廣泛地應用於先秦文獻中。但饒有意味的是，二者的連詞用法在文獻中的分佈卻有所差異，這表現了二者在地域分佈上的差異。

我們先看屈原賦中的連詞“與$_3$”。據筆者統計，“與$_3$”在屈原賦中用作連詞的共有20處，均用作並列連詞，其中《離騷》8次，《九歌》1次，《九章》11次。“及”在屈原賦中共出現12處，然而，沒有一處是用作連詞的。

“與$_3$”在上博簡（八）楚辭類文獻中共出現4例，其中用作並列連詞的共有1例，其他3例均用作介詞。連詞“及”在上博簡（八）楚辭類文獻中沒有出現。

周守晉（2005：151—158）統計了楚簡和秦簡中連詞“與$_3$”、“及”的使用情況，並指出：“就楚簡、秦簡‘與$_3$’、‘及’的使用來看，應該說是共性、差異並存。在共性一方面，兩類簡中‘與$_3$’、‘及’的動詞意義是基本一致的；同時，兩類簡既有介詞‘與$_3$’，又有連詞‘與$_3$’；這也表明‘與$_3$’的使用，在時代、地域方面具有連續性。兩類簡的差異，正如大西克也先生指出的那樣，‘及’在楚簡中沒有作連詞的用例（引文一處例外）；而在秦簡裏，並列連詞主要用‘及’。”張玉金（2011）指出，在出土戰國文獻中，並列連詞“與$_3$”主要出現在楚簡和曾簡之中，在楚簡中有97次，在曾簡中有28次，在秦簡和戰國金文中各出現4次、1次。並列連詞“及”主要出現在秦簡中，有313次，在楚簡中只出現了6次。筆者認爲，楚簡中並列連詞主要用“與$_3$”，是可信的。這不僅體現在出土文獻中，在傳世文獻中也可窺見一斑。上博簡（八）楚辭與屈原賦中，只用連詞“與$_3$”，沒出現連詞“及”，進一步證明了這個現象。

7. 而$_2$

並列連詞“而$_2$”，一般用來連接兩個及兩個以上的謂詞性詞語，這種謂詞性詞語可以是動詞，也可以是形容詞，還可以連接兩個分句。共出現1例，如：

（22）身體動靜而目耳勞矣。（《蘭賦》簡5）

上引例（22），“而$_2$”用於緊縮複句之中。“身體動靜”與“目耳勞”之間構成並列關係。雍宛苡（2012）歸入順承連詞，與筆者的理解不同。

8. 其$_2$

並列連詞“其$_2$”主要用於謂語與謂語之間或緊縮複句的分句之間。上博簡（八）楚辭類文獻中“其$_2$”主要連接謂語，相當於“而$_2$”。共出現3例，即：

（23）亟植速（?）成，厚（?）其不還兮。（《李頌》簡1）

（24）深利幵豆，亢其不貳兮。（《李頌》簡1背）

（25）旱其不雨兮，湫（?）而不涸。（《蘭賦》簡2）

上引例（23），“厚（?）”形容草木繁密；“不還”指梧桐豐茂而不萎縮。均爲歌頌梧桐的修飾語。二者之間沒有修飾與被修飾的關係。“其$_2$”連接兩個形容詞謂語。例（24），“亢”與“剛”、“強”等同義；“不貳”即專一、無二心之義。二者均爲形容詞。例（25），“其$_2$”連接形容詞謂語“旱”與動詞謂語“不雨”。

《李頌》與《九章・橘頌》的内容與思想存在諸多共性，在語法方面同樣如此。《橘頌》中“深固難徙，廓其無求兮”、“淑離不淫，梗其有理兮”、“緑葉素榮，紛其可喜兮”的用例，均與上述例句相似。

（三）轉折連詞

轉折連詞所連接的前後成分具有轉折或反轉的關係。既可連接詞、短語，也可連接句子。共出現1個“而$_3$”。

9. 而$_3$

轉折連詞“而$_3$”的轉折連詞的用法，在先秦典籍中是很常見的。一般用來連接兩個及兩個以上的謂詞性詞語，這種謂詞性詞語可以是動詞，也可以是形容詞，還可以用在複句（主要爲緊縮複句）中。在上博簡（八）楚辭類文獻中共出現6例，可譯爲“卻”、“然而”：

（26）……旱其不雨兮，湫（?）而不涸。（《蘭賦》簡2）

（27）……搖落而猶不失厥芳。（《蘭賦》簡2）

（28）處（?）位懷下而比擬高矣。（《蘭賦》簡5）

（29）鶹鷅之止今兮，欲衣（?）而惡枭今兮。（《鶹鷅》簡1）

（30）鶹鷅翩飛今兮，不戠而欲衣（?）。（《鶹鷅》簡2）

（31）……今兮，離居而同欲今兮。（《有皇將起》簡4）

上引例（26）中的“而$_3$”，整理者（2011：255）認爲同“能”，作“能夠”講，陳民鎮認爲當作連詞解。按，此處“而$_3$”的用法，與“湫”作何解關係甚大。整理者（2011：255）將“湫”解作“淵”，並將此句斷爲“……旱其不雨，何淵而不涸”，指出“淵，深潭，深池”。蘇建洲先生認爲“湫”是“潭水”的意思④。何有祖（2011）則認爲該字作“黍”。然無論是訓爲“潭水”、“深潭”，還是作“黍”，都應是名詞，則“而$_3$”就如整理者訓爲同“能”。筆者認爲，這裏的“湫”訓爲“潭水”或是作“黍”，都不是對文義的貼切解釋。陳民鎮指出：“‘湫’指地勢地下，環境低濕。”說的是古蘭（異於今蘭）的生長環境。《楚辭・九歌・湘夫人》：“沅有茝兮醴有蘭。”洪興祖《補注》曰：“言沅水之中有盛茂之茝，澧水之內有芬芳之蘭。”也說明蘭生長在有水的地方。“湫”字譯爲地勢低濕，符合蘭的生長特性，是一種正常的狀態，在文意上也是說得通的。而“旱其不雨”卻“不涸”，前後語義發生了轉折。例（28），“而$_3$”連接緊縮複句的兩個分句。

雍宛苡（2012）在轉折連詞一項下將《蘭賦》簡5“容則簡逸而莫之能效矣”的“則”視作轉折連詞，與筆者的理解不同。

（四）因果連詞

因果連詞用來連接具有因果關係的詞、短語及句子。上博簡（八）中共出現1個，即“是故”。

10. 是故

因果連詞“是故”在簡文中寫作“氏古”，一般認爲它是一個複音虛詞，主要用在因果複句的結果分句之首。可譯爲“所以”、“因此”。共2例：

（32）是故聖人逮此和物，以理人情。（《李頌》簡2）

（33）是故聖人逮此。（《李頌》簡3）

（五）假設連詞

假設連詞主要連接兩個分句，表示假設關係。共出現1個，即“如”。

11. 如

“如”在上博簡（八）楚辭類文獻中出現2例，其中1例用作假設連詞，在簡文中寫作“女”，用於假設複句的前一分句，表示假設的情況或條件，後一分句表示結果，可譯爲“假如”、“如果”。共有1例：

（34）如蘭之不芳，信蘭其沫（?）也。（《蘭賦》簡4）

上引例（34），“如”，整理者（2011：262）認爲是“如同”、“好像”的意思。雍宛苡（2012）因此沒有統計。陳民鎮指出：“‘如’，未必是好像的意思，可能是連接句子的虛詞。”甚是。此處正是用作假設連詞，爲“如果”、“假如”的意思。

假設連詞“如”多用在楚簡中，與另一假設連詞“若”有所不同。周守晉（2005：120—123）指出，在出土文獻中，這兩個詞具有明顯的地域分佈特點，“表‘如果’時，楚文獻只用‘如’；與秦地文獻只用‘若’相比，這是一個明顯的地域特徵”。據張玉金（2011：392）統計，假設連詞“如”在《上博楚簡》中共出現17次，在《郭店楚簡》中出現3次，在《九店楚簡》中出現4次，此外，其他楚簡中也出現少許。並得出“除了《嶧山刻石》中的1例之外，假設連詞‘如’確實都出現在出土楚文獻之中”的結論。

值得注意的是，屈原賦中並未出現這種用法的“如”。

（六）目的連詞

目的連詞通常用在複句的後一分句之首，表示某一行爲動作的目的。上博簡（八）楚辭類文獻中共出現1個目的連詞，即“以”。

12. **以**

“以”作爲目的連詞，可譯爲“用來……”，連接行爲動作和行爲動作的目的，一般用在複句中。共出現1例：

（35）是故聖人逑（?）此和物，以理人情。（《李頌》簡2）

上引例（35），“理人情”充當了“聖人逑（?）此和物”這一行爲動作的目的。

（七）方式狀態連詞

方式狀態連詞通常用來連接兩個謂詞語，前一個謂詞語表示動作行爲的方式狀態，後一個謂詞語表示動作行爲，上博簡（八）楚辭類文獻中共出現1個方式狀態連詞，即“而$_4$”。

13. **而$_4$**

“而$_4$”作爲方式狀態連詞，可譯爲“地”。共出現1例：

（36）敬而勿集兮。（《李頌》簡1背）

上引例（36），“敬”表示後一動作行爲“勿集”的方式狀態。

表2　上博簡（八）楚辭類文獻的連詞

連詞	而	則	斯	焉	其	與	是故	如	以	合計
順承	4	1	2	1	6					14
並列	1				3	1				5
轉折	6									6
因果							2			2
連詞	而	則	斯	焉	其	與	是故	如	以	合計
假設								1		1
目的									1	1
方式狀態	1									1
合計	12	1	2	1	9	1	2	1	1	30

從上表可以看出，上博簡（八）楚辭類文獻中的連詞“而”出現最多，“而”的用法最爲靈活、複雜，既可用作順承連詞、轉折連詞，也可用作並列連詞，而以轉折連詞的用法居多。不論是屈原賦，還是上博簡（八）楚辭類文獻，“而”都是用法最靈活、最複雜的連詞之一。其次是連詞“其”，是楚辭類文獻常見的連詞，過去學者對傳世楚辭的“其”多有討論。在所有連詞中，“其”作爲順承連詞的用

法出現最多，其次是作爲轉折連詞。

三、助詞

助詞是附着在其他語言單位上，在語法結構中只起助加作用的虛詞。通常用在句首或句中，不作句子成分。根據其表示的意義的不同，本文把它分爲結構助詞、其他助詞兩類。上博簡（八）楚辭類文獻中出現的助詞有“之”、“所”、“有”3個。

（一）結構助詞

上博簡（八）楚辭類文獻中共出現兩個結構助詞，即“之”、“所”。

1. 之

結構助詞“之”可以有以下幾種情況：用在定語與中心語之間；用在主語與謂語之間；用於狀語與中心語之間；用於中心語與補語之間；用於主語與介賓結構之間。上博簡（八）楚辭僅見用於定中之間、主謂之間兩種。這兩種情況也是最常見的。

其一，用於定中之間的“之”。

用於定中之間的“之”前的定語可以是體詞性詞語，也可以是謂詞性詞語，相當於現代漢語的“的”。“之”後的中心語一般都是體詞性詞語，上博簡（八）楚辭亦是如此。

“之”可以用於四種語義類型的定中短語之中，分別是領屬關係、修飾關係、限制關係和同一關係。上博簡（八）楚辭類文獻中僅見於領屬與限制兩種類型。

首先是領屬關係，即用於領屬性定語和中心語之間。共出現2例：

（37）鶹鷅之止今兮，欲衣（？）而惡枲今兮。（《鶹鷅》簡1）

（38）鶹鷅之羽今兮，子何舍余今兮？（《鶹鷅》簡1）

上引例（37）、（38）中，“之”前的定語“鶹鷅”爲名詞。據筆者統計，屈原賦中用於領屬關係的“之”共出現23次。

其次是限制關係，用於限制性定語和中心語之間。共出現6例：

（39）斷外疏中，眾木之紀兮。（《李頌》簡1）

（40）鳳鳥之所集，竢時而作兮。（《李頌》簡1）

（41）木斯獨生，榛棘之間兮。（《李頌》簡1）

（42）嗟嗟君子，觀乎樹之容兮。（《李頌》1背）

（43）豐華重光，民之所好兮。（《李頌》簡2）

（44）願歲之啓時，思乎樹秀兮。（《李頌》1背）

上引例（40）至（44）中，“之”前的定語“鳳鳥”、“榛棘”、“樹”、“民”、“歲”均爲名詞；例（39）中的定語“眾木”爲定中短語。其中，例（40）、例（43）“之”後面的“所”與動詞“集”、“好”構成所字結構，化爲名詞作句子的中心語。這裏，兩個結構助詞“之”、“所”連用，置於名詞與謂詞之間。據筆者統計，屈原賦中用於限制關係的“之”較多，共出現75次。

其二，用於主謂之間的“之”。

用於主謂之間的“之”，其謂語可以是詞，可以是短語，可以是形容詞，也可以是動詞，論者或認爲這種情況的“之”爲取消句子的獨立性。本文將它看作結構助詞。共有7例：

（45）……也今兮，命三夫之旁也今兮。（《有皇將起》簡6）

（46）命夫三夫之請也今兮。（《有皇將起》簡6）

（47）亶冬之祁寒，葉（？）其方落兮。（《李頌》簡1）

（48）如蘭之不芳，信蘭其沫也。（《蘭賦》簡4）

（49）風旱之不亡，天道其越也。（《蘭賦》簡5）

（50）稊稗之方起，夫亦適其歲也。（《蘭賦》簡5）

（51）醪（?）膰之精也今兮。(《有皇將起》簡6)

上引諸例，“之”均用在主語與謂語之間。例（45）、例（46）、例（49）和例（50）中的謂語用動詞充當。例（47）、例（48）和例（51）中，“之”後面的謂語均由形容詞充當。據筆者統計，屈原賦中用於主謂之間的“之”共出現128次。

“之”用在主謂之間時，其“主＋之＋謂”結構的性質已經發生了改變，而與定中短語相似了。張玉金（2011：440）認爲“主之謂”結構爲定中結構，不再是主謂結構，“它的基本功用是充當定語的標誌。當‘之’出現在‘主’之後時，‘主’已不再是主語，而變成了定語；相應地，‘謂’變成了中心語。這樣‘主之謂’就是定中短語了”。

雍宛苡（2012）對助詞“之”用法的區分，與本文有所不同。

2. 所

結構助詞“所”用在動詞或形容詞前面，構成“所”字結構的短語。當一個動詞或形容詞前加上“所”字之後，其詞性就會發生改變而成爲名詞性結構。共有2例：

（52）鳳鳥之所集，竢時而作兮。(《李頌》簡1)

（53）豐華重光，民之所好兮。(《李頌》簡2)

結構助詞“之”與“所”經常連用，組成“之所”結構，如上引例（52）、（53）。這種結構多見於屈原賦，如《離騷》：“昔三後之純粹兮，固衆芳之所在。”《九章·惜誦》：“專惟君而無他兮，又衆兆之所讎。”《遠遊》：“內惟省以端操兮，求正氣之所由。”屈原賦中這樣的例子不勝枚舉。據筆者統計，屈原賦中共出現“之所”27例。結構助詞“所”共出現59次，其中《離騷》10次，《九歌》2次，《天問》9次，《九章》26次，《遠遊》4次，《卜居》8次。

（二）其他助詞

上博簡（八）楚辭類文獻中還出現了另外一些助詞，它們並不是結構助詞，我們統稱爲其他助詞。這樣的助詞共有1個，即“有”。

3. 有

助詞“有”，簡文作“又”，通常用於名詞、動詞、形容詞之前，無實際意義。關於這種用法的“有”，或認爲是詞頭，或認爲是狀事之詞。共有1例：

（54）有悍（?）將起今兮，助（?）余教保子今兮。(《有皇將起》簡1)

上引例（54），“有”簡文作“又”，楚簡及典籍習見，簡文用作虛詞，用在單音節動詞“悍”之前。屈原賦中，出現7例用於朝代或部族等專有名詞之前的“有”，其中《離騷》2例，《天問》5例。

表3　上博簡（八）楚辭類文獻的助詞

助詞	之	所	有	合計
結構	15	2		17
其他			1	1
合計	15	2	1	18

從表3可知，上博簡（八）楚辭類文獻的助詞以“之”爲主，主要用作結構助詞，尤其是用於主謂之間，這是與屈原賦一致的；不過，其用法不如屈原賦中的“之”豐富。

四、語氣詞

語氣詞起着加強語氣的作用，是用來表達陳述、感嘆、疑問、祈使等各種語氣的虛詞。通常用在句末，也可用在句中，可分爲句末語氣詞和句中語氣詞。共有也、矣、哉、乎、兮、今兮、也今兮7個，其中“哉”、“乎”是句中語氣詞。

1. 也

語氣詞“也”在上博簡（八）楚辭類文獻中用在陳述句末，共有3例：

（55）如蘭之不芳，信蘭其沫也。（《蘭賦》簡4）

（56）風旱之不亡，天道其越也。（《蘭賦》簡5）

（57）稊稗之方起，夫亦適其歲也。（《蘭賦》簡5）

據筆者統計，屈原賦中語氣詞“也”共出現17次，其中《離騷》6次，《九章》11次，都是抒情性濃郁的篇章。

2. 矣

語氣詞“矣”既可用在句末，也可用在句中。用在句末時，一般是在複句的後一分句之末。上博簡（八）楚辭亦然，共有4例：

（58）……旱，雨露不降矣。（《蘭賦》簡1）

（59）容則簡逸而莫之能效矣。（《蘭賦》簡5）

（60）身體動静而目耳勞矣。（《蘭賦》簡5）

（61）處位懷下而比擬高矣。（《蘭賦》簡5）

上引例（58），“矣”用在敍述句末，表示一種已然之事實。例（59），“矣”用在帶有評議性的緊縮複句末尾，此緊縮複句的後一分句“莫之能效矣”的謂語是由表示評議的動詞——即能願動詞“能”加上後面的動詞“效”充當的，是對前一分句“容則簡逸”所反映的事件作主觀的評議。但也有人認爲這種用法的“矣”是語末助詞，表言者語意之堅確。例（61）用法與例（60）同。上舉諸例，“矣”均位於複句後一分句末，其中，例（59）、例（60）、例（61）中的“矣”用在緊縮複句後一分句末。屈原賦中僅有《離騷》出現1次。

3. 哉

語氣詞“哉”在簡文中作“才”。通常用於感嘆句末、祈使句末、反問句末，也可用在句中。共出現1例：

（62）緩哉蘭兮！（《蘭賦》簡2）

上引例（62），語氣詞“哉”用於感嘆句中。此感嘆句發生了主謂倒置，“哉”用在了前置的謂語之後。屈原賦中僅有《離騷》出現1次。

4. 乎

語氣詞“乎”在上博簡（八）楚辭類文獻中用於動賓結構之間，起延緩語氣的作用。簡文中寫作“虖”。共3例：

（63）相乎官樹，桐且怡兮。（《李頌》簡1）

（64）觀乎樹之容兮。（《李頌》簡1背）

（65）思乎樹秀兮。（《李頌》簡1背）

上引諸例，“乎”介詞短語均作謂語動詞的補語，這與屈原賦所見用例可相比照。如《離騷》：“何所獨無芳草兮，爾何懷乎故宇？”《離騷》：“國無人莫我知兮，又何懷乎故都？”關於上舉屈原賦兩例，廖序東（1995：154）認爲是語氣助詞。廖序東先生認爲，《離騷》的“乎”除用作介詞之外，也有用作語氣助詞的，相當於“兮”，用於句中表示語氣的延緩，且主要用於下句。按照廖先生的看法，這種“乎”相當於“兮”，那麼看作句中語氣詞會更加恰當。“乎”的這種用法，也是楚辭類文獻的重要特徵，是其他文獻所罕有的。而在上博簡（八）楚辭類文獻中，同樣可以看到這種用法。屈原賦中這種用法的“乎”共出現12次，其中《離騷》7次，《九章》2次，《遠遊》3次，《九歌》、《天問》等不見。

雍宛苡（2012）並未統計此項，蓋從整理者讀作“吾”。

5. 兮

語氣詞“兮”在簡文中寫作“可”，通常用於句末，有時也可用於句中。大量運用語氣詞“兮”是楚辭類文獻的一大特色，上博簡（八）楚辭類文獻亦是如此。“兮”在《李頌》與《蘭賦》中用例很多，尤其是《李頌》，幾乎每句都有“兮”。共出現16次，如：

(66) 相乎官樹，桐且怡（?）兮。(《李頌》簡1)

(67) ……旱其不雨兮，湫（?）而不涸。(《蘭賦》簡2)

(68) 緩哉蘭兮！(《蘭賦》簡2)

對“兮”的討論，成果可謂汗牛充棟。總之，語氣詞“兮”雖然不獨見諸楚辭，但確乎是楚辭體韻文的一大標誌。屈原賦中“兮”共出現873次，其中《天問》並未出現“兮”。

6. 今兮

雙音節語氣詞“今兮”在簡文中寫作“含可”，只能用在句末，相當於現代漢語中的“哎啊”。上博簡（八）三篇楚辭中，有《有皇將起》、《鶹鷅》兩篇使用雙音節語氣詞“今兮”，是前所未見的。共出現36次，如：

(69) 子遺余鶹鷅今兮。(《鶹鷅》簡1)

(70) 鶹鷅之止今兮，欲衣（?）而惡枲今兮。(《鶹鷅》簡1)

(71) ……大路今兮，敕蔵與楮今兮。(《有皇將起》簡3)

不一一列舉。從上引3例可見，前半句末和後半句末同時使用了雙音節語氣詞“今兮”。這是上博簡（八）楚辭類文獻的一大特色。

7. 也今兮

在簡文《有皇將起》的末尾又出現了三音節語氣詞“也今兮”，寫作“也含可”。與雙音節語氣詞“今兮”用法相同，“也今兮”只能用在句末。其用例不如“兮”和“今兮”多。此語氣詞亦不見於屈原賦和先秦其他文獻。共有4例，如：

(72) ……也今兮，命三夫之旁也今兮。(《有皇將起》簡6)

(73) 酵（?）膰之精也今兮，命夫三夫之請也今兮。(《有皇將起》簡6)

多個語氣詞連用，見諸《離騷》的“已矣哉”。

此外，“惠余教保子今兮”（《有皇將起》簡1）中的“惠”，整理者（2011：273）也認爲是語氣詞，同“惟”。該字即便讀作“惟”，是否歸入語氣詞也是有問題的，何況該字本身不該讀作“惟”。復旦吉大古文字專業研究生聯合讀書會（2011）認爲：“以前有學者直接釋爲‘助’，若此處讀爲助，可謂文從字順。”讀書會之說可從。張峰（2011）也同意釋爲“助”。按“惠”在此確有相助之義，當爲動詞，而不應視作虛詞。

上博簡（八）楚辭類文獻中的語氣詞較爲豐富，以“兮”、“今兮”、“也今兮”爲主，反映了楚辭類文獻的一大特色。

五、簡短的結論

上博簡（八）楚辭類文獻的虛詞與今本《楚辭》存在共通之處，同時也表現出一定的個性。由於上博簡（八）楚辭類文獻的語料不是很豐富，所包含的信息有限，不一定能反映屈原之前楚辭類作品的全貌。但通過對這四篇文獻的虛詞分析，能在一定程度上深化我們對楚辭虛詞乃至楚地虛詞的認識。

上博簡（八）楚辭類文獻中出現了假設連詞“如”，從此前的材料看，這是具有楚地特色的虛詞（但這種用法的“如”不見屈原賦）。同時，這四篇文獻沒有見到連詞“及”，只有連詞“與”，這是與傳世《楚辭》相合的，也是與楚簡所反映的規律相合的。

至於上博簡（八）楚辭類文獻連詞“斯”的用法，則是屈原賦所不見的。屈原賦中的“斯”，均作代詞。

上博簡（八）楚辭類文獻多用連詞“其”。“其”作爲連詞，在其他文獻中是罕見的。在楚辭中，“其”不僅可以作順承連詞，還可以作並列連詞。用法廣泛，用例較多。在這方面，出土楚辭與傳世楚辭是一致的。

楚辭類文獻中“乎”的語氣詞用法同樣具有個性，在上博簡（八）楚辭類文獻中，這種用法同樣也出現了。

這四篇文獻，出現了我們此前所未知的語氣詞“今兮”、“也今兮”，這無疑能深化我們對楚辭類文獻的認識。此前的出土戰國文獻，“兮”所見甚少。據張玉金（2011）統計，“兮”出現2次，一寫作“氏”，一寫作“可”。上博簡（八）楚辭類文獻中“兮”均寫作“可”，用例豐富，且出現新的用法，彌足珍貴。

諸如連詞“其”，語氣詞“乎”，語氣詞“兮”、“今兮”、“也今兮”的使用，均是楚辭類文獻強烈文體特徵的表現。

總之，上博簡（八）楚辭類文獻一方面是出土文獻，另一方面能體現楚地語言特色，具有重要研究價值。其虛詞特徵凸顯出一定的地域性與文體色彩，同時具有較強的個性。

附　注

①其中《李頌》的主題實際上是梧桐，而《有皇將起》與《鶹鷅》的關係尚不明朗。

②本文所引陳氏觀點均見筆者與陳民鎮所輯《上博簡（八）楚辭類作品集釋》。本文的寫作亦與陳民鎮共同討論。

③參見劉雲先生在復旦吉大古文字專業研究生聯合讀書會《上博八〈蘭賦〉校讀》（復旦大學出土文獻與古文字研究中心網站，http：//www. gwz. fudan. edu. cn/srcshow. asp？ src_ id＝1597，2011 年 7 月 17 日）一文下的評論，2011 年 7 月 25 日。

④參見蘇建洲先生在復旦吉大古文字專業研究生聯合讀書會《上博八〈蘭賦〉校讀》（復旦大學出土文獻與古文字研究中心網站，http：//www. gwz. fudan. edu. cn/srcshow. asp？ src_ id＝1597，2011 年 7 月 17 日）一文下的評論，2011 年 7 月 18 日。

參考文獻

［1］陳明富：《〈楚辭〉虛詞研究》，内蒙古師範大學碩士學位論文，2004 年。

［2］崔重慶：《楚辭中“之”、“其”、“而”、“以”諸虛詞的使用特點》，《求是學刊》1983 年第 6 期。

［3］復旦吉大古文字專業研究生聯合讀書會：《上博八〈有皇將起〉校讀》，復旦大學出土文獻與古文字研究中心網站，http：//www. gwz. fudan. edu. cn/srcshow. asp？ src_ id＝1598，2001 年 7 月 17 日。

［4］郭愛平：《先秦漢語“其”字研究》，西南大學碩士學位論文，2007 年。

［5］何有祖：《上博楚簡釋讀札記》，武漢大學簡帛研究中心網站，http：//www. bsm. org. cn/show_ article. php？ id＝1525，2001 年 7 月 24 日。

［6］胡朝勳：《〈楚辭〉語間“其”字考釋》，《古漢語研究》1991 年第 2 期。

［7］黃浩波：《上博八〈蘭賦〉“容則”試解》，武漢大學簡帛研究中心網站，http：//www. bsm. org. cn/show_ article. php？ id＝1544，2011 年 9 月 9 日。

［8］姜亮夫：《楚辭通故》（第 4 輯），昆明：雲南人民出版社 2002 年版。

［9］廖序東：《釋〈離騷〉“其”字句》，《徐州師範學院學報》1980 年第 1 期。

［10］廖序東：《楚辭語法研究》，北京：語文出版社 1995 年版。

［11］呂亞東：《試釋屈原賦中的“其”字》，《中南民族學院學報》1985 年第 2 期。

［12］馬承源主編：《上海博物館藏戰國楚竹書》（八），上海：上海古籍出版社 2011 年版。

［13］王寧：《〈上博八·李頌〉通讀》，簡帛研究網站，http：//www. bamboosilk. org/showarticle. asp？ articleid＝1929，2001 年 10 月 18 日。

［14］熊焰：《先秦韻文“其”字代詞虛用說》，《古漢語研究》1997 年第 2 期。

［15］薛恭穆：《〈楚辭〉中形容詞副詞的後綴》，《中國語文》1980 年第 6 期。

［16］雍宛苡：《〈上海博物館藏戰國楚竹書（八）〉虛詞初探》，復旦大學出土文獻與古文字研究中心網站，http：//www. gwz. fudan. edu. cn/Srcshow. asp？Src_ ID = 1863，2012 年 5 月 13 日。

［17］張峰：《〈上博（八）·有皇將起〉讀書筆記》，武漢大學簡帛研究中心網站，http：//www. bsm. org. cn/show_ article. php？id = 1526，2011 年 7 月 24 日。

［18］周守晉：《出土戰國文獻語法研究》，北京：北京大學出版社 2005 年版。

A Study of Functional Words of Bamboo Slips about Poems belong to Chu Ci Collected by Shanghai Museum

Zhong Zhishun

Abstract：The eighth volume of the Bamboo Slips Collected by Shanghai Museum contains four poems belong to Chu Ci. This paper makes a comprehensive study of the functional words of these documents and makes a contrastive research between these documents and Qu Yuan's poems. These documents embrace distinct rigional characteristics and are of great importance with individualization in context.

Key Words：Bamboo Slips Collected by Shanghai Museum；Chu Ci；Qu Yuan's Poems

（鍾之順　煙臺大學人文學院　264005）

西漢時期能願動詞的發展與語用研究

胡 偉

提　要　西漢時期傳世文獻中單音節能願動詞有11個，出土文獻中單音節能願動詞有10個。西漢時期能願動詞的語用包括交際過程中表明判斷或推理，推測、推斷或允許，焦點。本文着重談了先秦至西漢時期能願動詞的產生與發展。

關鍵詞　西漢時期　能願動詞　語用　發展

一、西漢時期的能願動詞

能願動詞是表示行爲可能性或主觀意願的非自主性動詞。能願動詞的名稱來源於王力（1945）的《中國語法理論》。也有學者稱能願動詞爲助動詞，最早使用“助動詞”這個名稱的是章士釗（1935）的《中等國文典》，現代的學者也有用助動詞這個名稱的，例如劉利（2000）。吕叔湘（1990）在《漢語語法分析問題》中指出：“助動詞這個名稱是從英語語法引進來的，原文的意思是‘輔助性的動詞’，很多人以爲是‘輔助動詞的詞’，那是誤會。”筆者採用能願動詞這個名稱。

關於能願動詞（助動詞），黎錦熙《新著國語文法》（1924）、王力《中國語法理論》（1945）、楊伯峻和何樂士《古漢語語法及其發展》（1992）、太田辰夫《漢語史通考》（1991，該書稱爲補動詞）等著作多有論述，最早的語法著作《馬氏文通》是這樣論述的：“‘可’、‘足’、‘能’、‘得’等字，助動字也。不直言動字之行，而惟言將動之勢，故其後必有動字以續之者，即所以言其所助之行也。”楊伯峻、何樂士認爲能願動詞是“常位於動詞前，表示可能、意願、應該、遑暇”等的詞類。

然而，到目前爲止，語法學界對能願動詞語法功能的認識還存在分歧，表現在對能願動詞句法成分的確認上：一種是“狀語說”，即把句子中“能願動詞”分析爲狀語，其後的謂詞性成分看作謂語。如胡裕樹等編寫的《現代漢語》；一種主張“賓語說”，即把能願動詞分析爲謂語，其後的謂詞性成分看作賓語。如趙元任《漢語口語語法》、李佐豐《文言實詞》。此外還有合成謂語說、短語謂語說、雙謂語說等。

能願動詞是一個很特殊的動詞次類，因爲它既是一種動詞，又跟一般動詞的用法有區別。從語義上講，能願動詞意義比較空靈，不像一般動詞那樣實在，它本身還帶有判斷意味，即對所敍述的事情在意願、可能、必要等方面作出主觀判斷或進行邏輯推理。從語法特點看，一般謂語動詞的特點，能願動詞基本都有：能用“不”否定；能用“×不×”式提問；能單獨作謂語中心語（在有上下文語境的情況下）。但能願動詞還具有自身的特點：從句法環境看，它均能進入“能願動詞＋動詞”的句型框架；它一般不能帶體詞性賓語；不能帶動態助詞；不能直接重疊，但可以以肯否形式重疊；可以單用；不能構成肯定祈使句等。

再看能願動詞後的謂詞性成分。組合功能方面，它們相當自由，有動賓結構、狀動賓結構、動補賓結構，甚至還可以是句子形式、兼語句，有時受事成分還可以跑到句首成爲受事主語。也具有一般謂語的特點，但它們大都沒有“×不×”的提問式。

根據以上分析，我們認爲能願動詞與其後的動詞性成分，其語法地位同等重要，均視作謂語。後面的謂詞性成分我們稱爲後謂動。

西漢時期傳世文獻中單音節能願動詞有11個，它們是：當、得、敢、可、肯、能、忍、宜、欲、願、足。

西漢時期出土文獻中單音節能願動詞有 10 個，它們是：當、得、敢、可、肯、能、宜、欲、願、足。

二、能願動詞的產生與發展

太田辰夫（1991）認爲，“能”原來表示有某種能力，現代也有表示事態的可能性的用法；“會”原來是“領會”、“領悟”的意思，到了宋代，“會”從這種“領會”的意義轉爲表“能夠”意義的動詞，又產生了助動詞的用法。

白曉紅（1997）認爲，先秦時代的“能”是及物動詞，表示“能夠做到”、“勝任”之義，但因爲它的動作性較弱，常需要帶動詞賓語，造成“語義重心後移”，從而造成“能”的詞義虛化爲表示可能。她認爲，來自動詞的助動詞大都經過了這樣的演化過程：常帶動詞語而引起意義重心的後移，進而實現了語義的虛化和語法地位的變化。

朱冠明（2002）認爲，“能”本義是一種似熊的動物，由此指具有超凡能力的人，然後指人具有的超凡的身體能力，並進一步引申爲心理能力或綜合能力，再發展出表示“外界客觀條件限制”的“中性可能性”，並由此發展出“能”的道義意義或認識意義。朱冠明認爲情態動詞從一種情態域發展成另一種情態語義域，其動因可以用 Sweetser 所謂的“隱喻”或“轉喻”來解釋。

李明（2001）、朱冠明（2002）認爲，“須”原來作爲一般動詞，義爲“等待”，由“等待”義發展出“有待於”，到東漢“須”發展成情態動詞，表“須要”這種道義意義，至唐初發展出表“一定、會”這種認識情態的必然性意義。

筆者認爲，能願動詞起源於實意動詞，由於主客觀雙層動因，產生了能願動詞。動因一是人類認識的發展使得人類對事物的主觀判斷意識逐漸豐富；動因二是先秦時代的及物動詞，例如“能”的動作性較弱，常需要後跟謂詞性結構，造成“語義重心後移”，從而造成“能”的詞義虛化爲表示可能的主觀判斷，進而實現了語義的虛化和語法地位的變化。

同一個能願動詞（情態動詞）的幾個意義並非相互孤立的，從歷時的角度可以看出它的幾種不同類型的情態之間的有機聯繫。Ehrman（1966）、Shepherd（1981）的研究表明，英語的情態動詞是從非情態，如表示“強大、有能力”這種體力意義，發展出“道義”情態，再發展出認識情態。如以漢語中的“能”爲例，甲骨文中沒有能願動詞“能”，先秦到西漢時期的“能”是多義的情態動詞：①語義表示動力情態［能力］。②語義表示動力情態［意願］，意義爲“肯願”。語義表示動力情態［能力］這一類型出現最早，頻率最高。到了後代，能願動詞“能”又出現了另一類型：③表示認識情態[可能]。

能願動詞“能”的情態類型的發展鏈如下所示：

動力情態［能力］>動力情態［意願］>認識情態［可能］

張玉金（2001）認爲，甲骨文中只出現了“克”一個能確定的能願動詞。

張玉金（2004）認爲，西周時期有“克”、“能”、“敢”、“可”、“肯”等能願動詞。

李明（2001）認爲，春秋戰國時期主要有“克”、“能”、“得”、“足”、“足以”、“可”、“可以”、“宜”、“當”、“欲”。劉利（2000）認爲，助動詞“克”在戰國中期已被助動詞“能”取代。

筆者認爲，西漢時期的能願動詞主要有“可”、“可以”、“能”、“足”、“足以”、“得”、“欲”、“願”、“敢”、“肯”、“應”、“當”、“宜”和“忍”。西漢時期，漢語的主要能願動詞已經產生，能願動詞系統也已發展成熟。

段業輝（2002）認爲，中古時期助動詞主要有“可”、“可以”、“能”、“耐”、“而”、“足”、“足以”、“得”、“欲”、“願”、“敢”、“肯”、“應”、“當”、“宜”和“須”。

關於“可”的特點，王力（1989）將“可”和“可以”比較指出：“可”字後面的動詞是被動意義的（沒有例外）；“可”字後面的動詞不能帶賓語。池昌海（2004）通過對《史記》中“可”和“可以”語法功能的考察，得出結論：“可”及“可以”後面的動詞並不具有被動意義與主動意義的對立。

也就是說“可”後面的動詞不全是被動的，“可以”後面的動詞也並非全是主動的。“可”用於受事主語句，即被動句的情況也說明了這一點。池文又指出“可”與“可以”在後面動詞能否帶賓語的能力上也不具對立性。“可”後謂動詞也能帶賓語，只是數量很少。“可”能受“不”、“無”、“非”、“莫”、“未”等否定詞修飾，其中“不”的使用頻率最高，而“無可”、“非可”“莫可”等只表示客觀上的不可能。當“無可”後面謂語動詞爲及物動詞時，動詞的受事位於“可”前，多用固定句式：無 + NP + 可 + VP。現代漢語一直沿用，如“無計可施”、“無法可想”、“無話可說”等。還有固定句式：“可謂……”

“可”與“能”同否定詞的組合能力相近，都能受否定詞“不”、“無”、“非”、“莫”、“未”等修飾，其中“不”的使用頻率最高。

西漢時期的“得”可表條件可能，也可表許可；表許可的“得”在西漢發展迅速，據李明（2001）統計，在《論語》、《左傳》、《孟子》、《呂氏春秋》四部文獻中，表許可的“得”一共只出現 39 例，而在《史記》中出現了 124 例。表許可的“得”在西漢以肯定用法出現和以雙重否定形式“不得不”（這類“不得不”義爲“不可不、必須”，表道義上的必要）出現，這兩種情況是表許可的“得”在先秦未有的新用法。例如：

（1）令諸侯毋入貢，弛山澤，減諸服御狗馬，損郎吏員，發倉庾以振貧民，民得賣爵。（《史記·孝文本紀》）

（2）爲人臣者，不得不以死爭。（《史記·殷本紀》）

“得”在表意方面同“能”、“可”有些差别。王力（1989）認爲，“能”、“可”分别表示能力所及和客觀情況許可，“得”表示客觀條件的可能。段業輝（2002）認爲，除此之外還有一點不同：“能”、“可”是對人、事物或動作行爲的可能性作出主客觀上的判斷或推理，但所判斷或推理的動作行爲大都是未然的；“得”雖然也有這種表意功能，但它還可以對已然的動作行爲的可能性作出敍述和描寫。筆者認爲，西漢時期的“能”、“可”、“得”都能對人、事物或動作行爲的可能性作出主客觀上的判斷或推理，包括已然和未然兩種情況。

“足”是單音單語素詞，“足以”是雙音雙語素合成詞。西漢時期，能願動詞“足”的使用頻率遠高於能願動詞“足以”；經過近代漢語時期的發展，現代漢語裏的“足以”佔據了統治地位，它們的否定詞大都是“不”或“未”。“足”和“足以”未發展出雙重否定格式。

“當”是西漢時期出現頻率較高的能願動詞。沒有發現“當”後省略“VP”的格式。從古到今能願動詞“當”沒有出現“NP + 當”的格式。

春秋戰國時期，能願動詞“宜”的使用頻率多於“當”。但進入西漢以後，“當”的使用頻率多於“宜”。東漢以後，“當”的使用頻率佔絕對優勢。西漢時期，“宜”前的否定詞只有“不”；東漢時期，“宜”前的否定詞有“不”、“非”和“未”。

關於能願動詞“應”的起源，楊伯峻與何樂士（2001）、劉利（2000）、李明（2001）、段業輝（2002）等大部分學者認爲起源於東漢，但史存直先生認爲上古就有，例子是《詩經·周頌》：“文王既勤止，我應受之。”毛傳：“應，當。”語義上表示情理上應當如此。劉利先生認爲，《詩經》中的“應受”宜看作同義連用，因爲上古的“應”有“受”義。汪維輝先生（2000）認爲，助動詞“應”的產生當不晚於西漢末年；至遲在東漢末，“應”在口語中已經處於跟“當”同等或更重要的地位。筆者認爲，西漢時期有疑似“應”是能願動詞的例子。

西漢時期傳世文獻中的“須”沒有能願動詞的用法。

“忍”是西漢時期新興的能願動詞。

能願動詞“欲”在春秋戰國時期用例很少，例如在《論語·里仁》中只有一例：“君子欲訥於言而敏於行。”西漢時期的“欲”主要作普通動詞，但能願動詞的使用次數也在顯著增加。

能願動詞“肯”產生較早，《詩經》、《尚書》中已有用例，但用例並不多。這種情況持續到先秦時期。西漢時期，“肯”的用例明顯增加。進入中古後，能願動詞“肯”的使用更加普遍。能願動詞“肯”主要用於否定。

“敢”在西漢時期用於否定式的頻率比用於肯定式的頻率高，受否定詞“不”、“未”、“無”、“非”、“莫”、“毋”、“弗”的修飾。“敢”單獨作謂語均爲否定式。“敢”在西漢時期只有“有勇氣去做某事”一個義項，到了近現代，又發展出了“有把握作出某種判斷”的義項，例如“他不敢說他什麼時候走”。“敢”有雙重否定格式。

沒有發現“願”在西漢時期有雙重否定格式。我們使用北京大學漢語語言學研究中心古代漢語語料庫檢索，發現在所有的語料裏一共出現了5例“不願不”：

（3）我今盡以回向阿耨多羅三藐三菩提。不願不淨穢惡世界。（《06六朝／佛經／北涼譯經》）

（4）不願，張老夫妻的肯不肯；那公子一邊，直不曾着意，料他也斷沒個不願不肯的理。［《14清／小說／俠女奇緣（上）》］

（5）“吾子名位尚卑，若不稱旨，禍將不測，何爲造次如是？”邕曰：“不願不狂，其名不彰。若不如此，後代何以稱也？”（《二十五史／16舊唐書》）

（6）呂惠卿曰：“青苗法願則取之，不願不強也。”（《二十五史／20宋史》）

（7）以我天子恩德萬里，差官來撫爾眾，救爾生命。其新附願歸原土，其不願不敢歸者，俱給牛犋種子，聽其趁時耕牧。（《筆記／異域周咨錄·明·嚴從簡》）

“宜當”連用是同義組合，同義組合的動因是強調，語用上爲了加重語氣，把兩個相同意義的片語合起來。“宜可”、“當得”連用不是同義組合，而是能願動詞連用，有兩個表意重心，例如“宜可”的意思是“應當可以”。西漢時期能願動詞同義詞連用只出現了“宜當”，發展到東漢時期，據段業輝統計（2002），能願動詞同義組合有“宜當”、“宜應”、“應當”等多個。

西漢時期有“可得”，這是同類能願動詞連用。西漢傳世文獻中的“能得”中的“得”全部是實義動詞，西漢出土文獻中有兩例同類能願動詞連用的“能得”。東漢時期“能得”同類能願動詞連用顯著增多。“欲得”異類能願動詞連用在西漢時期沒有發現。

三、西漢時期能願動詞的語用研究

（一）交際過程中表明判斷或推理

通過能願動詞反映說話者和聽話者在交際過程中所表達的語氣強度，通過能願動詞可以反映說話者對事物可能性，或對所說之事物發表自己的判斷或推理。例如能願動詞“宜”表示傾向性肯定；“宜”前加否定詞“不”表示傾向性否定。在語言運用過程中，人們爲了加強語言的感染力，往往使用一些使語言具有較強的感情色彩的能願動詞結構，雙重否定就是其中的一部分，例如“不能不”、“不可不”、“不得不”等。如果不使用能願動詞的雙重否定式，說話者只不過傳達一定資訊或表明一種態度，但用了能願動詞之後，情況就不同了，強調的色彩陡然增加，突出了說話者的主觀感受。而有些句意非常肯定，語氣也比較堅決，但用上能願動詞，句意就比較舒緩，語氣也比較委婉，例如“可”、“願”等。

（二）推測、推斷或允許

說話人的交際目的在於推測、推斷或允許人或物具有某種能力或進行某種動作行爲等，物件包括說話人自己、交際物件和聽說雙方以外的其他人或物，例如能願動詞“當”、“宜”、“可”、“能”等。

（8）曰：“以爲迵風，可治。”（《史記·扁鵲倉公列傳》）

（9）乃出其懷中藥予扁鵲：“飲是以上池之水，三十日當知物矣。”（《史記·扁鵲倉公列傳》）

（10）曰：“獨此兩人可耳，餘無可用者。”（《史記·田叔列傳》）

（11）扁鵲曰：“越人非能生死人也，此自當生者，越人能使之起耳。”（《史記·扁鵲倉公列傳》）

雙重否定句中的“不可不”、“不能不”、“不得不”等具有強調功能。

（三）焦點

能願動詞也是句子的語意重心——焦點之一。焦點是話語內容的中心所在，焦點負載着說話人的興趣、心緒、態度等。由於焦點是未知資訊的集中點，未知資訊又是發話人認爲受話人還沒有知道的資訊或者是發話人自己還沒有知道的資訊，因此人們在語言應用中普遍關注焦點問題。漢語語法學界也早就主張把“能願動詞+動詞”短語中的能願動詞看作核心，把後面的動詞看作賓語。筆者認爲話題中的焦點可以有第一焦點、第二焦點，能願動詞有時是第一焦點，有時是第二焦點。例如下面的句子中能願動詞就是第一焦點。下句中的疑問焦點是能願動詞“可以”或“可”，聽話人作答時僅就能願動詞的“正”或“反”作出回答就可以了。

(12) 闔廬曰：“子之十三篇，吾盡觀之矣，可以小試勒兵乎?”對曰：“可。”闔廬曰：“可試以婦人乎?”曰：“可。”(《史記·孫子吳起列傳》)

參考文獻

[1] 池昌海：《〈史記〉中助動詞“可”和“可以”語法功能差異初探》，《語言研究》2004年第2期。

[2] 段業輝：《中古漢語助動詞研究》，南京：南京師範大學出版社2002年版。

[3] 何樂士：《專書語法研究的回顧與展望》，《湖北大學學報》2001年第1期。

[4] 何樂士：《史記語法特點研究》，北京：商務印書館2005年版。

[5] 李明：《漢語助動詞的歷史演變研究》，北京大學博士學位論文，2001年。

[6] 劉利：《先秦漢語助動詞研究》，北京：北京師範大學出版社2000年版。

[7] 彭利貞：《現代漢語情態研究》，北京：中國社會科學出版社2007年版。

[8] 王力：《中國語法理論》，北京：中華書局1945年版。

[9] 王力：《漢語語法史》，北京：商務印書館1989年版。

[10] 汪維輝：《東漢——隋常用詞演變研究》，南京：南京大學出版社2000年版。

[11] 謝佳玲：《漢語的情態動詞》，臺灣清華大學博士學位論文，2002年。

[12] 楊伯峻、何樂士：《古漢語語法及其發展(修訂本)》，北京：語文出版社2001年版。

[13] 張玉金：《甲骨文語法學》，上海：學林出版社2001年版。

[14] 張玉金：《西周漢語語法研究》，北京：商務印書館2004年版。

The Study about the Development and Pragmatic of Modal Verbs in Western Han Dynasty

Hu Wei

Abstract: Mono energy-saving modal verbs handed down in the literature of the Western Han Dynasty 11, the Western Han Dynasty unearthed documents in mono energy-saving modal verbs 10. The Western Han Dynasty willing verb phrase, including communication process that judgment or reasoning; speculation, inference or permit; focus. Focused on the emergence and development of the modal verbs in the Qin Dynasty to the Western Han Dynasty.

Key Words: Western Han Dynasty; Modal Verbs; Pragmatics; Development

(胡偉　暨南大學文學院/復旦大學中文系　511400)

•甲骨文研究•

殷墟卜辭“爻”、“學”、“尋”、“巫”諸義探析

王蘊智

提　要　筆者通過對殷墟卜辭所見“爻”、“學”、“尋”、“巫”諸字詞的考察，認爲“爻”和“學”具有同源分化的關係，它們的出現與遠古的數爻之學有一定關係。所謂數爻之學，實際代表的就是一種包括天文曆數、各種占卜在内的數術文化。殷人的教學内涵尚不能簡單地與後世的學習、教育的意義劃等號，它在很大程度上反映的是具有濃重原始宗教色彩的筮數占卜。甲骨卜辭中的“尋”字基本上不用作祭名，它常常作爲動詞，表示某種具體的與筮占有關的行爲。卜辭中的“巫”字則往往作爲名詞，直接表示“筮”這一概念，殷人使用它僅是在表示一種具體的占卜行爲，在卜辭中很可能指的就是施用筮法。

關鍵詞　殷墟卜辭　“爻”　“學”　“尋”　“巫”　釋義

商代有數爻之學，代表的是一種對天文曆數及各種占卜資料進行推演的學問。殷墟甲骨文中有“學”字，該字本是指時人對數理的教授和學習。殷人的教學場所同時也是推演數爻、舉行各種占卜活動的場所，這在卜辭中多有體現。從文字學的角度來講，“爻”、“學”、“教”三者也有同源分化的關係，它們的出現似與遠古的數爻之學有一定關係。

叢文字構形來分析，爻這個字出現得很早，爻字是由兩個“五”上下排列而成，表卦爻之意，這是一個很典型的通過數位記號的組合而產生的字形，所表達的字義也很耐人尋味。它似乎象徵一種基礎數字的演算，或是一種數的布籌，提示着在與算術發生關係。需要指出的是，卜辭中“學戊”又寫作“爻戊”，此不是筆誤所致，而是“學”和“爻”的同源通用關係使然。從古文字同源分化的角度來考察，甲骨文中的“爻”字除了用表卦爻之爻以外，還是“學”和“教”的本字。古文字字形、辭例表明，“學”、“教”與古爻字在構形、讀音、語義、語源諸方面，都屬於孳乳分化的關係。這也就是說，爻是教、學二字的同源母體。爻字初表卦爻義的同時，又生發出教、學二義。最初的教與學還只是像𩫏（郭字初文，表城郭）與𩫖（墉，表城垣）、受與授、印與卬等同源字一樣，同表一個意義比較混沌的意義場。教與學的意義場開始也只是通過爻字而表現，時人爲了表達概念更爲清晰，隨後才在爻字本體上追加新的偏旁符號而產生出“教”與“學”。

和後世文字所對應的“教”字在甲骨文中从爻、从攴，即在爻字基礎上再追加一隻操持鞭具的手。和後世文字所對應的“學”字在甲骨文中从爻、从六，即在爻的兩個五字下方再寫一個數字六，或在“爻”的左右上方再加兩隻手，表示持手演習筮數、布籌算具的意思。我們知道，後來的教與學分別表示施教和受教，典籍中或曰“斆學半”，說的是教與學一分爲二的意思。[①]

在殷周古文中，教與學起初並沒有明確的界分，它們在當時還只能是異體的關係，[②]甚至它們與其所從出的同源母體爻字也瓜葛未斷，彼此之間還時時出現通用現象。再從音義關係上來說，從爻字滋生出的教、學二字，還都保持着“爻”的讀音，並與卦爻之爻的古義存在着内在的聯繫。這也就是說，“教”、“學”的古義，最早表示的應該是數爻之學。

所謂數爻之學，實際代表的就是一種包括天文曆數、各種占卜在内的數術文化。它的源頭可以追溯到商以前，而使它構成體系、總結規律，且通過占卜規則去積極地參與人神交往的，恐怕還得在商代出現了像巫咸、學戊這樣的著名巫師以後。[③]到了商王武丁時期，國力昌盛，占卜文化興旺發達，這時的王朝統治者依然重視巫咸、學戊的業績，所以也要頻頻祭祀他們。

考察殷墟卜辭還可以看到，殷人的學制已經形成了規模。他們特別設有專門的學館和活動場所，而且建有大學。上至商王，下至貴族及其子弟，都可以入學，並舉行多種與數爻之學有關的活動。請參見

下面諸辭：

(1) 于又（右）□爻（學）？ 《合集》30518 無名組

(2) 丙……多萬入爻（學），若？ 《英國》1999 無名組

(3) 丁酉卜：今日丁萬其𦥑（學）？吉。/于來丁廼𦥑？/于又（右）宩𦥑？吉。/若冎于𦥑？吉。 《屯南》662 無名組

(4) 不其祉（延）𦥑？《屯南》4035 無名組

(5) 丙子卜，貞：多子其祉𤕦（學），疛不冓（遘）大雨？ 《合集》3250 賓組

(6) 丙子卜，彀貞：翌日卯王其爻（學），不冓雨？ 《合集》12570 賓組

(7) 丁巳卜：又𦥑（學）…… 《合集》20101 𠂤組

(8) 貞：翌庚辰𤕦（學）？ 《懷特》997 賓組

(9) 于大𦥑（學）尋？ 《屯南》60 無名組

上1、2和6辭中的爻字，依據辭例文意，皆應釋讀爲“學”。第1辭中的“（右）□”和第3辭中的“（右）宩”都是指學館的具體名稱及位置。第2、3辭中的“多萬”、“萬”，第5辭中的“多子”，第6辭中的“王”都是入學物件。這幾例或是爲商貴族多萬入學的順序與否而向神靈貞問，或是爲他們的入學時間和所學之事進行占卜選擇，或是在陰雨季節爲王室子弟因故延續學時而貞問天氣。第6、9辭更透露出商王要駕臨學館，於是提前預測雨晴。第9辭見有“大學”一名，此表明商代已有大學，《禮記·王制》云：“天子命之教，然後爲學。小學在公宫南之左，大學在郊。”鄭玄注曰：“此小學、大學，殷之制。”

既設大學，當然也會有小學。1973年發現於小屯南地的該版卜辭，印合了鄭玄的說法。殷人的大學設在郊外，是集商王政教活動爲一體的重要活動場所。第6辭中之“學”，似也是指大學，因爲從王宫到大學尚有一段路程，加之天氣情況不佳，所以才有保佑商王於往返大學途中不遘雨的祈問。

上揭第9辭中見有尋字，這個字在殷墟卜辭中很常見。字形本像雙手持簟席狀，後來又可省寫作雙手持丨。卜辭中的尋字除了用作地名外，一般都是用來表示一種行動，而且與祭祀活動有關。考察卜辭辭例，尋這個字基本上不用作祭名，殷人使用它僅是在表示一種具體的占卜行爲。

從我們前文的分析可知，殷人的教學內涵尚不能簡單與後世的學習、教育的意義畫等號，它在很大程度上反映的是具有濃重原始宗教色彩的數爻之學，即筮數占卜。“尋”在卜辭中很可能指的就是施用筮法。蓋殷人在甲骨占卜的同時，還準備輔以筮占，於是就先通過甲骨占卜進行決斷。自商代先王時期的巫咸發明筮法後，殷人理應存在卜筮並用的習慣，在卜辭記錄中也會有所披露。過去研究甲骨，很少考慮筮占的因素。其實在殷人的學館，除了傳授數爻之學，同時也是一個研習卜法的宗教活動中心。在殷人的許多祭祀場所，甲骨占和數字占是並行不悖的，在祖丁廟壇、王廷祭壇以及大學學館中，都有可能實施殷人特有的筮數占。如《屯南》60版有辭云（參見附圖一）：

(1) 弜尋？

(2) 王④叀（惠）癸尋？

(3) 于甲尋？

(4) 于且（祖）丁旦（壇）尋？

(5) 于䆠（廳）旦尋？

(6) 于大𦥑（學）尋？

該版是就何時何處進行筮占所作的一系列貞問。首先是占卜是否“尋”（第1辭），然後是何時尋（第2、3辭），接着是卜問在何處尋（第4、5、6辭）。最後一辭中的“大學”，應是商王舉行有關禮儀活動的場所。

又如《合集》28086版有辭云（參見附圖二）：

附圖一

附圖二

附圖三

（1）壬戌卜：王其尋二方白（伯）？大吉。

（2）弜尋？

（3）王其尋二方白于𠂤辟？

（4）［于］南［門］尋？

該版第1、2辭爲正反對貞，卜問商王是否需要就兩個方國首領之事進行蓍占，第2、3辭卜選舉行蓍占活動的地點，備選地點是“𠂤辟”（指殿堂的旁側[5]）和“南門”。由第3辭可知，第1、2辭占卜的結果是肯定的，即需要進行蓍占，只有這樣才會有接下來在哪里進行蓍占的卜問。《合集》33286有辭云（參見附圖三）：

（1）乙……

（2）乙巳貞：叀（惠）[illegible]先伐？

（3）庚戌貞：𠦪禾于示壬？

（4）癸丑貞：尋𠦪禾于河？

（5）□［丑貞］：尋□禾□［高］且（祖）？

上揭第3～5辭卜問向先王示壬和河神求年之事。高祖王亥、示壬、河、岳、夒等祖靈是卜辭中多見的求年對象。第5辭中有“尋”字，表示一種具體的占卜行爲，可能指的就是殷人的筮法。

在甲骨文中，與古人筮法存在一定聯繫的還有一個巫字，字形習作[illegible]。巫字大概是一種表上下左右或四方方位的巫具之象，從文字源流來說，巫就是筮的本字。這就像“爻”與教、學的關係一樣，“巫”是“筮”的同源母體，筮則是巫的孳乳字。最早關於巫術、巫史、筮者、筮法諸辭義，原都可以寫作巫。西周以後爲了區別概念，才在本字基礎上追加竹旁而別出筮字。[6]因二字屬於同源關係，故古巫字在一些實際辭例中多用作筮。如《說文》巫字下云：“古者巫咸初作巫”，其中後一巫字，即用爲筮字。甲骨文巫字已是一個常用字，其中在一些辭例中，當亦應該讀爲筮。例如：

(1) 貞：再以巫？/貞：再弗其以巫？ 《合集》946 正賓組

(2) 甲子卜，/貞：妥以巫？/貞：妥不其以巫？ 《合集》5658 正賓組

(3) 乙亥，㞢：用巫，今興母庚？允史（使）。 《合集》19907 𠂤組

(4) 貞：弗求，王叀（惠）巫？ 《英國》1957 出組

(5) □午才（在）𠦪：其用巫，𡆥且（祖）戊，若？ 《合集》35607 黃組

如果說甲骨文中尋字常常作爲動詞，表示某一種具體的與筮占有關的行爲，那麼甲骨文的巫字則往往作爲名詞，直接表示"筮"這一概念，如上文1、2、3、5諸辭中的巫字。其中第1、2辭中的"以"字作爲動詞，在辭例中相當於"用"字。"用巫"當爲使用筮法之意。第4辭中的巫字則名詞活用爲動詞，也應是"以巫"、"用巫"的意思。關於甲骨文"巫"與"筮"的關係，前賢楊樹達、唐蘭、張亞初、劉雨等都發表過自己的見解，極富啓發性。⑦上舉諸辭反映出從殷墟早期武丁時期到商末乙辛時期，殷人都有通過甲骨占卜來決定是否選用筮占術。可見至少在整個殷墟文化時期，殷人筮占便已形成習慣，具有一定的延續性，此亦表明古書上所講的先秦卜筮並用的傳統，並不是起於周人，而可溯於商代。近幾十年來，我國學者在商周考古實物上相繼發現了一系列數爻符號，這些符號最早顯然都是出自殷人的，其後又得到了周人的推廣和發展，這一重要發現不僅進一步印合了卜辭記錄，而且也成爲古書所記殷人創筮或善筮說的有力見證。

附　注

①《禮記·學記》引《尚書·兑命》曰"學學半"，今本《尚書·兑命》篇作"教學半"。此處"教"字表教育義，但它仍是一個古"學"字，字見《說文》"學"字下重文。

②如《合集》32 正云："丁巳卜，𣪊貞：王學眾伐于𢀛方，受㞢（有）又（佑）。"此處的"學"字即應釋爲施教的"教"字。

③古代曾有把筮占之源推及商代的，把筮法的發明者歸於商王大戊時期的巫咸。或也有"庖犧（伏羲）氏作卦始有筮，其後殷時巫咸善筮"的說法。巫咸創筮說或善筮說，在歷史上並不怎麼受人注意，倒是近幾十年新發現的出土資料，使我們對這個問題重新進行思考。

④本版第2、3辭"王"、"甲"字缺刻橫筆，參見白于藍：《殷墟甲骨刻辭摹釋總集校訂》，福州：福建人民出版社2004年版，第300頁。

⑤裘錫圭：《釋殷墟卜辭中與建築有關的兩個詞——"門塾"與"𠂤"》，《古文字論集》，北京：中華書局1992年版，第191頁。

⑥周金文史懋壺見有筮字，字从竹、从巫另加雙手形會意，周以後字蓋从竹、从巫，巫亦爲聲。

⑦楊樹達：《積微居甲文說》據《乙編》7801片卜辭"貞：周以巫"（按：原誤釋"以"爲"氏"）釋云："巫即筮字，指爲占卜所用之蓍草及用蓍草占卜之人。"唐蘭《天壤閣甲骨文存考釋》（北平輔仁大學1939年版影印本）第12、48頁有巫字說，唐先生認爲甲骨文[巫]"即巫咸的巫字，筮也"。張亞初、劉雨《從商周八卦數位記號談筮法的幾個問題》一文認爲殷人至少在武丁時代已經使用筮法，並且指出"'巫'、'筮'形義相近，聲音相同，後世才分化爲二字"（《考古》1981年第2期，第158頁）。

The Explaination of Yao, Xue, Xun and Wu in the Inscriptions on Bones or Tortoise Shells

Wang Yunzhi

Abstract: According to the meaning of yao（爻）, xue（學）, xun（尋）and wu（巫）, it can be seen that yao and xue are cognates. They are connected with the-number and the hexagrams and trigrams. In fact, the number and the hexagrams and trigrams are a type of divination culture, including astronomy, history and calendar. In the Inscriptions on Bones or Tortoise Shells, xun is used as a sacrifice verb regularly, not a noun. However, wu is used as a noun, and refers to a way of witchcraft.

Key Words: Inscriptions on Bones or Tortoise Shells; Yao（爻）; Xue（學）; Xun（尋）; Wu（巫）; Interpretation

（王蘊智　鄭州大學歷史學院　450001）

甲骨文中的“首”

楊變紅

提　要　甲骨文的字形釋定不統一，根據字形和卜辭文例分析，釋作首較合理。關於首的釋義，其常見用法爲語氣副詞，出現在否定句中。首日還可表時間，但具體表示何時，因爲材料限制不可決斷，只能暫且認爲疑“湄日”。

關鍵詞　首　語氣副詞　否定　時間詞

一般認爲甲骨文中的、、、、、、、爲同一個字的不同字形。首先，這些字形結構相近；其次，通過對甲骨卜辭的考察，可以得出各字形的使用變化綫索；再次，各字形出現的語法位置相同，有相同的語法功能。

通過考察各字形在甲骨文中的使用情況，出現頻率最高的爲、、、，這些字形在各期各類甲骨中皆可見，且主要集中在傳統分期的一、二期卜辭中。字形、、出現較晚，而在傳統分期的五期卜辭中首一般都寫作、。字形的用例較少，僅 6 例主要集中在一、二期卜辭中。我們可以列出首字各字形出現頻率的大概綫索：、、、、（多見於一、二期）→（多見於五期之前）→、（五期）。

一、釋字

甲骨文中的字，還有、、、、、、、等寫法。對於此字的釋定，有羊、羌、眻、首、䁥、䁥、羍、眘等幾種。饒宗頤等認爲“釋‘羊’爲是，即‘祥’字”。張秉權根據文例對比，釋爲羌。商承祚釋爲眻，“眉間也”；李孝定亦持“从目从羊，當爲羊聲”的觀點。孫詒讓、朱芳圃等認爲此字爲“《說文》首部首：‘首，目不正也，从丫，从目。讀若末”。孫海波、郭沫若持“釋䁥，从丫从䀠”、“䀠若瞿之古文”的觀點。根據字形隸定，還有䁥、羍、眘等。

分析以上釋定字形發現，釋定的分歧主要體現在兩個方面：一是上部爲从羊還是从丫，二是下部的字形爲从目、从䀠或其他。

首先，統計《甲骨文編》中的羊字及所有从羊的字形，一般情況下羊形都寫作，如、、等。而字上部爲“迴旋內轉之形”。統計《殷墟甲骨刻辭類纂》（下稱《類纂》）中的首發現（雖然《類纂》中有漏收卜辭，如漏收《合集》18295、6562 等，但仍收錄了大部分的各期卜辭，漏收卜辭不會影響統計結果分析字形），首的相關卜辭有 171 例，上部無迴旋內轉之形而似上部者僅見 10 例。可以認爲僅見的 10 例是由於刻寫的簡化或疏漏造成的，的上部和羊有本質差別，不應釋作羊，而應爲“丫，羊角也”。並不从羊，那麼，羊、羌、眻、羍、眘等釋定字形不可從。從文例語法和語用上來說，釋作羊、羌等字形亦有誤，我們將會在下文釋義部分作出分析說明。

其次，統計《類纂》所收卜辭的原拓字形，此字刻寫作形的只有 6 例，作形的有 3 例，而最常見的字形有、、、等。根據黃天樹甲骨分類斷代研究理論，來分析和常見字形的時代關係，即字形的先後問題。以貞人或貞字的字形（貞字爲方耳）爲據，字形多屬於𠂤組小字類。出現常見字形、、、的卜辭中，可以判定的出現頻率最高的貞人爲㱿、爭、賓，分別有 29 例、8 例和 7 例。這些常見字形分屬典賓類和賓組一類。賓組一類的時代主要是武丁中期，典賓類的時代靠後，可延至祖庚之世。而𠂤組小字類“時代較早的部分和𠂤組肥筆類關係極爲密切（𠂤組肥筆類下限至武丁中期或中、晚期），下限延伸到武丁晚期”。從分類斷代來看，屬於𠂤組小字類的大概處於賓組一類和典賓類之間，也就是說字形[字形]不是最早字形。跟常見字形[字形]、[字形]、[字形]、[字形]相比較，[字形]既不是源起字形，也不是普遍字形，所以文字釋定不能以它爲考。[字形]字下部也不一定从䀠，郭沫若“案此當是䀠若瞿之古文，像鷹瞵視之形”的說法不妥。

從以上分析來看，[字形]字上部爲𦫳，釋作“《說文》首部首：‘首，目不正也，从𦫳，从目。讀若末”較爲合理。[字形]、[字形]、[字形]、[字形]等字形下部或獨目或雙目對稱或簡化爲指示符號，[字形]、[字形]下部增加口部，可以認爲這些字形的差異是由於甲骨文書寫特點造成的。

二、釋義

關於這個字的釋義，分爲兩個部分，一是用於否定詞之後的首，二是首日表時間的首。

對否定詞之後首的釋定，有以下幾種說法：

（1）釋爲“羊”，通“祥”。持此說的有羅振玉、饒宗頤、金祖同等。

（2）同“羌”。張秉權認爲首“與羌可以通用”，解其爲“沒有意義的語詞”。張玉金（1994：178）亦引張說。

（3）祭名，“胡厚宣……謂爲祭名”。《詁林》，1999：585

（4）虛詞，用爲“遽”。郭沫若認爲首爲虛詞，與“言”用法對等。

（5）同“昧”。張政烺認爲其爲“昧”，同蔑。

用《類纂》中的辭例和原拓對照，來分析[字形]的用法：

第一，饒宗頤等釋首爲“羊”，釋義爲“祥”，不通。首先，從我們前面的字形分析中可以看出，羊和首各有一套嚴格區分的書寫系統，爲兩個不同的文字。其次，兩字有不同的意義和用法。羊常用作動物名，用爲祭牲；首常和否定詞連用後出現在祭祀類卜辭中，所以有人會誤以爲二者爲同一字，但事實上羊和首的意義、語法功能都不同。

（1）丙子卜，㱿貞：勿首酒河？

丙子卜，㱿貞：乎言酒河燎三豭三羊，卯五牛？（《合集》14585 正）

如例（1）中的“羊”作祭祀動詞的賓語，“首”作祭祀動詞的狀語；在卜辭中也不會出現首用作動物名的情況。既然從字形和用例分析來看，不能釋首爲羊，那麼首同羊和用法通“祥”的觀點便也無法成立了。

第二，把首釋作“羌”和釋作“羊”的疏漏之處是相似的。張秉權在《殷墟文字丙編釋文中》認爲首和羌的用法相同，並舉例對比說明。他採用的卜辭是：

（2）貞：勿首自上甲至于下乙？

（3）貞：翌甲戌勿酒羌自上甲？

通過統計研究甲骨卜辭發現，首和否定副詞組合時，否定副詞和首之間不會插入其他成分，無一例外。所以不能將例（2）中的“勿首”和例（3）中的“勿酒羌”對等，也可以斷定首非羌。而且“羌”在例（3）中的用法和例（1）中的“羊”相同，是用作祭牲品的，和首完全不同。雖然張秉權釋首同“羌”的看法不當，但他有關首的語法功能及釋義的觀點有合理之處。

第三，從郭沫若開始，學者們逐漸認識到首作爲虛詞的語法功能。郭沫若以卜辭中“乎言”和“勿首”的對貞而判定首用爲遽。姚孝遂、肖丁認爲“否定詞＋首”中“首”的作用爲加強之肯定語氣，比如“不首”的意思便爲“不猶豫”。連劭名認爲首“用法與後世做虛字的‘蔑’相同”，“訓‘無’，訓‘不’，是一個表示否定概念的詞”。張政烺認爲其用法同“蔑”，首“不是好字眼”，“勿首”的意思是“不要模糊，不要輕視”，也即“認真，注意”。

甲骨卜辭中的首一般都出現在“否定副詞＋首”的組合中，僅有 1 例例外：

（4）□戌卜，出貞：首侑于祖辛？二月。（《合集》22962）

張政烺認爲這一特例當爲“首”字前脫漏一“勿”字。因爲“否定副詞＋首”的組合非常常見，且甲骨文中確實出現文例“勿首侑于……”，將例（4）看作脫漏一“勿”字，似通。原拓是殘片，若能找到與之綴合的拓片，或許能對把握此處首的用法有幫助。

我們至少可以肯定首常用於否定詞後，那麼和否定詞組合的首表示什麼意義呢？對於郭沫若釋首用爲“遽”的觀點，張秉權的評說中肯：“郭沫若提出它是虛詞，實高明，但釋首用爲遽又太牽強。”（《丙編》釋文，1972：143）有些學者認爲首是與否定詞構成否定之否定關係，張秉權指出否定之否定的說法並不合理，認爲應將首看作沒有意義的語助詞。我們認同首的意義比較虛，但從語法學層面來分析，首常用於否定副詞之後、謂語動詞之前作狀語，將其看作語氣副詞更確切。一些對貞卜辭有助於我們考察對首的釋義。

（5）貞：翌乙未用羌？

貞：翌乙未勿首用羌？（《合集》456 正）

（6）貞：侑于父乙？

勿首于父乙？（《合集》14755 正）

（7）貞：侑于學戊？

勿首侑于學戊？（《合集》10408 正）

如將“勿首”理解爲“否定之否定”、“不猶豫”或“不要模糊、不要輕視”，無法構成對貞，卜辭亦不通。所以我們確定首是表示一定的語氣，意義比較虛。其和否定詞結合作狀語，可以認爲是語氣副詞。

對首日的釋定，有以下幾種說法：

（1）〓同“昧”。連劭名提出“首日”爲“湄日”的觀點。

（2）〓釋爲“䍧”。商承祚定其爲“某日之稱”，李孝定析“䍧日”爲“陽日”。

關於首日表達的時間，饒宗頤認爲是“祥日”，李孝定認爲是“陽日”。這些釋義都是建立在把〓字釋作“羊”、“䍧”的基礎之上的，我們既然已經否定了這些字形釋定，那麼也便否定了由此得來的釋義。

連劭名提出“‘首日’即‘湄日’”的觀點，通過卜辭確認“首日”和“湄日”所表示的時間不會衝突，且“首和湄聲近相通”。根據上古音擬音情況，首讀若末，爲明母月部字，湄爲明母脂部字，二者音近，釋“首日”爲“湄日”似可信。囿於材料限制，我們還不能決斷首日表示的時間概念，但首日肯定是時間詞。

三、詞性

對於語氣副詞“首”表達的語氣，張玉金（1994，2001）指出，首既可以表示必要的語氣，也可以表示可能的語氣。我們在對文例分析的基礎上，將首所表達語氣的研究更深入一步。

《類纂》中的首所出現的文例共 171 條，除去 1 例肯定表述卜辭、2 例時間詞卜辭和 26 例殘辭，首出現在否定詞之後的用法共 142 條。用於首前的否定詞有勿（弜）、不、弗，出現頻率分別爲 120（2）例、19 例、1 例。例如：

（1）甲辰卜，大貞：勿首用三卜？（《合集》25020）

（2）勿首乙亥酒？（《合集》903 反）

（3）勿首唯乙亥酒下乙十伐有五？（《合集》903 正）

（4）□巳卜，王：壬申不首雨？（《合集》13021）

（5）乙亥卜，在微貞：王……方不首𢦏？在十月又□。（《合集》36346）

（6）貞：弜首惟吉用（《合集》15422）

（7）弗首……（《合集》18297）

根據出現頻率，我們可以看到最常見的組合形式爲“勿（弜）+首”，其次爲“不+首”，“弗+首”只出現一次。

根據張玉金（2001：40）對否定副詞的研究：“勿”用在謂語動詞是表示占卜主體能夠控制的動作

行爲的語句裏，用來表示對必要性的否定；“不”、“弗”一般用在謂語動詞是表示占卜主體所不能控制的行爲和變化的否定句裏，表示對可能性的否定。根據否定詞的不同，首表達的語氣也主要有兩類：“勿＋首”中首表示必要的語氣；“不＋首”中，首表示可能的語氣。

而且，在卜辭中，出現120次的“勿首”多集中在一期卜辭，而五期卜辭中的首一般爲“不首”組合。從中可以看出首所表達的語氣：語氣副詞首的用法主要集中在傳統分期的一期卜辭中，首多用於表示必要的語氣，也可以表示可能的語氣；五期卜辭中的首多用作表示可能的語氣。

總的來說，否定副詞首經常出現在謂語動詞是表示辭主能夠控制的動作行爲的語句裏，也可以出現在謂語動詞是表示客體行爲變化的語句裏；常表示必要的語氣，也可以表示可能的語氣；表示必要語氣的首多見於一期卜辭，五期卜辭中的首一般表示可能語氣。

參考文獻

[1] 陳偉湛：《甲骨文簡論》，上海：上海古籍出版社1987年版。

[2] 黃天樹：《殷墟王卜辭分類與斷代》，北京：科學出版社2007年版。

[3] 郭熙良：《漢語古音手冊》，北京：北京大學出版社1986年版。

[4] 許慎撰、徐鉉校訂：《說文解字》，北京：中華書局1963年版。

[5] 姚孝遂：《殷墟甲骨刻辭類纂》，北京：中華書局1989年版。

[6] 于省吾：《甲骨文字詁林》，北京：中華書局1999年版。

[7] 張秉權：《殷墟文字丙編·考釋》，台北：“中央研究院”歷史語言研究所1972年版。

[8] 張玉金：《甲骨文語法學》，上海：學林出版社2001年版。

[9] 張玉金：《甲骨文虛詞詞典》，北京：中華書局1994年版。

[10] 中國科學院考古研究所：《甲骨文編》，北京：中華書局1963年版。

MO（首）in the Inscriptions on Bones or Tortoise Shells

Yang Bianhong

Abstract: There are not common opinions about MO. It can be seen that 首, a modal adverb, is reasonable. In addition, MO RI（首日）one of time periods is called MO RI（首日）.

Key Words: MO（首）; Modal Adverb; Negation; Time Words

（楊變紅　華南師範大學文學院　510006）

釋"甴"

蕭燦城

提　要　本文不同意前人將"甴"釋爲古、葉、甾、簣的說法，而是把"甴"釋爲古本一字的"迪"與"由"，並通過形體分析、辭例分析及二重證據法，認爲"甴"、"𠙵"與"𠙹"爲一字異體，金文"薄甴先祖剌德"與《尚書》"允迪厥德"相當，"甴王事"即"行使王的命令"，"甴雨"即"長久之雨"。

關鍵詞　甲骨文　金文　迪

對甲骨文中的"甴"或"𠙵"字，過去有幾種解釋：

第一，釋爲"由"。孫詒讓據"胄"字偏旁由作"𠙵"，疑"甴"或"𠙵"爲"由"字。屈萬里據《汗簡》、《說文四聲韻》"迪"字作"迪"，定甲骨文"迪"爲"迪"字，定"甴"爲"由"字，訓"甴王事"爲輔助王事。白玉錚也認爲"甴"是"由"字，並認爲"𠙹"、"𠙵"並爲"甴"之變體。

第二，釋爲"古"。郭沫若認爲"甴"从十从口，當即"古"字。認爲《詩經》中的"王事靡盬"與卜辭習見的"甴王事"同義，都是指"勤勞王事"。李孝定从郭說，並認爲"甴"與"𠙵"爲一字，均當釋爲"古"。張秉權亦釋"甴"爲"古"，並認爲"古"本身就有"治"和"爲"的意思，"甴王事"即"治王事，使爲王事"的意思。張氏還認爲"甴"有用爲人名或國名的例子。曹福林也將"甴王事"釋爲"古王事"，但解釋爲"代行王事"。

第三，釋爲"葉"。楊樹達釋"𠙹"與"𠙵"爲"古"。釋"甴"爲"葉"。"葉"與"協"一字，"甴王事"即"協王事"。饒宗頤認爲"𠙵"从十从口，當爲"葉"字，"葉"與"協"一字，"𠙵王事"即"葉王事"或"協王事"。

第四，釋爲"甾"。于省吾視"𠙵"、"甴"、"甴"、"甴"、"甴"等形爲同字，並釋爲"甾"字，"甾"即"載"，並認爲"甾"有四義：其一，行使的意思，"甾王事"即"行王事"；其二，作爲語詞；其三，人名；其四，地名。趙誠从于說，並指出卜辭中"甾"有用爲語首助詞之例，如"甲子卜，甾來于夒"。（《粹》一・一一）

第五，蔡哲茂釋爲"簣"，認爲"甴"象簣形，"甴雨"讀爲"暫雨"，"暫雨"與卜辭中"攸雨"意義相反。

以上諸說值得商榷。

"甴"、"𠙵"爲一字無疑。卜辭中"甴王事"或作"𠙵王事"，兩者沒有區別。至於"甴"與"𠙹"，當爲同字異體。《合集》第5488片兩字出現在同版卜辭中，可能是爲求變化，將上面部分略作變化。而在卜辭中"克"字作"克"，又作"克"（《合集》13754）。金文"胄"字作"胄"，也作"胄"。"克"、"胄"上部所从或作"𠙹"，或作"𠙵"。金文"由"字或作"由"或作"由"，"由"與甲骨文"𠙹"相當，只是上面的圓圈作了填實。另外，卜辭中"𠙹"與"𠙵"均有"經由"、"禍尤"之義，均有用爲方國名的例子。如：

（1）貞：王勿往出𠙹協。（《合集》16107）

（2）戊子卜，㱿貞，王勿𠙹協往出。（《合集》16108）

（3）……卯貞右牧……甴啚。（《屯》二四二）

（4）戊戌貞又牧于爿攸侯甴啚。（《合集》32983）

（5）甲子……甴郭。（《合集》4863）

（6）貞有甴自示。（《合集》9504正）

（7）貞有疾齒，惟有𠙹。（《合集》13656）

(8) ……𠙴方于西。(《英》573)

(9) 貞令……𠙴伯于……敦。(《英》1977)

(10) 呼獻羊于西土𠙶。(《合集》8777)

(11) 壬申卜，亙貞：祟冎不于鼓。𠙶八人，邦五人。

貞：黃尹不祟。(《合集》595)

例(1)大意爲"貞問：王不要經由協地去出巡嗎"？例(3)、(4)中的"𠙴啚"意爲"經由邊鄙"。例(6)、(7)均當釋爲"禍尤"。例(8)、(9)中的𠙴當與例(10)、(11)中的𠙶指同一方國。

據上，我們認爲，"𠙴"、"𠙵"與"𠙶"當爲一字。

而"甶"與"𠙴"並非一字，兩者字形有別，即使"甶"作"𠙹"，形體也與"𠙴"不同，"𠙴"三豎畫上端从不作曲。另外，在"×王事"與"×朕事"的語境中，卜辭中並不曾作"甶"、"𠙹"、"𡇒"諸形。

"古"卜辭字形作"𠮛"，唐蘭以爲上从"毌"，"毌"爲聲符，可從。"𠮛"與"𠙴"或"𠙵"形體與用法有別，也不可視爲一字。

"𠙴"或"𠙵"或"𠙶"(爲行文方便，下面一般寫作"𠙴")所象何形，雖難以考定，然釋爲"古"、"甾"皆不當。卜辭中有：

(12) ……雀……𠙴雨……中……(《合集》4162)

(13) 丁丑……𠙴雨

不𠙴雨。(《屯》145)

若將"𠙴"釋爲"古"、"甾"，上面兩個例子就難以說通。從上引兩例可知"𠙴"在此是對"雨"的修飾，當爲形容詞，釋"古"、"甾"均無說。蔡哲茂先生讀爲"暫雨"，認爲與"攸雨"意義相反，並釋"𠙴"爲"簣"，然而從字形源流上蔡文並沒有說清楚。

我們認爲，"𠙴"當釋"迪"或"由"。根據如下：

第一，《尚書》中"迪"字習見，戰國竹簡中亦常有之，然而學者們在金文與甲骨文中卻沒有釋出"迪"字。屈萬里據《汗簡》、《說文四聲韻》"迪"字作"𧾷"，定甲骨文"𧾷"爲"迪"字。但是卜辭中"𧾷"字辭義難明，"𧾷"是否爲"迪"字異構尚難考定。如果"𧾷"是"迪"字，應該就是"𠙴"的繁化。甲骨文中加不加"彳"旁往往無別，如"□"也作"□"，"□"也作"□"，"□"也作"□"。

第二，金文"𠙴"與卜辭"𠙵"形同，而金文"𠙴"與《尚書》中"允迪厥德"的"迪"相當。金文"𠙴"有用爲人名或地名，也有用爲"經由"義的，如：

(14) 王𠙴攸田協。(《集成》15.9821)

(15) 王𠙴攸田耒，耒乍(作)父丁尊。(《金文總集》2648頁)

這裏的"𠙴"與卜辭"𠙴協"、"𠙴郭"的"𠙴"同義。

金文"𠙴"又用爲"遵行"義，如：

(16) 白(伯)大師不(丕)自乍(作)小子夙夜尃(薄)𠙴先且(祖)剌(烈)德。(《集成》2830)

這裏整句話的意思是：伯大師大力幫助我日日夜夜努力遵行先祖的美德。這裏的"𠙴"是遵行的意思，"尃𠙴先且剌德"與《尚書》裏的"允迪厥德"意思相同，句子格式也近似，"尃"當爲語助詞，相當於《詩經》中"薄汙我私"的"薄"，"𠙴"當即"迪"字。

第三，在戰國出土文獻與傳世文獻中"迪"與"由"通用無別。上海博物館館藏《緇衣》第15號簡相當於今本《緇衣》"播刑之(不)迪"的"迪"作"由"。郭店楚簡《緇衣・一九》"我弗迪聖"今本《禮記・緇衣》作"亦不克由聖"。郭店楚簡《尊德義》"可教而不可由"中"由"作"迪"。《楚辭・九章・懷沙》中"易初本迪兮"舊注：《史記》"迪"作"由"。

《說文》从"由"之字凡20字，卻無"由"字。"迪"从辵从由聲，形符"辵"當是後來所增衍。"迪"與"由"可通用，兩者古或即同一字。

第四，“迪”在古漢語中有多個義項，大部分與“㞢”相當。其一，“迪”作爲動詞，有“蹈”、“行”、“順正道走”、“啓示”等意思。

(17) 允迪厥德。(《尚書·皋陶謨》)

(18) 爲國不迪其法。(《法言·先知》)

(19) 迪見冒聞于上帝。(《尚書·君奭》)

(20) 天迪從子保。(《尚書·召誥》)

(21) 棄厥遺王父母弟不迪。(《尚書·昏棄》)

(22) 詔王子出迪。(《尚書·微子》)

(23) 禹曰：惠迪吉，從逆凶。(《尚書·大禹謨》)

(24) 啓迪後人。(《尚書·太甲上》)

其中，例（17）、（18）爲“蹈”義，即“遵循”的意思。《廣雅·釋言》：迪，蹈也。孔安國傳“允迪厥德”：迪，蹈也。例（19）、（20）、（21）爲“用”義。《經義述聞·書·迪見冒》：迪，用也。《經義述聞·書·天迪從子保》：迪，用也。《經義述聞·書·昏棄》：“牧誓：昏棄厥遺王父母弟不迪。《史記·周本紀》‘不迪’作‘不用’。”例（22）孫星衍《尚書今古文注疏》：迪者，行也。例（23）意思是“大禹說：如果順着正道走就吉祥，逆着正道走就兇險。”例（24）爲“啓示”之意。

“迪”的這些動詞義與金文卜辭中“㞢”的動詞義正同。在卜辭中“㞢”有遵循、行使等義。如：

(25) 己酉貞，火㞢王事。(《合集》32967)

(26) 己卯卜，鼓其取宋伯歪。鼓囚。㞢朕事，宋伯歪從鼓。二月。(《合集》20075)

(27) 乙丑卜，㞢祖丁㞢……用二艮卯一……(《合集》19774)

(28) 壬申卜，貞亞雀㞢內乙亡囚。一月。
　　弜㞢內乙亡囚。
　　壬申卜，貞子隹㞢內乙亡囚。(《合集》22086)

卜辭中習見的“㞢王事”、“㞢朕事”當爲“行使王的命令”、“行使我的命令”之意。而如前所述，“迪”正好有“蹈”、“行”等義。

“內乙”，陳夢家謂即“父乙”，亦即小乙（《綜述》417頁）。例（28）中的“㞢”前面可受否定詞“弜”修飾，又可受語氣助詞“隹”修飾，可見爲動詞無疑。它和《尚書》中“惠迪吉，從逆凶”中的“迪”當是同義，例（28）是貞問是否順着內乙的啓示走。也有另一種可能，“㞢”用爲祭名。但前一種理解更好一些。

其二，“迪”作爲形容詞，有“久”義。古“迪”與“攸”通。《尚書·多方》“不克終日勸于帝之迪”，陸德明《經典釋文》中說：馬本作攸，云所也。《尚書·酒誥》“迪畏天顯小民”，孫星衍《尚書今古文注疏》中說：迪，同攸。《召誥》“天迪從子保”注：迪，與攸通。陸德明《經典釋文》說《尚書·多方》“不克終日勸于帝之迪”中的“迪”爲“馬本作攸，云所也”。另外，“攸”有“久”義，故“迪”也可以訓爲“久”。《盤庚》有“女罔能迪”一句，劉逢祿《今古文集解》中就說：迪，久也。

用於“㞢雨”格式的“㞢”相當於“迪”的這一用法。蔡哲茂《殷卜辭“暫雨”試釋》一文中提到，“㞢雨”見於《合集》34176，此片張秉權將它與《合集》33926綴合爲：

(29) 弜御𡴘。　　三
　　乙未貞，隹上下害（害）𡴘。　　三
　　不隹上下害（害）𡴘。　　三
　　丁酉貞☐。
　　不攸雨。
　　攸雨。
　　丁酉卜，不往，冓雨。
　　戊戌卜，㞢雨。　　三

于來戊戌冓雨。　　　　　　　　三

己亥貞，酚燎于夒。

此例“攸雨”與“甴雨”，兩者當同義。“攸”讀爲“修”，“長久”之義。“迪雨”當與“攸雨”同義，即“長久之雨”。

其三，後世文獻中“迪”雖沒有作“禍尤”的意思講，但和它通用的“由”確有作“禍尤”義講的，如：

(30) 天惟與我民彝大泯亂，曰：乃其速由。(《尚書·康誥》)

孫星衍注：“言比父子兄弟不睦之人，滅亂天常，乃其自召罪訧，不可旁及親屬。浩誥曰：惟民自速辜。多方云：乃惟爾自速辜。語意正同。”

與此相對應的“甴”在甲骨文中用如：

(31) 庚子卜，爭貞：西使旨無冎甴。(《合集》5637)

(32) 貞有甴自示。

貞亡甴自示。(《合集》9504 正)

例 (31) “冎”與“甴”義近連用，與例 (11) 中的“祟”與“冎”連用相同，都表示神主降下的禍尤。例 (32) 就是貞問神主是否會降下禍尤。

綜上，無論從形體上、辭例上以及與後世文獻的對應上來看，“甴”都當釋爲“由”或“迪”。

附　注

本文使用的出土文獻資料主要有三種：

一是殷商甲骨文。主要見於《甲骨文合集》，北京：中華書局 1978—1982 年版；《小屯南地甲骨》，北京：中華書局 1983 年版。

二是西周金文。主要見於《殷周金文集成》，北京：中華書局 1984—1994 年版；《金文總集》，台北：台灣藝文印書館 1983 年版。

三是戰國竹簡。見於《郭店楚墓竹簡》，北京：文物出版社 1998 年版。

參考文獻

[1] 蔡哲茂：《殷卜辭“暫雨”試釋》，《2004 年安陽殷商文明國際學術研討會論文集》，北京：中國社會科學文獻出版社 2004 年版。

[2] 陳夢家：《殷墟卜辭綜述》，北京：中華書局 1988 年版。

[3] 于省吾：《甲骨文字釋林》，北京：中華書局 1979 年版。

[4] 宗邦福：《故訓彙纂》，北京：商務印書館 2003 年版。

The Explanation of “甴”

Xiao Cancheng

Abstract：This article does not agree to predecessors who release “甴” for “Gu”、“Xie”、“Zai”、“Zan”, we release it for “Di” and “You” which were ever a same word, and through the body analysis, example analysis and Means of Double-evidence, we think “甴”、“甴” and “甴” are the same word, jinwen “甴 the ancestors of virtue” is comparable to “Di their virtue”, “甴 the king's comman” means “exercise of the king's command”, “甴 rain” means “the long rain”.

Key Words：Inscriptions on Bones；Inscriptions on Ancient Bronze Objects；Di

（蕭燦城　華南師範大學文學院 510006）

論甲骨金文中的“服”字及相關問題

劉豔菲

提　要　本文在前人研究的基礎上，研究古文字“服”的形義關係，認爲“服”的初文爲“𠬝”，“服”是在初文的基礎上通過添加聲符“□（凡）”而形成的，本文不同意前人認爲“□”是意符的說法。同時進一步探究了“服”字的本義和引申義之間的關係，着重從商周的服飾等級制度，詳細探討“服”的“衣服、服飾”之義的來源。

關鍵詞　甲骨文　金文　服

本文擬在前人研究的基礎上進一步探究甲骨金文中“服”的形義關係以及一些相關的問題。

一、前人的研究與不足

甲骨文裹的“服”出現次數很少，一般寫作□，而金文中的“服”大多數寫作□（从舟、从𠬝），偶爾寫作□（从凡、从𠬝）。對於“服”字古文字形體的形義，學者們已有一些值得關注的說法。

葉玉森說：“□□即𠬝，乃服之古文……殷墟書契前編卷七第二頁、第三十二頁并言俘𠬝某國。則此言用𠬝用二𠬝。或即用俘𠬝之人僇以代牲耶。殷代以人爲祭。”葉首先提出了𠬝、服爲古今字關係，但他并沒有解釋組成後起字“服”的另一構形□或□所起的形義作用。

楊樹達認爲：“古文服字皆用爲職事之義，故舊詁多訓爲事，此事字，當如今日通言謀事之事。”他隨後列舉了許多“服”在金文裹和在上古傳世文獻裹的用例加以舉證。金文如《班簋》云：“王令毛伯更虢城公服”，此謂王命毛伯繼虢城公之職。又如《趩尊》云：“王乎內史冊命趩更氒祖考服”，此言命趩繼其祖考之職。傳世文獻如詩經《大雅·下武》云：“永言孝思，昭哉嗣服”，嗣服謂繼職。楊樹達雖數引“服”在金文和相關上古傳世文獻裹的辭例，舉證古文“服”的職事之義，然而他也並未從“服”字的形體入手，進一步論證“服”何以表示職事之義。

真正結合古文“服”的形體釋“服”字形義的學者是林潔明。他認爲：“金文或从□。□盤之象形字（郭沫若說）。余意服字本義當爲服事。字从□、𠬝，𠬝亦聲。蓋象人奉盤服事之象。詩大雅蕩‘曾在是服’，傳：服，服政事也。引申而服事天子之邦國亦曰服。尚書‘惟亞惟服’是也。又以音同意近，用爲屈𠬝之𠬝。書武成‘而萬姓悦服’。”但林潔明不贊同“𠬝”、“服”是有繼承關係的古今字關係，而認爲“服”之本義就是服事，并充當“𠬝”的假借字。

陳初生（2007）認爲古文“□”的左邊字形象肉（□），字義乃用手按跽人於肉前，其本義當爲服事，金文作□、□、□、□，或僞□爲□（舟），遂爲小篆所本，隸變作“服”。陳初生把古文“服”的左邊形符釋爲“肉”，根據的當是□（《龜甲獸骨文字》一·二四·五）這個甲骨原形。從圖片上看，左邊形符確實有些形似甲骨文裹“肉”的寫法“□”，但字形不清晰，無法確認。出土的甲骨文裹，“服”的甲骨字形出現得很少，大概只有兩個，除了以上一個，還有在《殷墟文字甲編》第二十四片裹的□，字形同樣模糊不清，並不能進行分析。然金文裹“服”字古文的左邊形符多數作□，少數作□，而“肉”字形體的大致演變軌迹是□—□—□—□，雖然古文“服”的左邊形符最後也隸定爲“月”，但顯然不是從“肉”這一途徑演變而來的。因而，陳說古文□从□（肉）不太可信，應當是从凡或从舟。

不同於林潔明說“服”之古文从凡、陳初生說从肉，也有學者認爲“服”之古文从舟。陳邦懷在《一得集》釋《陝西出土商周青銅器（一）》一四八號鼎銘“鳥工□乍彝”的“□”字爲《說文解字》

服字之古文“舣”，並按語：“古文舣，从舟从人，會意，謂舟人服事畀也。”許慎《說文》：“服，用也。一曰車右騑。所以舟旋。从舟。𠬝聲。古文服从人。”段注云：“从舟从人者，凡事如舟之於人最切也，凡事當如人之操舟也。”《說文》裏“服”的古文隸作“舣”，从人，應當爲之訛變。雖然金文中的“服”大多數从舟，但陳未對“服”之形體演變情況多加細考，說“服”本義爲舟人服事，實在強爲之說。但究竟“服”的古文原本是从凡，還是从舟，卻是值得商榷的。

由上述可見，前人對於古文字“服”的形義關係說解各有不同。許慎、陳邦懷認爲“服”古文从舟，而“服”在金文中的常用義爲職事、職位，須知字的本義與字形有一定的關係，如果“服”从舟，則需考慮其造字意圖如何解釋爲之合理而不生硬，而且跟“服”字的常用義之間有什麼關係。陳初生的解釋至今看來是不可取的。至於葉玉森、楊樹達、陳潔明的解釋各有其合理之處。至今還未有學者對這個問題作過專門的研究，他們在解釋“服”之形體的形義是，一般是從前人的某一說。如徐中舒（1988）的《甲骨文字典》雖無“服”字的專門釋義條例，但他在“𠬝”此條例中的說法與葉玉森類似：“从又从（卩），象以手壓抑跪伏之人，會降服、制服之意，當爲制服之服初文。”同樣的還有方述鑫（1993）等編著的《甲骨金文字典》。于省吾主編的《甲骨文字詁林》取的是陳初生所作的形義解釋。劉興隆（1993）在《新編甲骨文字典》裏的看法與林潔明相同，釋“服本奴僕奉盤服事之義”。在“𠬝”與“服”的關係上，劉興隆雖未如林潔明一樣，說“服”乃“𠬝”的假借字，但他也認爲“𠬝”、“服”不是一字，《說文》中𠬝、服各有所指，卜辭𠬝用如俘、人牲，地位同牛羊相當。馬如森（2008）的《殷墟甲骨文實用字典》取的也是林潔明的對“服”所作的形義關係的解釋，但在“𠬝”與“服”的關係上，他顯然不同意林潔明的音同義近假借說，在“𠬝”此條例中的意見又與葉玉森、徐中舒的相同，即𠬝乃服之本字，本義是壓服。這里就顯示出一個矛盾，如“𠬝”爲“服”之本字，那“服”的本義當爲制服，但其又說“服”的本義是服事，這就變成“服”有兩個本義，這顯然是不可能的。

綜上所述，排除像馬如森先生那樣模棱兩可的觀點，在解釋“服”字的古文字形體的形義關係的時候，有以下兩種可能：

（1）“𠬝”乃“服”之初文，服是後起字。但與葉玉森持同樣意見的學者，沒有詳細解釋後起字“服”爲何多加一偏旁或代替本字。要討論這個問題，必須討論清楚“服”之古文本从凡還是从舟。如从凡，我們可以進行這樣的推斷：由於本字𠬝在甲骨文例中多用爲祭祀的人牲形象，其義在於以制服、服從的人爲犧牲，其本義當爲制服、服從，是服字的初文。被制服的奴隸除了作人牲用途外，要爲主人提供各種服務，所以引申爲服事之義，其後增加形符（凡）作意符表示奉盤服事之義。這樣，“服”的古文就是一個形聲兼會意字了。但如从舟，如何解釋爲之合理？

（2）“𠬝”、“服”不是一字，“𠬝”之本義爲制服，而“服”从凡或从舟，本義可能爲服事之意。後來因爲“𠬝”、“服”同音，“𠬝”假“服”表示制服、順從這一意義。

要判斷以上兩種可能性哪種更爲合理，必須解決兩個基本問題，一是究竟“𠬝”、“服”是什麼關係，二是古文“服”究竟从凡還是从舟。除了這兩種可能，到底有沒有第三種可能性？要解決這些問題，對“服”的形體和意義就有重新探討的必要。

二、“服”之形體探討

究竟古文“服”从凡還是从舟？我們知道甲骨文“服”出現頻率極低，而且字形不是很清晰，而金文“服”大多數从舟，偶爾从凡。關於“凡”（）和“舟”（）的形體關係，大部分學者認爲古文“凡”、“舟”因形體相近，“凡”易誤爲“舟”，張桂光先生（1986）對此解釋得尤爲詳細：“考甲骨文，盤（）、凡（）、舟（）是有區別的。（豎放的盤，增表明可作樂器敲打而已），一邊短而直（盤底），一邊長而彎（盤面），是圓足淺腹盤的形象；、兩邊等長而作異向彎曲，是高腳深腹盤的形象；兩邊等長而作同向彎曲，是舟的形象。三者實際上是形近而有別，在甲骨文中已是大體分用而偶有訛混，西周以後發生誤認、訛變等現象就不奇怪了。”

分析甲骨文“服”，雖然不是十分清晰，但凡和舟在甲骨文中還是有比較明顯的區分特徵的，如張桂光說的舟兩邊等長而作同向彎曲，而此拓片中的甲骨文“服”，左邊形符的兩邊並無作同向彎曲狀，更接近於凡。但鑒於甲骨文“服”數量極少，只能從這一個入手分析，實在顯得說明力不強。但甲骨文中不乏一些原本从凡的古文字到了金文中多數訛變成舟。如“前”甲骨文基本作或，到了金文，凡則訛變爲舟，成了或；般（盤）甲骨文也基本作、、等，到了金文，基本都从舟，寫作、了。

這是從形體上的判斷，而且從意義上驗證，確實是从“凡”（盤）更爲可信，因爲“服”在金文中多用作職事、職位之義，从凡可表示奉盤服事之義，而从舟如若說是舟人服事之義則較爲牽強，這也是大多學者認爲服从凡的原因所在。但這裏必須指出的是，假設“服”與“𠬝”并非一字，是造來表示“奉盤服事”之本義，是個會意字，但之字象側視跪坐之人形，雙手疊放在膝前，并沒有作奉盤之勢。事實上，“服”之古文看起來更像是以手按跽一人在盤前，意欲何爲而不得知，而非奴僕奉盤服事。我們可以折中理解成那是奴僕跪伏在盤前服事，但是，奴僕既在盤前服事，難道還得時時派人在其身後按壓以作監督？所以如果“服”這個古文是造來表示“奉盤服事”之本義或“在盤前服事”之本義，造字者完全可以造成一人跪坐作伸手捧盤之狀，或一人（背後無手按壓）跪伏在盤前。因此“服”與“𠬝”并非一字，而是造來表示奉盤服事的說法也有不合理之處。而且“𠬝”、“服”音同，形體上和意義上都有相關聯之處，不是林潔明所認爲的假借關係，當本爲一字。

如若說“𠬝”乃“服”之初文，後來爲了明確引申義“服事”而增加意符（凡）作服事之意，這樣，就可以解釋爲何奉盤服事之人身後有手按壓。“服”之古文就是一個形聲兼會意字了，从𠬝从凡會意，𠬝亦聲。這種解釋看起來合情合理。但細細推究，卻又有個疑問：爲何選“凡”作意符，難道這些被征服的奴隸主要做奉盤之事？當時的具體實際情況已無法得知，所以“凡”作意符也只是一種看似合理的推測。

我們認爲還有第三種合理的解釋，𠬝乃服之初文，“凡”很可能是古文“服”的聲符，而不是意符。“凡”字上古音並紐侵部，“𠬝”字上古音並紐職部，兩字聲母相同，韻部侵、職通轉，聲音相近。𠬝字加注音符“”而成爲，“𠬝”就由表意字變成形聲字“服”。

在表意字上加注音符，按照裘錫圭（1984）的說法，一是可以使它們跟所代表的詞的聯繫更爲緊密，其實就是指可以起到一種提示字音的作用。正如“鳳”字本作，象高冠美羽的鳳鳥，後來加注音符（凡）而成爲，加注音符而成的形聲字跟原來的表意字，一般是一字異體的關係，加注音符的形式通行之後，原來的表意字通常就廢棄了。二是可以直接起分化文字的作用，通過在表意字上加注音符來表本義或引申義。如飲食的“食”引申而有餵食的意思，後來加注音符“司”，分化出“飼”字來表示這項意義。那麼古文“服”如果以“凡”爲聲符而非意符，它的形成是屬於哪一種情況呢？“凡”作意符是不是就真的不合理呢？要解答這些問題，除了考釋文字的形體外，分析古文“𠬝”、“服”在甲骨金文和傳世文獻中的用例就顯得十分重要了。

三、“𠬝”、“服”在古文獻中的意義探討

甲骨文“𠬝”在一期出現的次數極多，而甲骨文“服”則最早是在第五期發現的，總共就兩例。所以“服”在“𠬝”後產生無疑。在金文裏，“服”的出現次數極爲頻密，貫穿於西周早、中、晚期，而“𠬝”在西周晚期的幾件銅器里只出現過幾次。

（一）甲骨文裏的“𠬝”用例

1.“𠬝”在甲骨文中多用作名詞，經常以“數字＋𠬝”的組合出現，“𠬝”指被征服的國族，或是指被征服國族的人，這些戰爭所獲的敵方、人員，多用爲祭祀之犧牲，地位實與羊豕相等。

（1）貞𠭁妣庚十𠬝卯十宰。（《合集》698正）

（2）戊辰卜，又𠬝，妣己一女，妣庚一女。（《合集》32176）

郭沫若在本片考釋時認爲“又𠬝”者以俘爲牲，兩言“一女”明所用者乃是女奚。

(3) 癸未卜，卩余于祖庚羊豕𠬝。(《合集》22047)

2.“𠬝”作動詞，用作征服、順從之義

(4) 庚戌卜，王貞：伯允其𠬝角。(《合集》20533)

張亞初認爲“伯允其𠬝角”之“𠬝”是征服、使之屈服的意思。

(二) 甲骨文裏的“服”用例

借用作地名

(5) 在服。(《合集》36924)

雖然“服”在出土的甲骨文中已出現，但次數極少，除了這則借用作地名的卜辭，無發現其他意義的用例。

(三) 金文中的“𠬝”用例

在西周晚期的金文里，“𠬝”只用作“𠬝子”

(6) 南或（國）𠬝孳（子）敢臽（陷）虔（處）我土。(《克鐘》,《集成》206)

(7) 伐𠬝甇（子）□桐潏（遹）。(《伯𠬝父簋》,《補遺》506)

張亞初在《周厲王所作祭器㝬簋考》中將南國“𠬝子”和甲骨文之“𠬝”、師詢簋裏的“服尸（夷）”相聯繫，認爲即是當時之被征服者，是對非華夏族的種族奴隸的一種賤稱，此說是可信的。

(四) 金文中的“服”用例

1. 金文中“服”多用作“職事、職位”之義

西周冊命金文裏通常將受冊命的畿內臣工之職事或職位泛稱爲“服”。

(8) 女（汝）妹（昧）辰（晨）有大服。(《大盂鼎》,《集成》2837)

句意是你明早將有大職事。

(9) 更厥祖考服。(《趩觶》,《集成》6516)

句意爲王冊命趩繼承其祖考的職事。

(10) 更乃祖考事，胥備仲司六師服。(《呂服余盤》,《集成》10169)

“更乃祖考事”與“更厥祖考服”一義也，說明服即爲職事。此句意爲王命呂服余繼承祖考的職事，輔助備仲掌管六師的職事。

(11) 毋敢墜在乃服。(《毛公鼎》,《集成》2841)

句意爲不要捨棄你的職事。

西周春秋時代還有外服諸侯輪值入周爲王卿士的制度，這些諸侯的職事也稱爲“服”。

(12) 唯八月初吉，在宗周，甲戌，王令毛伯更虢城公服，屏王位，作四方望。(《班簋》,《集成》4341)

(13) 王令榮眔內史曰，介井侯服。(《井侯簋》,《集成》4241)

2. 諸侯、方國的貢賦也被稱作“服”

(14) 唯王十又八年正月，南仲邦父命駒父即南諸侯。率高父視南淮夷厥取厥服。堇夷俗遂不敢不敬畏王命，逆見我厥獻厥服。我乃至于淮，小大邦無敢不述（墜），俱逆王命。(《駒父盨蓋》,《集成》4464)

其中“厥取厥服”、“厥獻厥服”的“服”，黃盛璋（1983）認爲即《周禮·大行人》的“服物”，即布帛之類。唐蘭（1976）謂：“服，貢賦。”在這裏，當以理解爲貢賦比較準確。

(15) 王乎作冊尹命山曰：于入中侯，出，徵鄀、邢、方服，暨大藉服，履服，六孳服。中侯、鄀、方賓貝、金。(《士山盤》)

此銘中的“服”字，學者有不同的理解。朱鳳瀚（2002）將“服”字屬前讀，即“出徵鄀、邢方，服暨大藉，服履，服六孳，服中侯、鄀、方賓貝、金”，這是把服理解成制服之義。晁福林（2004）、董珊（2004）先生將“服”字屬後讀，理解爲職貢，意爲士山爭取鄀、邢、方等諸侯對王的職貢。但

這些分歧並不妨礙周人把諸侯、方國的貢賦也稱作“服”。

3. **在職事中，最爲基本也最重要的就是朝見，“朝見”也可以是一種具體的“服”。金文還把朝見於王稱爲“見服”**

(16) 唯公大史見服于宗周年，在二月既望乙亥，公大史咸見服于辟王，辨于多正。(《作冊䰧卣銘文》，《集成》5432)

唐蘭（1986）對於“見服”的“服”解釋是“服是政事，也包括服貢”，他把“見服”之“服”含義綜合爲“職事”和“納貢賦”，其詞義內涵更爲廣泛。董珊先生在此基礎上進一步闡發，認爲朝見的同時，臣工或臣屬國要向周王述職，同時也接受任務。作冊卣銘之公太史“見服于宗周”、“見服于辟王”，其“見服”即可理解爲宗周朝見並述職。《匽侯旨鼎》（《集成》26287）銘“匽侯旨初見事于宗周”，楊樹達（1953）指出《尚書·康誥》“見士與周”的“士”應讀爲“事”，與匽侯旨鼎文例相同，“見事猶言述職”。可見“見服”猶言“見事”。

4. **金文中的“服”似乎有“事”、“位”之義，含義比“職事、職位”更廣**

(17) 三左三右多君入服酒。(《小盂鼎》，《集成》2839)

“服酒”，郭沫若釋“即歸而飲至之禮”事酒、飲酒之意。

(18) 延邦賓尊其旅服。(《小盂鼎》，《集成》2839)

馬承源釋應爲邦君、嘉賓依序就其服位。這裏的“旅服”應該表示朝見王時臣工、諸侯按照自己的身份、等級所站的位置，也被稱爲“周班”，與服制有關。也有人將“旅服”釋爲行旅之服，此句意爲在祼禮結束以後，國賓奠獻其旅服之禮或國賓放置其行旅之服，而衣朝服。

5. **“服”還表示一種官職名**

(19) 小子眔服眔小臣眔尸（夷）僕學射。(《静簋》，《集成》4273)

服即《尚書·酒誥》“惟亞惟服”之服，表示一種與射箭有關的官職。

6. **用作臣服、征服之義**

(20) 先虎臣後庸，西門尸（夷），[illegible]（秦）尸（夷），京尸（夷），[illegible]尸（夷），師笭，側新（薪），□華尸（夷），[illegible]豸尸（夷），[illegible]人，成周走亞，戍，秦人，降人，服尸（夷）。(《師詢》，《集成》4321)

銘文記載的是王令詢掌管邑人、虎臣和庸，庸包括降人和服尸（夷）。其中“服夷”很明顯是夷族，是指被征服的、臣服的異族奴隸。

（五）“服”在上古傳世文獻中的用例

在先秦傳世文獻中，“服”的意義衆多，這裏只選列“服”在西周傳世文獻中較常見的意義。

1. **用作“職事”、“職位”之義**

(21) 延洪惟我幼沖人嗣無疆大曆服。(《書·大誥》)

“幼沖人”指年紀尚輕的周成王，“大曆服”即“大曆”與“大服”，“大服”本指朝廷官位、職務。

(22) 已！汝惟小子，乃服惟弘。(《書·康誥》)

“乃服”指你（康叔）的官位、職事或職務，此句是說：“你的職務很重大。”

(23) 有服在百寮。(《書·多士》)

“百寮”指百官，有職事在百官上。

(24) 曾是在位，曾是在服。(《詩經·蕩》)

“位”、“服”對舉，“服”等於“位”，即職位、職事。

2. **用作“奉行、實行”之義**

(25) 越厥後王後民，茲服厥命。(《書·召誥》)

意爲繼世之君及其時之人皆奉行其君之命。

（26）文王卑服，即康功田功。（《書·無逸》）

顧頡剛（2010）：“‘服’當訓爲奉行……謂文王從先王之德而奉行之，即就康功田功也。”

3. 用作“從事、致力”之義

（27）噫嘻成王！既昭假爾。率時農夫，播厥百穀。駿發爾私，終三十裏，服爾耕，十千維耦。（《周頌·噫嘻》）

“服”的意思是從事、做活，指的是農夫從事稼穡之事。

（28）肇牽車牛遠服賈。（《書·酒誥》）

“服賈”意爲從事商業活動。

（29）昔皇祖底于今，勖厥遺，得顯義，告期付于朕身，肆若農服田，饑以望穫。（《逸·度邑》）

4. 用作“任使、任用”之義

（30）王先服殷御事，比介于我有周御事，節性惟日其邁。（《書·召誥》）

意思是王先任使殷禦事之臣也。

5. 用作“受”之義

（31）我不可不監于有夏，亦不可不監于有殷。我不敢知曰有夏服天命惟有歷年，我不敢知曰不其延，惟不敬厥德乃早墜厥命。我不敢知曰有殷受天命惟有歷年，我不敢知曰不其延，惟不敬厥德乃早墜厥命。今王嗣受厥命，我亦惟兹二國命，嗣若功。（《書·召誥》）

顧頡剛（2010）：“‘服’，受也。此云‘有夏服天命’，而下云‘有殷受天命’，又云‘嗣受厥命’，則服天命爲受天命可知。”

6. 用作“征服、順服、臣服、歸服”之義

（32）明明魯侯，克明其德。既作泮宫，淮夷攸服。（《魯頌·泮水》）

（33）鎬京辟雍，自西自東，自南自北，無思不服。（《大雅·文王有聲》）

“無思不服”指四方人民沒有不歸服武王的。

（34）方行天下，至于海表，罔有不服，以覲文王之耿光，以揚武王之大烈。（《書·立政》）

（35）武王遂征四方，凡憝國九十有九國，馘磿億有十萬七千七百七十有九俘，人三億萬有二百三十，凡服國六百五十有二。（《逸·世俘》）

7. 用作“事”之義

（36）四牡脩廣，其大有顒。薄伐玁狁，以奏膚公。有嚴有翼，共武之服。共武之服，以定王國。（《小雅·六月》）

“共武之服”是指敬武之事。

8. 用作“衣服、服飾”之義

（37）六月棲棲，戎車既飭。四牡騤騤，載是常服。玁狁孔熾，我是用急。王于出征，以匡王國。（《小雅·六月》）

“常服”，將領作戰時通常穿的衣服。

（38）東人之子，職勞不來。西人之子，粲粲衣服。（《小雅·大東》）

（39）甲子，王乃洮頮水，相被冕服，憑玉几。（《書·顧命》）

“冕服”，是古代大夫以上的禮冠與服飾。

9. 用作“穿戴”之義

（40）厥作祼將，常服黼冔。王之藎臣，無念爾祖。（《大雅·文王》）

（41）服其命服，朱芾斯皇，有瑲蔥珩。（《小雅·采芑》）

第一個“服”爲動詞穿戴，第二個“服”爲名詞，指命服，即周王所賜的禮服，隨爵位的高低而不同。

（42）壬子，王服衮衣矢琰格廟，籥人造王秉黄鉞正邦君。（《逸·世俘》）

對比“㞋”、“服”在甲骨文和金文裏的情況，我們可以發現“㞋”字在金文出現的次數遠不如在甲骨文裏多，而“服”在金文裏出現的次數遠比在甲骨文裏的多。“㞋”的意義基本被“服”所繼承，這點可以進一步證明兩者爲古今字關係。“服”在金文和傳世文獻中還引申出許多其他意義，而“㞋”在上古傳世文獻中并沒有出現。兩個字呈現出一種職位交替之勢。如果“服”是專門造來表示“㞋”之引申義，一般來說，無論“凡”作意符還是聲符都直接起分化文字的作用，“㞋”、“服”應當是兩個承擔不同意義的字了，那麼“㞋”當繼續表達其“征服、順服”之本義，而“服”則專門表達與服事相關的引申義了。但從後期“服”完全承擔“㞋”之功能的情況來看，我們有理由相信“㞋”、“服”是一字異體的關係，其形成的機制是在表意字“㞋”上加注聲符“凡”使它跟所代表的詞的聯繫更爲緊密，起到一種提示字音的作用。加注聲符的“服”通行之後，原來的表意字“㞋”就逐漸廢棄了。因此，“凡”作聲符的可能性是極大的。只是後來到了金文裏，“凡”訛變爲“舟”，也就失去了其表音功能。

確定古文“服”的形義關係之後，我們必須理清“服”字眾多意義之間的關係。“服”是如何由本義“征服、順服”引申出“職事、職位”、“貢賦”、“奉行、實行”、“致力於、從事”、“事”、“衣服”、“穿戴”等諸多意思的？有不少學者在探討商周時期的社會制度問題，主要是在探討商周的服制（政治體制）時，涉及“服”字諸多意義之間的關係問題，有些解釋十分合理。如晁福林（2004）《從士山盤看周代“服”制》、董珊（2004）《談士山盤銘文的“服”字義》以及張利軍（2010）《釋西周金文中“服”字義——兼說周代存在“服”制》都有明確的探究。在此根據以上學者的研究，梳理出脉絡：從以上的義項可以知道，西周金文中“服”字有服從和職事之義，通常把臣下和諸侯的職事、職位稱爲“服”，亦將諸侯所納貢賦稱爲“服”，還把朝見與王稱爲“見服”。這些義項似乎皆由“服”的服從義項引申而來的，因爲服從者爲表示其服從而必須爲統治者做一定的事情，從而引申出職事之義；除了履行相應的職事，還要繳納一定的物品以表服從，於是就有了貢賦之義。而“見服”則是表示服從的一種政治儀式。這是西周金文裏“服”字意義的關係情況，涉及複雜的商周外服、內服制度問題。據《書・酒誥》記述：“自成湯咸至于帝乙……越在外服，侯、甸、男、衛、邦、伯；越在內服，百僚、庶尹、惟亞、惟服、宗工，越百姓、里居（君）。”《大盂鼎》：“惟殷邊侯甸粵殷正百辟。”殷代政治形式有內服、外服之別。服，《周官・夏官・職方氏》鄭玄注：“服，服事天子也。”服雖爲政治區劃的專名，但其本義應指臣屬對天子應盡的規定義務。商代外服諸侯多爲異姓異族，它們或是懾於商王的武力而歸附，如湯滅夏，三千諸侯歸殷；或經征服而臣服，如卜辭中所見商後起的臣屬方國多是被征服者。商代外服制的設立，就是爲了羈縻控制這些諸侯，規定他們對殷商王朝的服屬關係及應盡的貢納與軍事義務。所以，周代諸侯規定對天子應盡的義務一般被稱爲職貢，貢乃貢獻方物土產，職則是執事服役於王，這些義務可被稱爲“服”。

至於“服”之“奉行、實行”、“致力於、從事”、“任用、任使”等義也該是從“服”之“職事、職位”之義引申而來。但是“服”之“衣服、服飾”和“穿戴”之義是如何得來的，一直沒有明確的解釋。下文另行探討。

四、“服”之意義與西周之服飾等級制度

“服”字之“衣服、服飾”義在甲骨、金文裏並沒有找到用例，但在西周的傳世文獻裏卻時有發現（見上面所列）。《釋名・釋衣服》云：“凡服，上曰‘衣’。衣，依也，人所依以芘寒暑也。下曰‘裳’。裳，障也，所以自障蔽也。”在階級社會，服飾開始扮演區分社會不同等級的角色，黄盛璋（1997）說：“服飾作爲職官等級的區別，代表職官、職務、地位和個人階級身份，一望即能識別，故起源甚早，後承沿下來不斷發展成爲一定的制度。世界各國皆有自己的官服、禮服或制服等服制……我國則早在西周時已形成一定制度，領先於世界諸文明古國。”

服飾等級制度伴隨着西周時期冊命制度的發展達到了一個極爲繁榮的階段，從數量可觀的出土冊命金文可窺一斑。冊命爲西周至春秋時周王任命官員的制度。其實，這種制度在西周以前即已產生，至西周時已發展得比較完善。凡內服百官與外服諸侯，以及諸侯國的命卿均由周王冊命。西周時代周王親臨

冊命，冊命授職與輿服賞賜分別爲冊命的兩項主要內容，同時進行，授職稱命，賜服稱賜，並載於冊。凡授職之冊命一定有服飾之賜。從金文來看，授職賞賜所涉及的物品儘管有時也涉及土地和人民，但是，授職賞賜之物品以標誌貴族身份之等級的馬車、馬匹、車飾、馬飾、命服、戎器、祭品、旗幟作爲主要內容，而命服之賞賜幾乎是冊命賞賜之必賜之物，不同顏色、不同數量、不同搭配、不同紋飾、不同形制的命服都標誌着被冊命者被授予了不同的職務。

由於服飾是被授予者的地位、職權的重要標誌，所以黄盛璋（1997）在《西周銅器中服飾賞賜與職官及冊命制度關係》中指出"服飾與職位有一定的適應關係"，認爲古文"服"的"職事、職位"之義是由"服"之"衣服、服飾"義引申而來的。他的觀點如下：

（1）以"服"表官位，如"等于大服"（《班毁》），"龠于大服"（《番生毁》），"龠克王服"（《蓋夫克鼎》），"明乃服命"（《尚書・康誥》），"侯于周服"（《詩・大雅・文王》），"大服"等於"大位"、"人官"，"工服"等於"王官"。

（2）繼承某某之服等於繼承某某之官，如"更虢城公服"（《班毁）。

（3）"服"、"命"常並舉，而"服"亦稱爲"命服"，命官授職的同時即賞賜以相應的服飾器用，《周公毁》之"𠷎井侯服"，"𠷎（介）"即"介爾景福"之"介"，即賜井侯以服，乃冊命井侯之事，銘文記載甚明。

"據此三點，服飾與位必有一定關係，一定的官職即有一定的服飾與之相應，所以才以'服'代替位，而服飾屬外表，最爲顯著，一望即知，根據服飾立即判知其職位，這種用'服'代表'位'的心理是容易理解的。"

陳漢平（1986）在《西周冊命制度研究》一書中也表達過類似的觀點："服、官、事三字本義不同，服指命服，官指官職，事指職事。此三者引申義略同，俱指冊命之官職。"

兩位先生都極敏鋭地指出了服飾與官位的相應關係，這點是極其正確的。然而，如果把"服"之"職事、職務"之義看作是由"衣服、服飾"之義引申而來的，這必然面臨着一個首要的問題："服"表"衣服、服飾"之義是如何引申而來的？斷然不是從"征服、順服"之義引申而來的，兩者找不出直接或間接的關係。難道"衣服"之"服"本無其字，是假借"征服"之"服"來表示的？我們認爲，"服"之"職事、職務"之義不是由"衣服、服飾"之義引申而來，反而"衣服、服飾"之義是由"職事、職務"之義引申而來的。理由有以下幾點：

（1）"服"之"衣服、服飾"之義出現較晚。晁福林（2004）在《從士山盤看周代"服"制》中表示"《尚書》諸篇的記載表明，將'服'作爲職事制度綿延不絕於有周一代。總之，先秦時期的文獻中，凡是較早而述及社會等級、王朝和方國關係者，'服'多用於'服事、職事'之意，而較晚者則多用如'衣服、服從'之意"。目前，在商周的甲骨、金文等出土文獻中並未發現確切的"服"作"衣服、服飾"之義的用例。在年代比較確定的西周傳世文獻中，"服"作"衣服、服飾"的用例也很少，西周以後才逐漸多起來。

（2）在先秦時代，衣服的通稱一般用"衣"表示，"服"雖然也表示衣服的通稱，但早期的"服"作"衣服"義通稱時，不僅指身上穿的，一般還包括佩帶、飾物等，而且"服"還可以泛稱衣服、宫室、車馬、器物等，只是"服"作"衣服、服飾"之義更常見。

（43）正都禮，與其服。（《周禮・春官・都宗人》）鄭玄注："服，謂衣服及宫室車旗。"

（44）今大夫而設諸侯之服，有其心矣。若無其心，而敢設服以見諸侯之大夫乎？（《國語・魯語下》）

（45）是司帝之百服。（《山海經・西山經》）郭璞注："服，器服也。"

（46）公會晉師於上鄍，賜三帥先路三命之服，司馬、司空、輿帥、侯正、亞旅，皆受一命之服。（《春秋左傳・成公二年》）

由此可見，"服"的意義範圍及所指要比作爲衣服通稱的"衣"廣泛多了，通常指"衣服、服飾"，偶爾也指"衣服、宫室、車旗"等。我們從"服"的所指事物可以得知，這些事物無不是與西周時期的冊命和賞賜制度相關的，都是受職所涉及的賞賜物品。這樣，"服"之所以有"衣服、服飾"義及更廣泛的“衣服、宫室、車旗”義，更多的是受西周的冊命和賞賜制度的影響，相應的職位有相應的賞賜物品（衣服、宫室、車馬等），服由“職事、職位”之義引申出“衣服、宫室、車旗、器物”等義更爲順理成章。至於“服”多指“衣服、服飾”之義也是由於命服之賞賜幾乎是冊命賞賜之必賜之物，而其餘的宫室、車旗等則不是。反之，如果説“職事、職位”之義是由“衣服、服飾”之義引申而來的，人們便無法解釋“服”的“衣服、服飾”義是如何來的，更無法清楚解釋“衣服、宫室、車馬、器物”這個泛稱義又是如何來的。

（3）除了以上兩點，還有一個更充分的理由是“服”更多地指稱某些場合穿着的衣服或某些身份的人穿着的衣服。這點可以從先秦傳世文獻中“衣”和“服”的修飾語看出：

表一

詞項 搭配	衣	服
顏色類	綠衣、緇衣、縞衣、素衣、紫衣、偏衣、偏裻之衣、黄衣、白衣、紺緅之衣、朱衣、青衣、赭衣、黑衣、蒼衣、赤衣、鞠衣	素服、龙服
材料類	絲衣、褧衣、毳衣、麻衣、纻衣、大布之衣、短褐之衣、苴布之衣、絺綌之衣、布衣、葛衣、粗布之衣、東布之衣、鹿布之衣	稅服、衰麻之服
圖案類	黼衣、錦衣、袞衣、繡衣	象（襐）服、採服
類别類	譴衣、褻衣	袓服、褻服
時令類	—	時服、春服、冬服、夏服
功能類	舞衣、寢衣、明衣、君朝之衣、朝衣、端衣	戎服、一命之服、三命之服、喪服、嘉服、凶服、大輅之服、戎輅之服、遊服、祭服、均服、常服、命服、朝服、劍服、隆殺之服、微服、齊疏之服、齊衰之服、衰麻之服、爵服、郊廟之服、祭祀之服、郊廟之祭服
身份類	民衣、王衣、國士之衣	王服、諸侯之服、儒服、君子之服、將服、周公之服、堯之服、桀之服、威王之服
性質類	惡衣、縫衣、暖衣、薄衣、短後之衣、袗衣、溫衣、濡衣、奇衣、補衣、侈衣、美衣	盛服、輕服、褈絜之服、奇服、古服、苴（粗）服、美服

從上表可以得知，“服”更多的是受“功能類”、“身份類”的定語修飾，而“衣”更多是受“顏色類”、“材料類”、“性質類”的定語修飾。而且“服”的“功能類”修飾語表明“服”作“衣服、服飾”之義時偏重於莊嚴、正式的場合，而“身份類”的修飾語表明“服”的所有者一般都是身份地位不低的人。如果説在西周服飾具有等級性，那麼也可以説“服”的“衣服、服飾”這個意義也是帶有等級性的，而且偏向於權貴階級。“衣”明顯没有像“服”的使用範圍一樣偏向於某個階級，而是保持中立，並不過分强調功能和身份。所以，“服”更多地指稱某些場合穿着的衣服或某些身份的人穿着的衣服。“服”和“衣”這種意義、用法差别一直延續於古代漢語的各個時期。張慶慶（2007）《近代漢語幾組常用詞演變研究》補充探究了近代漢語“衣服”義名詞的演變，得出結論：“‘服’單用表示‘衣服’通稱義的用法唐宋時期用例還不少，元明以後用例開始急劇下降，搭配有限，更多的仍是與别的詞語結合構成複音詞指稱某些場合穿着的衣服或某些身份的人穿着的衣服，而‘衣’表示‘衣服’通稱的用法在唐宋元時期一直佔據主導地位，具有很强的能產性和擴展性”，“搭配的修飾語可以是表示顏色、質地、穿着時令、場合或身份的名詞或表示新舊、美醜的形容詞以及量詞”。

“服”作“衣服、服飾”義的這種階級偏向性應該是跟它一開始就跟地位、職權扯上關係有關，十分強調場合和身份。所以，從這個方面講，説“服”之“衣服、服飾”義是從“職位、職事”之義引申而來更爲合理。我們可以將黄盛璋的結論修改一下：服飾與職位必有一定關係，一定的官職即有一定的服飾與之相應，所以才以表示“職事”、“職位”之義的“服”表示“衣服”、“服飾”之義，而服飾屬外表，最爲顯著，一望即知，根據服飾立即判知其職位，這種引申關係是容易理解的。

至於“服”的“穿戴”之義必然是與“服”的“衣服、服飾”之義密切相關的。正如“衣”之“穿衣服”義是由其“衣服”義引申而來，“冠”之“戴帽子”義是由其“帽子”義引申而來一樣，“服”之“穿戴”義是由其“衣服、服飾”之義引申而來的。

把“服”字在甲骨金文中的義項和在先秦傳世文獻中的義項綜合起來，考察這些義項間的相互關係，可以得出以下意義引申關係圖：

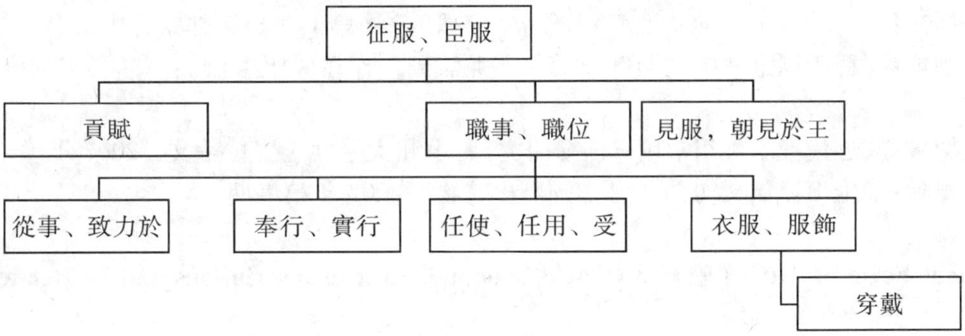

附　注

本文在“前人的研究與不足”一節所引各家説法，除非特别説明，皆出自於下引三部著作：一是李圃主編：《古文字詁林》(共 12 册)，上海：上海教育出版社 1999—2004 年版；二是周法高主編：《金文詁林》（共 16 册），香港：香港中文大學出版社 1975 年版；三是于省吾主編：《甲骨文字詁林》(共 4 册)，北京：中華書局 1996 年版。

本文使用的出土文獻資料主要有兩種：

一是殷商甲骨文。主要見於《甲骨文合集》（13 册），北京：中華書局 1978—1982 年版。

二是西周金文。主要見於下列兩部書：一是《殷周金文集成》(共 18 册)，北京：中華書局 1984—1994 年版；二是《新收殷周青銅器銘文暨器影彙編》，台北：台灣藝文印書館 2006 年版。

本文採取張玉金先生的觀點，認爲西周傳世文獻可信的語料包括《詩經》中的《周頌》、《大雅》、《小雅》，《尚書》中的《大誥》、《康誥》、《酒誥》、《梓材》、《召誥》、《洛誥》、《多士》、《無逸》、《君奭》、《多方》、《立政》、《顧命》、《康王之誥》、《費誓》、《呂刑》以及《周易》的爻卦辭和《逸周書》等相關可信篇章。

參考文獻

［1］晁福林：《從士山盤看周代“服”制》，《中國歷史文物》2004 年第 6 期。

［2］陳漢平：《西周册命制度研究》，上海：學林出版社 1986 年版。

［3］董珊：《談士山盤銘文的“服”字義》，《故宫博物館院刊》2004 年第 1 期。

［4］方述鑫等：《甲骨金文字典》，成都：巴蜀書社 1993 年版。

［5］葛志毅：《周代分封制度研究》，哈爾濱：黑龍江人民出版社 2005 年版。

［6］顧頡剛、劉起釪：《尚書校釋譯論》，北京：中華書局 2010 年版。

［7］黄盛璋：《駒父盨蓋研究》，《考古與文物》1983 年第 4 期。

［8］黄盛璋：《西周銅器中服飾賞賜與職官及册命制度關係》，《傳統文化與現代化》1997

年第1期。

[9] 李岩:《周代服飾制度研究》,吉林大學博士學位論文,2010年。

[10] 劉翔、陳抗、陳初生、董琨等:《商周古文字讀本》,北京:語文出版社2007年版。

[11] 劉興隆:《新編甲骨文字典》,北京:國際文化出版公司1993年版。

[12] 馬如森:《殷墟甲骨文實用字典》,上海:上海大學出版社2008年版。

[13] 裘錫圭:《文字學概要》,北京:商務印書館1984年版。

[14] 唐蘭:《用青銅器銘文來研究西周史——綜論寶雞市近年發現的一批青銅器的重要歷史價值》,《文物》1976年第6期。

[15] 唐蘭:《西周青銅器銘文分代史徵》,北京:中華書局1986年版。

[16] 徐中舒:《甲骨文字典》,成都:四川辭書出版社1988年版。

[17] 楊樹達:《書康誥見士於周解》,《積微居小學述林》,上海:上海古籍出版社1953年版。

[18] 張桂光:《古文字中的形體訛變》,《古文字研究》(第15輯),北京:中華書局1986年版。

[19] 張利軍:《釋西周金文中"服"字義——兼說周代存在"服"制》,《古文字研究》2010年第6期。

[20] 張慶慶:《近代漢語幾組常用詞演變研究》,蘇州大學博士學位論文,2007年。

[21] 朱鳳瀚:《士山盤銘文初釋》,《中國歷史文物》2002年第1期。

On the Ancient Form of "fu" (服) in Oracle Bone and Bronze Inscriptions and its Related Problems

Liu Yanfei

Abstract: Based on existing research, this article wants to research the relationgship between the characters' form and meanings of "fu" (服) in oracle bone inscriptions and bronze inscriptions. This article considers that "fu" (𠬝) is the original form of "fu" (服). In another word, the form of "fu" (服) in ancient writing, is to add "fan" (凡) as a phonetic complement but not an ideogram on the basis of "fu" (𠬝). Besides, the article also research the relationship between the original meaning and the extended meanings of "fu" (服), emphatically studying why "fu" (服) can express the meaning of clothes according to the hierarchical system of clothes in Shang and Zhou Dynasty.

Key Words: Oracle Bone Inscriptions; Bronze Inscription; "fu" (服)

(劉豔菲　華南師範大學文學院　510006)

黄類甲骨拼合六則*

李愛輝

提　要　文章介紹了筆者新拼合的六則甲骨，闡述了甲骨綴合對於甲骨拓本放置、甲骨釋讀的意義，校正了前人釋讀中的一些問題。

關鍵詞　黄類　拼合　釋讀

甲骨拼合能爲原不具意義的“爛甲碎骨”賦予新意，並且提高甲骨的史料價值。早期甲骨的“私掘”對甲骨造成了極大損害，通過對來源或同或異的甲骨的拼合、對這些甲骨的流傳狀況的考證，可以爲甲骨確定“身份”及出土地。本文新拼合六則甲骨即對上述問題提供了新證。

第一則：A：《北大》506 + B：《北大》2917（見圖2）　A、B 綴合見圖1

《北大》2917 上只有三個刻字，較難判斷其部位形態，故《北大》一書的整理者在擺放該圖版時就出現了一些問題，其圖版的擺放見［圖2］。圖版錯置不但影響了甲骨形態的辨識，對於卜辭的釋讀也產生了極大的影響。《北大》依據錯置的圖版所作釋文，第一個字就很難釋出了。A、B 綴合後可以看出，《北大》2917 拓本的正確放置應是順時針旋轉 90 度，與 A 版拼合後該字復原，即爲“升”字。常玉芝先生在《商代周祭制度》一文中指出：“干支卜，貞：翌日干支王其又升于祖先名[illegible]正王受又又”[①]，這一形式的卜辭只祭武乙、武、文武帝，與本文所綴合圖版亦相符合。據此，我們對這版卜辭的釋文補釋如下：

甲辰卜，［貞］：［翌］日乙巳王［又］升于武乙［[illegible]正］王受［又又］。

B：《北大》2917

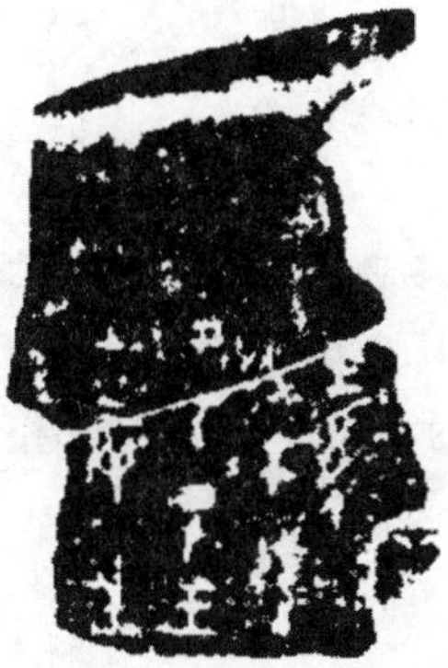

A：《北大》506

圖1

《北大》2917

圖2

第二則：A：《英藏》2517 + B：《英藏》2520　A、B 綴合見圖3

這是一版刻有黄類周祭卜辭的背甲。A、B 兩版拼合邊緣完全密合，且有“祖”字可以拼兑，除去以上的綴合依據外，這版還有一個有利的理論依據：“如果卜辭文例爲‘干支卜貞王賓王名奭妣名祭名亡尤’，這種卜辭祭日的天干日與妣名一致，是周祭先妣卜辭的特定規律。此外這種卜辭還有一個很重要的特點，是在妣名前都要冠上所配之王名，這是爲了區别同名先妣的世次而設的，同時也表明了商代

* 綴合得到黄天樹師的悉心指導，謹致謝忱。

婦女的從屬地位，周祭先妣的卜辭與周祭先王的王賓卜辭一樣，也皆不附記年、月。它們是商王在當日祭祀某先妣時的占卜記録，一般也都契刻在龜背甲上。”②本版卜辭正是在庚申日卜問，對祖丁的配偶妣庚進行“𡧊”祭是否亡尤，符合上述規律。綴合後釋文如下：

庚申卜，貞：王賓祖丁奭妣𡧊庚亡［尤］。

第三則：A：《北大》560＋B：《合補》12188（《歷藏》20647）　A、B 綴合見圖 4

本版亦是一組背甲綴合。由綴合後的龜版形態來看，這應是背甲的肋甲部分。A、B 兩版上的“午”和“賓”字的短缺處可以拼接上。綴合後卜辭行款整齊，其釋文如下：

戊午卜，貞：王賓歲亡尤。

A：《英藏》2517

B：《英藏》2520

圖 3

B：《合補》12188

A：《北大》560

圖 4

第四則：A：《合集》36053（《京人》2578）＋B：《輯佚》711　A、B 綴合見圖 5

《輯佚》711 的釋文如下：

丙……康……惟……

羊

甲戌……武乙惟……

……貞……必……丁牢

《輯佚》釋文編寫者將“惠”字上方“□”讀入第四條，並認爲其爲“丁”字。甲骨綴合後可知，“□”是屬於“甲戌”這一條的。其因：第一，AB 綴合後，“甲午卜，貞：武乙𡆥祊其牢”這條卜辭完整，“□”不屬於其中。第二，在黄組卜辭中，“𡆥”字出現的卜辭一般常見的格式有兩種：一種爲上文提到的“干支卜，貞：翌日干支王其又升于祖先名𡆥正王受又又”，另一種爲“干支卜，貞：祖先名𡆥祊其牢”，所以這個字讀“丁”是不正確的。第三，從卜辭行款來看，“𡆥”與“□”是錯行的，而與惠字在同一豎直縱列。綜上，本版的釋文應如下所示：

甲戌〼武乙〼祊惠〼。

丙〼康〼惠〼。

甲午卜，貞：武乙𡆥祊其牢。

惠羊。

〼貞〼祊〼牢。

惠羊。

第五則：A：《合集》35929（《掇二》421、《沐》269）＋B：《安明》2922　A、B 綴合見圖 6

本組爲龜腹甲綴合，其內容與第四則同屬於“祊祭卜辭”。甲骨綴合後可知 A 版右側斷邊的“齒狀紋路”並非齒紋，而是斷邊。綴合後卜辭釋文如下：

癸未卜，貞：祖甲祊其牢。兹用。

□□卜，貞：□□宗［祊］其牢。

A：《合集》36053

B：《輯佚》711

圖5

A：《合集》35929

B：《安明》2922

圖6

第六則：A：《合集》37541（《前》2.32.3、《慶甲》2.8、《通》663）＋B：《輯佚》1002　A、B綴合見圖7

AB兩版綴合後斷邊密和，斷裂處的“卜”字補齊，綴合後釋文如下：

己卯［卜］，［在］㡯，［貞］：［王田］，［卒逐亡災］。

戊午卜，在[illegible]，貞，王田，卒逐亡災。

□□卜，在浂，［貞］：［王］田，卒［逐］亡災。

A：《合集》37541

B：《輯佚》1002

圖7

附　注

①常玉芝：《商代周祭制度》，北京：中國社會科學出版社1987年版。

②常玉芝：《商代周祭制度》，北京：中國社會科學出版社1987年版。

③本文引用甲骨著錄書目簡稱：《北京大學珍藏甲骨文字》——《北大》；《英國所藏甲骨集》——《英藏》；《甲骨文合集補編》——《合補》；《殷墟甲骨輯佚》——《輯佚》；《甲骨文合集》——《合集》；《殷墟書契》——《前》；《京都大學人文科學研究所藏甲骨文字》——《京人》；《卜辭通纂》——《通》；《殷契拾掇二編》——《掇二》；《慶雲堂藏甲骨》——《慶甲》；《明義士收藏甲骨文集》——《安明》。

參考文獻

常玉芝：《商代周祭制度》，北京：中國社會科學出版社 1987 年版。

New Reconstructions for Six Sets of Huanglei BuCi

Li Aihui

Abstract：The present thesis introduces to the six cases of newly-patched oracle bones，in which the author provides the significancer of reconstructions for the oracle bones placed andthe BuCi of explanation.

Key Words：Oracle Bone；Reconstruction；Explanation

（李愛輝　首都師範大學甲骨文研究中心　100089）

殷墟甲骨拼合六則*

李延彦

提　要　本文收錄筆者在整理材料過程中新拼合的六則甲骨。其中，前兩則是關於農業的卜甲，現藏於上海博物館；第三則是典賓類卜旬卜骨，該則綴合進一步證明林宏明先生總結的賓組骨首刻辭契刻規律是正確的；第四則是出組左前甲綴合；第五則是典賓類氣象卜甲；第六則是出組祭祀卜辭。

關鍵詞　甲骨　拼合　釋讀

1917年，王國維先生綴合《戩》1·10和《後》8·14糾正《史記·殷本紀》之誤。自此，甲骨綴合越來越受到學者們的重視。筆者在整理材料過程中新拼合甲骨六則，兹列於下，敬請方家指正。

第一則：A：《上博》21691.219正反（P708，振寰閣文物商店）＋B：《上博》17645.931正反（P364，接管前上海市歷史博物館之一）　A、B綴合見圖1

該版卜甲綴合後卜辭隸定如下：

（1）□辰卜，永［貞］：我受年。一月。（以上正面）

（2）己卯☒。（以上反面）

A、B兩版字體都是典賓類。[1]拼合後，斷邊密合，辭例通暢，正面可以拼合出“受”字，反面可以拼合出“卯”字。

這是一版關於農業的卜甲。卜辭大意是説，在一月，貞人永卜問，商王朝會不會取得好的收成。

第二則：A：《上博》17645.369（P288，接管前上海市歷史博物館之一）＋B：《上博》17645.691（P332，接管前上海市歷史博物館之一）　A、B綴合見圖2

該版綴合能夠補足“其”和“受”字，且斷邊密合。卜辭隸定如下：

貞：不其受年。

値得注意的是，依據修治方式的不同，龜腹甲甲橋分爲大甲橋、中甲橋、小甲橋三類（參看圖3）。典賓類卜辭，當刻寫於大甲橋時，通常自上而下，自修邊向内刻寫，如本文第一則綴合；當刻寫於小甲橋時，一般從後甲起刻，自上而下延伸至小甲橋，該版卜辭即如此。

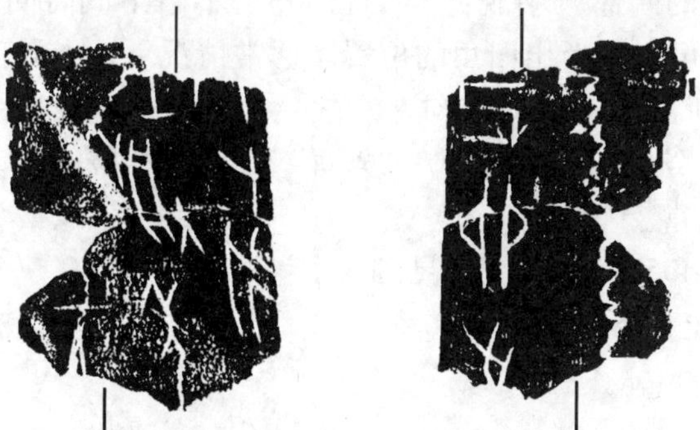

圖1

圖2

＊ 學生的綴合得到黄天樹師的悉心指導，謹致謝忱！

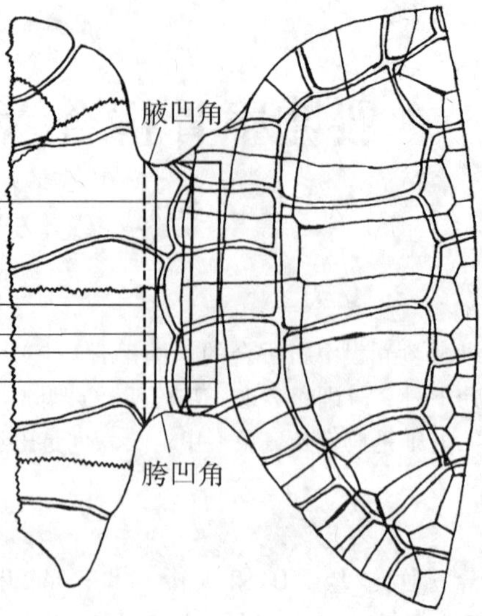

圖 3

第三則：A：《合集》16887（《北大》1010、《契》115）+B：《合補》5851（《歷》606、歷拓[②] 1045） A、B 綴合見圖 4

該版卜骨綴合後卜辭隸定如下：

(1) 癸丑卜，賓貞：旬亡𡆥。三

(2) 癸亥卜，賓貞：旬亡𡆥。三

(3) 癸酉［卜］，□貞：旬［亡𡆥］。

從《北大》照片來看，《北大》摹本漏摹辭（1）中的貞人"賓"字殘畫。辭（2）的兆序辭"三"非常清晰。

辭（1）與辭（2）的釋讀順序各家不一。

《甲骨文合集釋文》、《甲骨文校釋總集》、《殷墟甲骨文摹釋全編》釋讀順序如下：

(1) 癸丑卜，賓，貞：旬［亡］𡆥。三

(2) 癸亥卜，賓貞：旬亡𡆥。三

《殷墟甲骨刻辭摹釋總集》釋讀順序如下：

(1) 癸亥卜賓貞旬亡𡆥。

(2) 癸丑卜賓貞旬……𡆥。

林宏明先生在《賓組骨首刻辭與左右胛骨的關係》中說："靠近臼角的卜辭卜問時間較早。"[③]面對殘缺的卜骨，根據其上卜兆的出枝方向，我們可以判斷出臼角的位置。通常情況下，卜骨上，骨首刻辭所屬的卜兆的兆枝指向臼邊。辭（1）、（2）所屬的卜兆兆枝向左，故《合集》16887 是一版臼角位於左邊的右胛骨，辭（1）先於辭（2）刻寫。"癸丑"、"癸亥"、"癸酉"之間各相隔一旬，由該版綴合可知《甲骨文合集釋文》等的釋讀順序較爲妥當。

第四則：A：《安明》1602+B：《安明》1405 A、B 綴合見圖 5

該版左前甲[④]（參見圖 8）綴合後卜辭隸定如下：

(1) 貞：亡尤。十一月。一

(2) 貞：亡尤。十一月。

這是一版出組左前甲綴合。A、B 兩版均爲明義士收藏甲骨，它們從腋凹斷開，拼合後，能夠補足"亡"字。由於腹橋溝與腹橋縫不完全重合，狹義甲橋沿腹橋縫斷裂後，B 版左前甲左邊可見殘留的腹橋溝，這爲判斷腹甲殘片形態留下了蛛絲馬迹。

A：《合集》16887

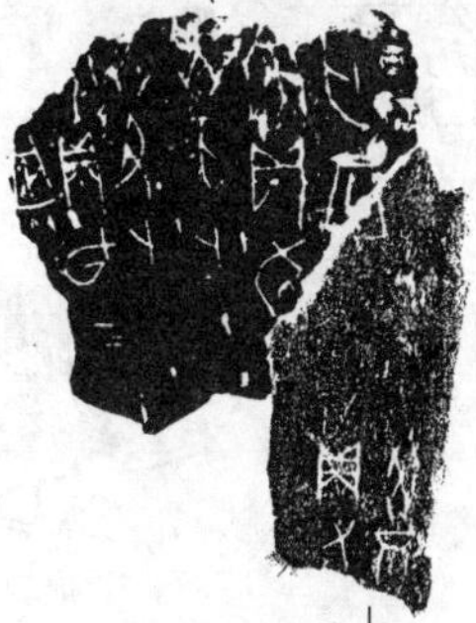

B：《合補》5851

圖 4

A：《安明》1602

B：《安明》1405

圖 5

第五則：A：《明後》S0319 + B：《明後》S1090　A、B 綴合見圖 6

A、B 兩版字體相同，且能夠拼合出“翌”和“鍚”字，斷邊密合。該版卜甲綴合後卜辭隸定如下：

□□卜，𣪊貞：翌□酉鍚日。來☐。

第六則：A：《合集》25049（善[⑤]9005）+B：《合集》25184（善 1578）　A、B 綴合見圖 7

該版右尾甲綴合後卜辭隸定如下：

(1) □□卜，旅［貞］：☐歲牡。

(2) □□［卜］，旅［貞］：☐其㞢于☐一牛。

這是一版出組祭祀卜甲。兩版皆爲劉體智善齋舊藏。拼合後，斷邊密合，且股肛溝可以貫通。黄天樹先生在《甲骨拼合續集·序》中說：“‘盾紋’是驗證甲骨綴合正確與否的有力證據。……A、B 拼合時，分裂在兩塊殘片上的盾紋（即拓本所見的白色‘盾紋’）得以貫通。由此證明綴合是正確的。”因此，我們認爲 A、B 兩版可以實綴。

A：《明後》S0319

B：《明後》S1090

圖 6

A：《合集》25049

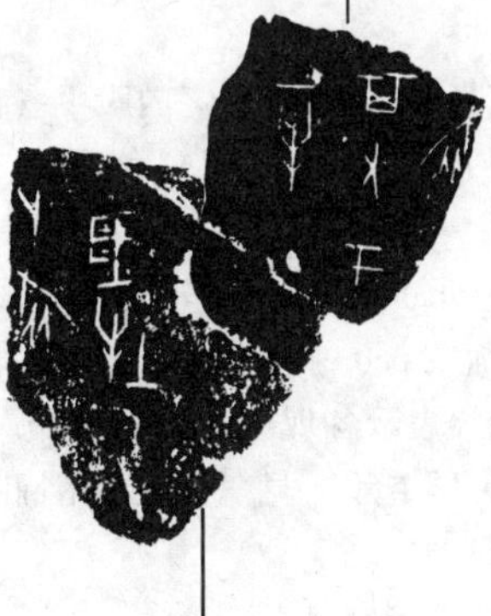

B：《合集》25184

圖 7

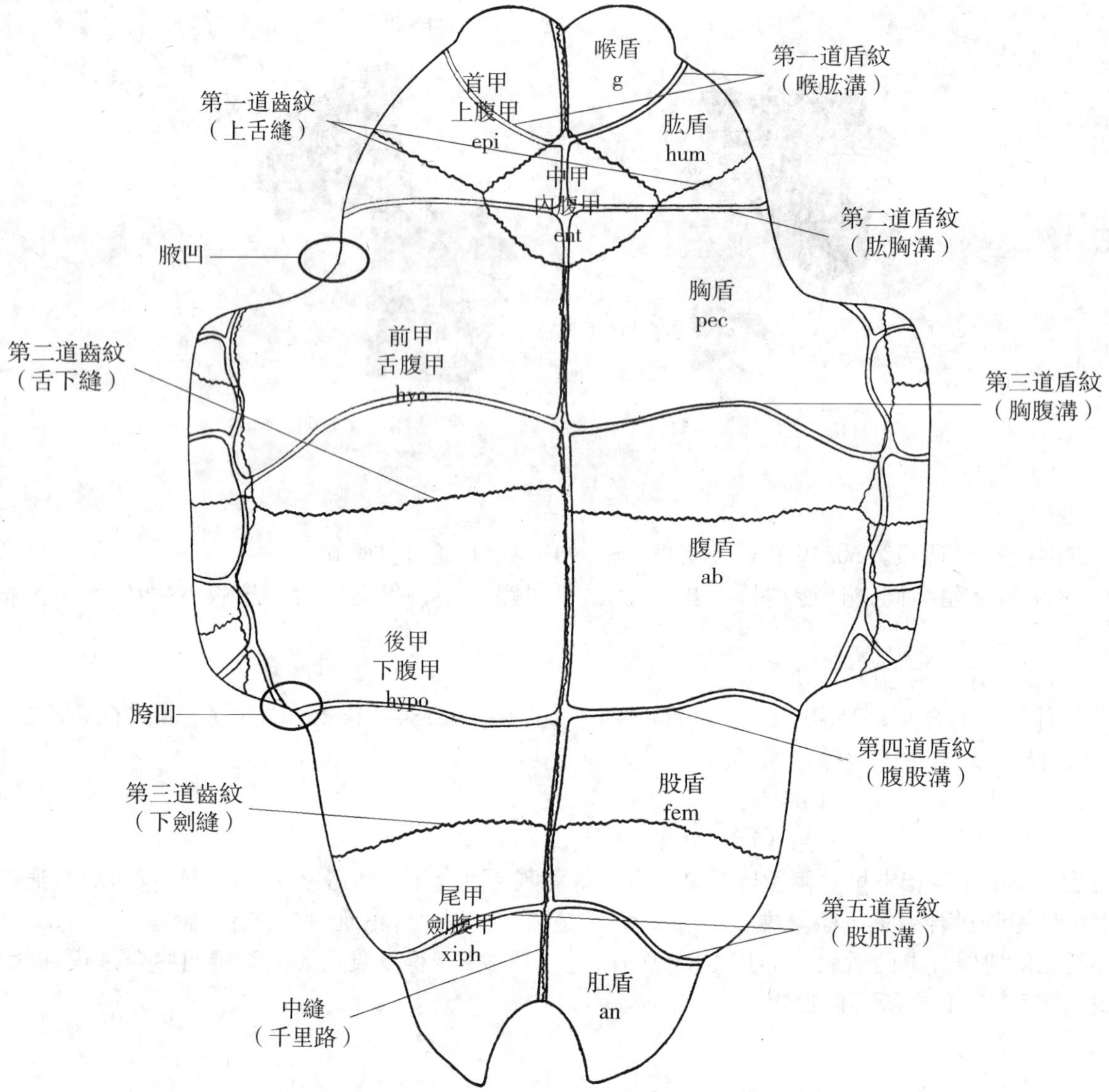

圖8　腹甲結構和部位名稱示意圖

epi. 上腹甲（上腹板、首甲）；ent. 內腹甲（內腹板、中甲）；hyo. 舌腹甲（舌腹板、前甲）；hypo. 下腹甲（下腹板、後甲）；xiph. 劍腹甲（劍腹板、尾甲）（以上名稱參看腹甲左半，以鋸齒綫表示各塊骨板的輪廓）。

axillary notch 腋凹；inguinal notch 胯凹。

g. 喉盾；hum. 肱盾；pec. 胸盾；ab. 腹盾；fem. 股盾；an. 肛盾；ax. 腋盾；in. 胯盾（以上名稱參看腹甲右半，以雙溝綫表示各塊盾片的輪廓）。龜腹甲圖版採自《殷虛卜辭綜述》插圖一。龜腹甲各部位名稱，主要採用葉祥奎說，見《殷墟花園莊東地甲骨》，昆明：雲南人民出版社 2003 年版，第 1904～1910頁。

附　注

①參看黃天樹：《殷墟王卜辭的分類與斷代》，北京：文津出版社 1991 年版；黃天樹：《殷墟王卜辭的分類與斷代》（增訂版），北京：科學出版社 2007 年版。

②中國社會科學院歷史研究所藏拓本。

③林宏明：《賓組骨首刻辭與左右胛骨的關係》，《出土文獻研究視野與方法》（第一輯），台北：國立政治大學中國文學系 2009 年版。

④參看黄天樹：《甲骨形態學》，《甲骨拼合集》，北京：學苑出版社 2010 年版。

⑤劉體智善齋舊藏。

⑥本文引用甲骨著録書及簡稱：《戩壽堂所藏殷虛文字》——《戩》；《殷虛書契後編》——《後》；《上海博物館藏甲骨文字》——《上博》；《甲骨文合集》——《合集》；《北京大學珍藏甲骨文字》——《北大》；《殷契卜辭》——《契》；《甲骨文合集補編》——《合補》；《中國社會科學院歷史研究所藏甲骨集》——《歷》；《殷虛卜辭後編》——《明後》。

参考文獻

［1］黄天樹：《殷墟王卜辭的分類與斷代》，北京：文津出版社 1991 年版。

［2］黄天樹：《殷墟王卜辭的分類與斷代》（增訂版），北京：科學出版社 2007 年版。

［3］黄天樹：《甲骨形態學》，《甲骨拼合集》，北京：學苑出版社 2010 年版。

［4］林宏明：《賓組骨首刻辭與左右胛骨的關係》，《出土文獻研究視野與方法》（第一輯），台北：國立政治大學中國文學系 2009 年版。

Six Sets of Newly Assemblages of Yin Ruins Jiagu

Li Yanyan

Abstract: The thesis includes six new sets of oracle bones. The former two is about agricultural, they are collected by the Shanghai museum now, and the third is divination for ten days, it is proof that The carving rule of Binzu Group Gushou inscriptions which Mr. Lin summarized is correct. The four is an assemblages of left hyoplastron, the fifth case is divination of meteorological in Dianbin Group, the sixth case is divination of sacrifice in Chuzu Group.

Key Words: Oracle Bones; Reassemblages; Explanation

（李延彦　首都師範大學甲骨文研究中心　100089）

• 金文研究 •

荊子鼎銘文補釋*

周寶宏

提　要　本文主要對新近湖北隨州葉家山西周墓地出土的“荊子鼎”銘文的疑難字作了重新考釋，提出了與衆不同的説法，認爲所謂“荊”不是“荊”字，所謂“敞”从“尚”，其實也不是从“尚”。

關鍵詞　荊子鼎　荊　敞

荊子鼎是湖北隨州葉家山西周墓地出土的唯一一篇成篇的銘文，銘文内容非常重要，但由於銘文有幾個字詞難於索解，銘文所藴藏的珍貴的歷史資訊沒有很好地被揭示出來。已有一些研究和考釋文章，請見文後參考文獻。爲便於閲讀，先將銘文按原行款釋文如下：

丁子（巳），王大祓。戊午，

荊子蔑曆，敞白牡一。

己未，王賁（賞）多邦

白（伯），荊子麗，賁（賞）鬯

卣、貝二朋，用乍（作）文

母乙尊彝。

下面要討論的是銘文中祓、荊、敞、麗四個字。

祓字原銘文作[illegible]，一般釋爲祓，讀爲“祐”，釋爲助祭之義。凡國棟即堅持這一解釋，但凡國棟的文章引用宋華強的説法，“助祭是指四方諸侯即王朝大臣助王祭祀，此稱‘王大祓’，‘祓’的主語是王，所以‘祓’不會是指助祭。1997 年我在北京大學聽裘錫圭先生講‘金文選讀’，也講到保卣‘遘于四方會王大祀祓于周’，裘先生指出‘祓’即殷墟卜辭中用爲祭名的‘又’，其説可从”。

周按：宋華強的這個説法是很有道理的，值得重視，因爲“王大祓”如果解爲“王大助祭”，確實不合理，古人也不可能這麼寫，肯定是我們現代人理解有誤。可惜，凡國棟的文章並沒有採用宋説。

于薇《湖北隨州葉家山 M2 新出荊子鼎與西周宗盟》據《甲骨文編》等釋“[illegible]”爲“祭”而釋“祓”爲“祭”。

周按：兩個字的構形之義並不相同，“祭”爲會意字，祓應當是从示、友聲的字，並且保卣“會王大祀祓”讀爲“大祀祭”，金文中也沒有這種辭例。

李學勤《斗子鼎與成王岐陽之盟》説：“丁巳，王大祓，祓爲祭祀名，應即商代卜辭常見的‘㞢’或‘又’。後者前人多讀爲‘侑’，引《爾雅·釋詁》訓爲‘報’，認爲就是文獻中的報祭。”其中讀祓爲甲骨文的“又”祭的説法與上引裘錫圭的説法相同。

周按：其實甲骨文裏“友”字就用作祭祀的名稱，“友”字的寫法也與保卣和荊子鼎的祓所从之“友”的寫法相同，作並列的二“又”字形“雙”。姚孝遂先生在《甲骨文字詁林》“友”字條後按語（見第二册，948 頁）中説：“按：卜辭每‘㞢友’連言，可能用如‘侑’。”徐中舒主編《甲骨文字典》（295 頁）“友”字條下列“用如祐”、“用如侑”兩項表達祭祀方面的詞義，其辭例爲：“丁未卜，爭貞，令墉以㞢族尹[illegible]㞢友，五月”、“貞于友帝”等。崔恒昇《簡明甲骨文詞典》“友”字條也列“用爲祐”、“用爲侑”這兩個義項（見 95 頁）。那麼，西周早期金文保卣和荊子鼎的祓，其來源於殷代甲骨

* ［基金項目］本文是教育部人文社會科學研究 2009 年度項目《西周青銅器銘文考釋》（項目批準號 09YJA740084）和 2011 年度國家社會科學基金項目《西周青銅重器銘文集釋（西周早期）》（項目批準號 11BYY091）的中期成果。

文的“友”，是沒有問題的，因爲都用爲祭祀之義，只是因爲在殷末“友”字用爲祭祀之義，因此到了周初才加“示”字旁作“祓”。如果甲骨文“友”字真的用爲“侑”或“祐”，將西周初年的“祓”讀爲“㞢”或“又”，也是可以的，但不如直接讀爲甲骨文的“友”更可靠一些，更直接一些，因爲甲骨文的“友”，西周初年的“祓”真的是否用爲“侑”或“祐”還需要進一步探討證明。

此外，“戊午”被李學勤等學者定爲“戊午”二字合文是非常正確的，王占奎等學者釋爲“成”字，在字形上明顯與“成”字形體不符，“成”字見《金文編》卷十四，965～967頁，整個西周金文皆作□形，而□子鼎作□形，只有春秋沇兒鐘成字作□，變爲从“个”形，與之形近，但這不能證明其爲“成”字，因爲時代晚。

□子鼎之“□”字，自從《湖北隨州葉家山西周墓地發掘簡報》在《文物》（2011年第11期）公佈以來，有多家考釋，發掘者認爲待考或不識（黄鳳春、陳樹舉、凡國棟《湖北隨州葉家山新出西周曾國銅器及相關問題》，凡國棟《隨州葉家山新出“□子鼎”銘文補釋》），王占奎釋爲“戉”並且認爲“戉子”即“越子”（說見《湖北隨州葉家山西周墓地筆談》），李天虹釋爲“耒”（說見《筆談》），涂白奎、黄錦前釋爲“荊”（見《隨州葉家山所出荊子鼎銘文補釋》等文），李學勤釋爲“鬥”（見《斗子鼎與成王岐陽之盟》）。

王占奎釋爲“戉”，說：“戉子，當即越子。對比相似的字形，雖然與現在學者所釋之戉（越）尚不完全相像，但更不像其他字。今姑且釋作戉（越）。”

周按：□子鼎銘文就有“戊午”之“戊”與□形體區別很大，“□”凡兩見也不可能是“戊”字形體之訛形。又，從甲骨文到西周早期金文，“戊”與“戉”二字區別明顯，絕對不可能是一個字，只是到了西周晚期二字才有些字形體寫得相同，但二字用法絕不混同，因此上引王占奎的說法中將“戊”、“戉”視爲一個字，從而讀爲《逸周書·世俘》的“越、戲方”之“越”，這顯然也是不合適的。

李天虹釋爲“耒”，說：此形“跟甲骨文、金文‘耤’字所从‘耒’旁相近，或‘耒’字”。

周按：“耒”字旁與此形區別較大，此形有兩個短畫，是“耒”字旁所不具備的，因此也無法確定其爲“耒”字。甲骨文“耒”旁作□，其中一短横，可不是隨便加的，是象形的筆畫。

李學勤《斗子鼎與成王岐陽之盟》釋爲“斗”字，並且說：“‘斗’字寫法見隨州擂鼓墩曾侯乙墓漆箱蓋文，清華簡《尹誥》‘料’字所从也與之相似。”

周按：曾侯乙墓漆箱的“斗”字，見於陳振裕《湖北出土戰國秦漢漆器文字初探》（見《古文字研究》第十七期）和湯余惠《戰國銘文選》（吉林大學出版社1993年版，第203頁），“斗”形體與□絕不相同。

涂白奎、黄錦前等釋爲“荊”字，並稱“荊子鼎”。“□”字與西周金文中的“荊”字初文中的聲符“刅”形體確實相近相似，是上引諸家所釋諸字中最令人感到比較可信的。黄錦前又撰有多篇論文來證明“荊子鼎”與楚國的關係，尋找出不少古籍和出土文獻上的證據，如黄錦前《三論荊子鼎》說：“從年代方面考慮，銘文所錄的這位‘荊子’，很可能就是熊繹。”又說：“包山簡曰：‘與禱荊王，自酓鹿以就武王，五牛、五豕。’……簡文稱熊麗爲‘荊子’，與荊子鼎自稱‘荊子’、文獻稱‘楚子熊繹’、‘楚子繹’等正可相對照。”

周按：□與“荊”字在西周金文中的形體所从的□、□形還是有一定距離的，即使是“荊”字初文也未必是楚荊之“荊子”或“楚子”，因爲還無法否認所謂“荊子”與葉家山M2號墓墓主的關係。

《湖北隨州葉家山西周墓地發掘簡報》說：“M2出土的1件圓鼎和2件分襠鼎上皆爲‘曾侯諫作寶彝’，另外2件簋和1件甗上爲‘曾侯諫作媿寶彝’，作器者都爲曾侯諫。從銘文內容看，M2墓主應爲曾侯諫的媿姓妻子，曾侯諫墓位於M2以西約10米處，應屬夫妻異穴合葬墓。……值得注意的是，M2出土的1件分襠鼎銘文記錄的是‘□子’爲其母作器。□子墓現尚不能確指，但其與M2的墓主應爲母子關係。”這個說法最值得重視，對理解荊子鼎銘文內容非常關鍵。首先可以肯定的是，M2的墓主應是曾侯諫之夫人，而曾侯的墓即葉家山M65。

《湖北隨州葉家山M65發掘簡報》（見《江漢考古》2011年第3期）說：“M65屬土坑豎穴墓，方向爲東西向……，從隨葬品看，M65 出土有銘文青銅器達 11 件，除數件已見的西周族氏文字外，在一些反映身份的重器如方鼎、圓鼎、簋等上多見有‘曾侯’和‘曾侯諫’的銘文……”又說：“M65 之墓坑口東西長 502、南北寬 350 ~ 360 厘米，墓口距墓底深 596 ~ 600 厘米，屬於大型墓……且出土銅禮器達 22 件之多，顯屬身份較高者。……目前，隨州葉家山已發掘的 63 座西周墓中，僅該墓出土銅鉞一件，顯然其身份可歸於方國國君之列。”“再從青銅器考察，出土有銘青銅器多達 11 件。……其中，一件方鼎、一件圓鼎和一件簋上均有‘曾侯諫乍寶彝’，一件盉上爲‘侯用彝’，一件壺上爲‘曾侯作田壺’，作器者皆自銘爲‘曾侯諫’或‘曾侯’。綜合出土文物及銘文判定，M65 主人當屬曾侯諫墓。”

周按：距 M2 10 米遠的 M65 可以肯定是曾侯諫的墓，或曾侯諫是 M65 的主人，這是 M65 發掘報告給予我們的確定無疑的資訊。由 M65 的墓主確定爲曾侯諫，可知出土銘文有曾侯諫和“曾侯諫作媿寶彝”的 M2 爲曾侯諫的夫人墓，也可以是確定無疑的。那麼子鼎銘文有“用作文母乙隮彝”，說明子爲其母乙作器，而此器又出土於曾侯諫夫人的 M2 中，只能說明，子的文母乙應該就是曾侯諫夫人媿氏，是母子關係。理解爲子鼎是别人的贈予，這不可能，因爲如果是荊楚之荊子（實爲楚君），怎麼能將爲自己母親做的器給曾侯諫夫人呢？如果說是曾侯掠奪其他小諸侯國或荊楚之荊的銅器而後埋入自己的夫人墓中，一是不大可能，二是也沒有什麼證據。因此最有證據的是子是曾侯諫及夫人媿氏之子，那麼也就不可能是什麼荊楚的荊子了。涂白奎、黃錦貴等對上引 M2、M65 的發掘簡報的說法未給予什麼意見，在認定爲“荊”字後便從“楚荊”方面加以證明、論述，可商。

又按，字雖不是“荊”字所从之办，但畢竟形體相近，爲便於書寫稱引，暫隸定爲“办”以代替原形。下面多處地方即寫作“办”。

字，一般隸定爲“敞”，有訓爲“賞”字的，還有訓爲“嘗”字的，原銘文爲“戊午，办子蔑曆，敞白牡一”，讀“敞”爲“賞”於字形於句義皆通暢，但銘文下文有兩個“賞”字皆寫作“賫”，因此此處“敞”讀爲“賞”的可能性不大。如果讀爲“嘗”，無論是訓爲“吃”還是訓爲“品嚐”，物件只能是牛肉，而不可能是“牛”，而且還是“白牛”，並且還只是一頭，顯然於情理不合：办子被蔑曆（誇獎）去吃一頭白色的牛？于薇認爲是“尚父”合文，即太公望。但是，“敞”字从“攴”還是从“父”這是首先要搞清楚的，如果是从“攴”作“敞”，怎麼可以是“尚父”合文？如果是“尚父”合文，則“白牡一”前就沒有了動詞，那麼原銘文也就不通了。

于薇讀原銘文爲：“办子蔑曆尚父，白牡一”，又譯爲“办子見師尚父，儀式用了一頭白色的公牛”。譯文在“白牡一”前加“儀式用了”詞語，屬於增字解經，又將“蔑曆”一詞譯爲“見”，不知何據？如果訓“蔑曆”爲上級對下級的勉力誇獎、獎勵等詞，讀爲“办子蔑曆尚父”就根本不通，因爲只有周王及周公之類人物才可以“蔑曆”師尚父，办子何許人也，也可以“蔑曆”師尚父？

周按：其實字釋爲从“尚”是有問題的，此形上邊从“八”作，首先要知道办子鼎爲西周早期器，在成康時期，可是，在西周早期“尚”字或“尚”字旁皆作，上邊爲兩平直的短横，到了西周中晚期時才逐漸變爲“八”形，上邊所从“一一”至“八”的變化，有明顯的時代特徵，既然办子鼎爲西周早期成康時期，那麼“尚”字上所从只能是作“一一”形，而絕不可能作“八”形。但是銘文“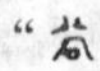”字所从確實从“八”形，這就必須重新審視原銘文照片的形體了。因爲沒機會見到原器，只能根據照片（沒有拓片，只有摹本），而原照片，筆者現在能看得清的是“八”形下作“”（石）形，也就是沒有“”字形的“亅”一筆，也看不出殘留的痕迹，但摹文卻作“”，有“亅”這一筆，頗疑臨摹者認爲此字左从“尚”，因此雖然沒有“亅”一筆，以意補之。總之，此字左邊所从爲何形，還需有更明晰的照片公佈。當然，從這個字所處的地位看，是個動詞，並且因爲从“攴”，應該是與打擊之義有關的一個詞，是可以肯定的。

“丁子（巳），王大祓。戊午，办子蔑曆，白牡一。”從銘文內容看，“白牡一”應是“王大祓”活動當中的一個儀式，雖然在同一天，是一個祭祀活動的延續。“办子蔑曆，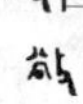白牡一”是說：办子被周王勉勵，在大祓活動中去從事殺牛的祭儀工作。

“己未，王賫多邦白（伯），办子麗。”其中“麗”字訓解也很有分歧，當然“麗”字在此之用法也確實很難索解。凡國棟《隨州葉家山新出“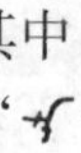子鼎”銘文簡釋》讀“麗”爲“釃”，訓爲濾酒，說：

办子麗（釃）是在飲酒過程中充當過濾酒的角色。如果在祭祀儀式中有過濾酒的儀式也是可以理解的，但是在周王賞賜多邦伯而舉行的宴飲中，由办子承擔過濾酒一職，令人感覺不合情理，因爲這是一個下層勞動者做的事情，況且應先過濾酒再奉上供周王與多邦伯飲用，怎麼可能讓一個地位很高甚至可能成爲周國國君的人當場過濾酒，而不是由制酒手工業者在制酒作坊裏過濾？因此讀“麗”爲“釃”訓爲“過濾酒”之說不可信。黃錦前《再論荊子鼎》說：“荊子鼎銘文的‘荊子麗’之‘麗’即‘邐’字，就應該讀爲‘涖’或‘位’，作‘臨’，而不能理解爲荊子之名。”

周按：此說主要憑“麗”與“涖”二字音近可通和文義可通，但是，“涖”訓“臨”用在“办子”到“王賞多邦伯”的場合也不合適。目前見於銘文的“麗”（邐）有四個（即商末兩篇，周初兩篇）：

尹光鼎：乙亥，王㱃，在㯱師，王饗酒，尹光邐，唯各，賞貝，用作父丁彝。

聽簋：辛巳，王飲多亞，聽享，京邐，錫貝二朋，用作大子丁。

保員簋：己卯，公在虜，保員邐，儱公錫保員金車，曰：用事。

办子鼎：己未，王賞多邦伯，办麗，賞奩卣、貝二朋，用作文母乙尊彝。

尹光鼎、聽簋兩篇銘文皆爲殷末金文，其中“邐”字皆用在“王饗酒”、“王飲多亞”的場合，其用爲勸侑是很合適的。保員簋、办子鼎爲周初器，“麗（或邐）”皆用在“公在虜，保員邐”和“王賞多邦伯，办子麗”這種沒有記敘宴飲的場合。但是據尹光鼎和聽簋銘文推理，保員簋和办子鼎所記雖然沒有說宴飲之事，實際上是應該有的，“公在虜”、“王賞多邦伯”應該是在宴飲的場合中，因此才有“保員邐”和“办子麗”，“邐”或“麗”即公或王在飲酒時，保員和办子勸侑。由此可知，办子也許不是多邦伯當中的一員，他應是曾侯諫之子而在王朝任職者，其“子”也許不是子爵之子，也許是，其父曾侯諫爲侯，諫之子办別封爲另一地“办”爲子爵，由於材料所限，無法詳究。

“賞奩卣、貝二朋”，其中“奩”，上邊所从的“夭”（即西周金文常見的“走”字所从的“夭”），从鬯，或隸作奩，或釋夭鬯二字合文。凡國棟既說“奩”字爲夭鬯二字合文，又說“夭或爲省作夫形的矩字別體，‘夫’爲正立之人形，‘夭’爲雙手搖擺作奔走狀之形，古文字中同義形符可以互換，夫、夭是否可以互換目前雖無確切的例證，但也不排除存在這種可能性”。呂方鼎的鬯字寫作，應該是省“巨”旁的鬯，而此字也可以認爲是“矩鬯”二字合文，其字从夫（實即大字之變）。但是認爲“夭”爲“夫”形互換，確實沒有證據，因此“奩”認爲二字合文可以，認爲是矩鬯二字合文則不可以。近年中國國家博物館新藏任鼎（見《中國歷史文物》2004 年第 2 期），其銘文記載賞賜物品中有“鬱束”一品，顯然其義是指用來製作鬯酒的鬱（某花草、植物）一束（捆），此字應該是从鬯、克聲，是形聲字，不能是合文，因爲不能理解爲克（地名或植物名）的鬯一束。又：盂卣銘文有“鬯束”一詞，應理解爲製作鬯酒的植物一束，其“鬯”字雖在金文指鬯酒，但在此所表達的詞與“鬱”相同。由此可知，“奩”字也可以不理解爲合文，與“鬱”字構形相同，在此不單純指某種釀酒的植物，而是指由此種植物釀成的鬯酒。當然，如果將“鬯”當作“夭鬯”二字合文也可以，因爲办子鼎多合文，但在用法上也是指夭地（或某種植物）的鬯酒之義。

參考文獻

［1］陳小三：《新出荊子鼎與武王克殷的年代——兼論周武王時期的標準青銅器群》，復旦大學出土文獻與古文字研究中心網站論文，2012 年 1 月 18 日。

［2］凡國棟：《隨州葉家山新出“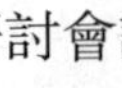子鼎”銘文簡釋》，中國先秦史學會等編：《楚簡楚文化與先秦歷史文化國際學術研討會論文文集》，武漢大學 2011 年。

［3］湖北省文物考古研究所、隨州市博物館：《湖北隨州葉家山西周墓地發掘簡報》，《文物》2011 年第 11 期。

［4］湖北省文物考古研究所、隨州市博物館：《湖北隨州葉家山西周墓地筆談》，《文物》2011 年第 11 期。

［5］黃鳳春、陳樹祥、凡國棟：《湖北隨州葉家山新出西周曾國銅器及相關問題》，《文物》2011 年第 11 期。

［6］黄錦前：《再論荊子鼎》，復旦大學出土文獻與古文字研究中心網站論文，2012 年 2 月 27 日。
［7］黄錦前：《三論荊子鼎》，復旦大學出土文獻與古文字研究中心網站論文，2012 年 3 月 4 日。
［8］李學勤：《斗子鼎與成王岐陽之盟》，《中國國家博物館館刊》2012 年第 1 期。
［9］涂白奎、黄錦前：《隨州葉家山 M2 所出荊子鼎銘文補釋》，復旦大學出土文獻與古文字研究中心網站論文，2011 年 11 月 4 日。

Supplement and Explain of “'s Ding

Zhou Baohong

Abstract：This article mainly re-explain the inscription of 's Ding that tripod from tomb M2 at the Yejiashan site of Suizhou city. And we came up with a different idea，that is what so called “荊” actually is not “荊”，what so called “敞” is not “敞” in deed.

Key Words：'s Ding；Jing；Chang

（周寶宏　天津師範大學文學院　300387）

我鈹銘文補釋及相關問題*

黄錦前

提　要　本文對新公佈的我鈹銘的“卒”字進行了補釋；認爲該鈹的時代當以定在戰國早期爲宜；並就戰國尤其是燕系兵器銘文中經常出現的“卒”或“萃”的讀法進行了討論，認爲皆應讀作“徒卒”之“卒”。

關鍵詞　我鈹　時代　卒　萃

《文物》2011年第9期刊登的趙曉軍、蔡運章先生的《我自鑄銅鈹及其相關問題》一文（以下簡稱“趙文”），公佈了洛陽市宜陽縣文化館收藏的一件有銘銅鈹，並對鈹銘進行了較好的考釋，但對個别文字的釋讀還存在着一些問題。本文就鈹銘的第二列首字的釋讀提出一點與原釋文不同的看法，並就相關問題談一點我們的淺見，不妥之處，請趙、蔡二位先生和大家指正。

該字原篆作，錯金的筆畫有少許殘闕，趙文摹作，諦審圖版，我們發現摹寫稍有問題，其應寫作形。我們將該字圖版作反色處理後作，這也證明了我們的判斷不誤。弄清楚了該字的正確寫法，它也就不難認識了，這其實就是“卒”字。

下面再簡單談談該字在鈹銘中的讀法。“卒”或“萃”在戰國尤其是燕系兵器銘文中經常出現，現將有關文例羅列如下：

楚王酓璋戈　楚王酓璋嚴犾南越，用作𨍭（𨊠）戈　戰國早期　集成17．11381

競畏矛　競畏[②]自作𨍭（𨊠）矛　戰國早期[③]　《文物》2011年第9期封三：2

我鈹　我自鑄少卒之用鈹　戰國早期[④]　《文物》2011年第9期封三：1

燕侯載戈　燕侯載作側[⑤]萃鍨　戰國早期　集成17．11219

燕侯載戈　燕侯載作萃鋸　戰國早期　集成17．11186

燕侯載戈　燕侯載作[⑥]萃鋸　戰國早期　《考古》1993年第3期第238頁圖3．4

燕侯脮戈　燕侯脮作〔側〕萃鍨鍨　戰國中期　集成17．11184

燕侯脮戈　燕侯脮作側萃鍨鍨　戰國中期　集成17．11272

燕侯職戈　燕侯〔職〕作攱（徒）[⑦]萃鋸　戰國晚期　集成17．11217

燕王職戈　燕王職作〔攱（徒）〕萃鋸　戰國晚期　集成17．11110

燕侯職戈　燕侯職作？萃鋸　戰國晚期　集成17．11221

燕侯職戈　燕侯職作側萃鋸　戰國晚期　集成17．11222

燕侯職戈　燕侯職作側萃鋸　戰國晚期　集成17．11223

燕王職戈　燕王職作側萃鋸　戰國晚期　集成17．11225

燕王職戈　燕王職作王萃　戰國晚期　集成17．11187

燕王職戈　燕王職作王萃　戰國晚期　集成17．11190

燕王職戈　燕王職作王萃　戰國晚期　集成17．11191

燕王職戈　燕王職作廳萃鋸　戰國晚期　集成17．11226

燕王職戈　燕王職作雲[⑧]萃鋸　戰國晚期　集成17．11224

燕王職戈　燕王職作雲萃鋸　戰國晚期　集成17．11227

燕王職戈　燕王職作雲萃鋸　戰國晚期　集成17．11228

---

* 本文爲教育部人文社會科學規劃項目“洛陽商周有銘青銅器整理研究”（批準號：11YJAZH122）資助成果。

燕王職戈　燕王職作雲萃鋸　戰國晚期　集成 17．11229

燕王職戈　燕王職作雲萃鋸　戰國晚期　集成 17．11304

燕王職戈　燕王職作廣卒鍨　戰國晚期　《故宫文物月刊》1996 年總第 154 期第 124 頁圖 2

燕王職戈　燕王職作廣卒鋸　戰國晚期　《文物春秋》1993 年第 3 期第 89 頁

燕王職矛　燕王職作廣卒鈦　戰國晚期　集成 18．11517

燕王職矛　燕王職作廣卒鈦　戰國晚期　集成 18．11518

燕王戎人戈　燕王戎人作萃鋸[⑨]　戰國晚期　集成 17．11192

燕王戎人戈　燕王戎人作雲萃鋸　戰國晚期　集成 17．11273

燕王戎人戈　燕王戎人作雲萃鋸　戰國晚期　集成 17．11274

燕王戎人戈　燕王戎人作雲萃鋸　戰國晚期　集成 17．11275

燕王戎人矛　燕王戎人作王萃鈦　戰國晚期　集成 18．11538

燕王詈矛　燕王詈作廣萃鈦[⑩]　戰國晚期　集成 18．11530

廿七年安陽令戈　冶扶□右廣萃戟　戰國晚期　《考古》1988 年第 7 期第 617 頁圖 3

新城徒卒戈　敀緯新城徒𦾔（萃—卒）　戰國晚期　《文物》2004 年第 10 期第 85 頁圖 2

公孽里敓戈　公孽里脽之？大夫敓之卒　戰國晚期　集成 17．11402

中陽矛　中陽卒殳[⑪]　戰國晚期　集成 18．11494

上揭燕系諸兵器銘文中的“卒”或“萃”，一般依舊注讀作“倅”，訓作“副”，又或以爲車名（蘇建洲，2001：388；黄錫全、馮務建，2004：84～86、88）。新城徒卒戈的“徒萃”，黄錫全先生認爲當讀爲“徒卒”，即步兵（黄錫全、馮務建，2004：84～86、88）。楚王熊璋戈銘“𨌲戈”之“𨌲”，李家浩先生將其讀爲“倅車”之“倅”，文獻或作“萃”，訓作“副”，戈銘的“𨌲”从車，當是“倅車”的專字，“𨌲戈”即副車上用的戈（李家浩，1985：15～21）。陳松長先生認爲燕系兵器銘文中相關的“萃”及競畏矛銘“𨌲矛”之“𨌲”均應讀爲“粹”，訓作“純美”（陳松長，2011：76～78）。

我們認爲，上列諸兵器銘文中的“卒”或“萃”，都應讀作“徒卒”之“卒”。如將上述諸兵器銘文的有關辭例加以分類，可以大致分爲兩組：

第一組：

卒

萃鋸　卒殳　𨌲戈　𨌲矛

第二組：

王　萃　王萃鈦

側萃鋸　側萃鍗　側萃鍨鍗

鹰萃鋸

雲萃鋸

？萃鋸

徒　萃　徒萃鋸

廣卒鍨　廣卒鋸　廣卒鈦　右廣萃戟

少卒（之用）鈹

其中第一組的格式爲“卒（或萃）＋器名”，其後或省略器名，表示這些都是步兵所使用的武器，類似於齊系兵器銘文中常見的表示步兵所使用的“徒戈”、“徒戟”等辭例。與之對應的是，戰國兵器銘文中還常見表示車戰所使用的“車戈”、“車戟”、“車矛”等。

第二組的格式爲“×卒（或萃）＋器名”，或省去器名。其中“王”、“側”、“鹰”、“雲”等爲卒之所屬。“徒”謂步兵。《詩・魯頌・閟宫》：“公徒三萬，貝胄朱綅。”朱熹《集傳》：“徒，步卒也。”因此“徒卒”即步兵。《左傳》襄公二十五年：“賦車兵、徒卒、甲楯之數。”“徒卒”，杜預注：“步卒。”《左傳》哀公十一年：“冉有以武城人三百爲己徒卒。”“徒卒”，杜預注：“步卒，精兵。”“廣”謂兵車。《左傳》襄公二十三年：“貳廣，上之登御邢公，盧蒲癸爲右。”杜預注：“貳廣，公副車。”亦指三十乘兵車。《左傳》宣公十二年：“其君之戎分爲二廣，廣有一卒；卒，偏之兩。”江永《群經補義·春秋》：“楚廣及巫臣之偏皆十五乘者也，一偏十五乘，兩偏三十乘。”因此，“廣卒”即車兵。“少”可訓“副”，《書·周官》：“立太師、太傅、太保、兹惟三公……少師、少傅、少保，曰三孤。”《漢書·賈誼傳》：“於是爲置三少，皆上大夫也。曰少保、少傅、少師。”顔師古注：“副三公者。”是“少卒”即副卒。

最後，關於該鈹的時代，趙文認爲當爲春秋晚期，或遲不晚於戰國早期，而從以上我們對有關文字方面的討論來看，當以戰國早期爲宜。

附　注

①小文草成後曾投交復旦網，蒙編輯先生提示，此銘簡帛網曾有討論（《文物》2011 年第 9 期“我自鑄銅鈹”銘文補正，http：//www. bsm. org. cn/bbs/read. php? tid = 2825），因那段時間一直出差在外，故未能注意此帖。“卒”字之釋，暮四郎（黄傑）在簡帛網早已指出。關於“卒”的理解，此帖也進行過熱烈討論，可參看。

②“畏”字的釋讀可參見拙文：《競畏矛補論及其相關問題》，待刊。

③“畏”字的釋讀可參見拙文：《競畏矛補論及其相關問題》，待刊。

④說詳下文。

⑤從董珊：《戰國題銘與工官制度》，第二章“燕國題銘”第一節“郾侯庫時代的題銘”，北京大學中國語言文學系博士學位論文，2002 年，下同。

⑥舊多釋“之”。

⑦董珊，2002：345 ~ 354。

⑧從董珊：《戰國題銘與工官制度》，第二章“燕國題銘”第二節“燕昭王時代的題銘研究”，下同。

⑨董珊釋作“鍨”，參見氏著：《戰國題銘與工官制度》，第二章“燕國題銘”第二節“燕昭王時代的題銘研究”。

⑩末字舊釋“攸”。其原篆作，筆畫殘損，其殘劃與燕系兵器銘文中的鈦字如燕王職矛（集成 18. 11517、11518）作、、燕王戎人矛（集成 18. 11538）作相似，故改釋。

⑪末字舊多釋作“人”，其原篆作，不似“人”字，與曾侯邸殳之“殳”字作（集成 18. 11567）、十九年大良造鞅殳鐓（商鞅殳鐓）之“殳”字作（咸陽市文物考古研究所 1998：134，圖 102；《考古與文物》1996 年第 5 期第 5 頁圖 5）形寫法近似，故疑爲“殳”字。

參考文獻

［1］陳松長：《湖南張家界新出戰國銅矛銘文考略》，《文物》2011 年第 9 期。

［2］董珊：《戰國題銘與工官制度》，北京大學中國語言文學系博士學位論文，2002 年。

［3］董珊：《中山國題銘考釋拾遺（三則）》，《北京大學古文獻研究中心集刊》（第四輯），北京：北京大學出版社 2004 年版。

［4］黄錦前：《競畏矛補論及其相關問題》，待刊。

［5］黄錫全、馮務建：《湖北鄂州新出一件有銘銅戈》，《文物》2004 年第 10 期。

［6］李家浩：《楚王酓璋戈與楚滅越的年代》，《文史》（第 24 輯），北京：中華書局 1985 年版。

［7］蘇建洲：《戰國燕系文字研究》，台灣師範大學國文研究所碩士學位論文，2011 年。

［8］咸陽市文物考古研究所：《塔兒坡秦墓》，西安：三秦出版社 1998 年版。

［9］趙曉軍、蔡運章：《我自鑄銅鈹及其相關問題》，《文物》2011 年第 9 期。

［10］中國社會科學院考古研究所：《殷周金文集成》，北京：中華書局 1988—1994 年版。

［11］中國社會科學院考古研究所：《殷周金文集成》（修訂增補本），北京：中華書局 2007 年版。

Supplementary Explanation of 我鈹 Inscriptions and Related Issues

Huang Jinqian

Abstract: This article makes a complement interpretation on the word "卒" of the newly released 我鈹 inscriptions. Considers that the era of the beryllium appropriates in the early Warring States period. On the discussion of the readings of "卒" or "萃" recurrent in the Warring States especially the Yan Department weapons inscriptions, deems that both should be read "卒" as "徒卒".

Key Words: 我鈹; Era; 卒; 萃

(黃錦前　河南大學出土文獻研究中心　475001)

毛公鼎銘文補釋

梁月娥

提　要　在幾篇文章中，裘錫圭正確地指出傳世文獻和出土文獻中部分“埶”字應釋讀爲“設”。本文在其啓發下，重新解釋毛公鼎的“埶”字及其上下文意，以祈有益於準確地理解毛公鼎銘文。

關鍵詞　毛公鼎　楚賦　埶　補釋

毛公鼎銘文云：“王曰：父厝，雩之，庶出入事于外尃（敷）命尃（敷）政，埶小大楚賦，無唯正聞，引（矧）其唯王智（知）？廼唯是喪我或（國）。”

“埶小大楚賦”一句並不好解釋，要弄清“埶”的意思，首先要確定“楚賦”的含義。以下首先解釋“楚賦”的意義，然後解釋“埶”字。

一、毛公鼎的“楚賦”表示官員

“楚賦”過去有賦稅、官員二説，我們認爲“楚賦”應解釋爲官員。以下列述前人對“楚賦”的解釋，然後論證我們的看法。

王國維（1994：134～135）指出“埶小大楚賦”應與《尚書·多方》相參照，“楚賦”對應“胥伯”、“胥賦”。然而，王國維（2001：35）傾向於把“胥賦”解作賦稅。

孫詒讓（1995：卷7頁5，2010：210）依從徐同柏的説法，把“埶”讀爲“藝”，解釋爲法制。又據《尚書大傳》把“楚賦”解釋爲賦稅。他認爲此句是根據常法處理大小賦稅的意思。

于省吾（1985：卷4頁10～11）的看法與孫詒讓相近，認爲《尚書》“胥伯”的“伯”對應金文的䝿或貟，表示財賦；又依從孫星衍的説法，把“胥”解作徭役，“胥伯”解作徭役財賦。

按孫星衍《尚書今古文注疏》（1986：466～467）在“胥伯”下引用鄭玄《注》，並列徭役、宰官二説，徭役説得到皮錫瑞（1989：400）、于省吾（1985：卷4頁10～11）的採用。此外，郭沫若（1957：137）從孫詒讓之説，認爲“胥賦”即軍賦、貢賦。白川静（2000：213）、王輝（2008：116）也贊同把“胥賦”解釋爲賦稅。

楊樹達（2007：49）不同意孫詒讓把“楚賦”理解爲賦稅，並進一步把毛公鼎“楚賦”、《尚書》“胥伯”與《詩經》“疏附”聯繫起來，認爲應解作“臣工”。

《商周青銅器銘文選》（1988：319）依從楊樹達的考釋。唐復年（1991：244）的看法也與楊樹達相近。

按楊樹達把“楚賦”、“胥伯”、“胥賦”、“疏附”聯繫在一起，十分正確。毛公鼎“楚賦”《尚書》作“胥伯”，《尚書大傳》作“胥賦”，《齊詩》作“胥附”，《毛詩》作“疏附”，“疏”同“疏”。五者應是同一事情在文獻中的異文，因爲它們的語音是十分接近的。“楚”屬初紐魚部，“胥”屬心紐魚部，“疏”屬山紐魚部，韻部相同，聲母同屬齒音。“賦”屬幫紐魚部，“附”屬並紐侯部，“伯”屬幫紐鐸部，聲母同屬唇音，魚鐸陰入對轉，魚侯關係也密切。

在出土古文字與傳世文獻中，魚部和侯部不乏相通的例子。根據王輝（2008：76、125），清紐侯部的“取”、“溆”讀作群紐魚部的“渠”。《古璽通論》圖244：“曲堤溆”，曹錦炎（1996：166）指出：

＊基金項目：香港特別行政區優質教育基金“漢語多功能字庫”—通向未來漢語教育的一項基礎建設項目。

"渳，讀爲渠，曲堤渠璽，當是趙國主管黃河堤防水渠之官所用的印。"《璽彙》4061"下匡水取"，"取"亦讀作"渠"。从取、巨聲的字皆與从且聲的字相通，故取、巨可相通。《儀禮·特牲饋食禮》："不諏日"，鄭玄《注》："今文諏爲詛。"《史記·孔子世家》："宦者雍渠參乘出"，"雍渠"《孟子》、《戰國策·衛策》作"癰疽"，《韓非子》作"雍鉏"，《說苑》作"雍睢"，"睢"爲"雎"之誤。

侯部的"付"與魚部的"扶"相通，《包山楚簡》簡91："付舉之關人周琛"，簡34："郙舉之關"，三年倕余戈："倕余令韓譙"，何琳儀（1998：391）指出"付舉"、"郙舉"、"倕余"即是"扶予"。《水經·濁水注》："《山海經》曰：'朝歌之山，潕水出焉。東南流，注于滎。'《經》書'扶予'者，其山之異名乎？""扶予"在今河南泌陽縣西北，戰國時在韓、魏、楚之間。《淮南子·人間》："雖有扁鵲、俞跗之巧，猶不能生也。"《群書治要》"俞跗"作"俞夫"。《爾雅·釋草》："莞，苻離。"《說文》作"夫離"。

此外，王力（1982：176）認爲滂母魚部的"撫"與滂母侯部的"拊"是同源詞。《國語·晉語八》："叔向見司馬侯之子，撫而泣之。"韋昭《注》："撫，拊也。"《儀禮·鄉射禮》："左右撫矢而乘之"，鄭玄《注》："拊之也。"《說文》："拊，揗也。"段玉裁《注》："揗者，摩也。古作'拊揗'，今作'撫循'，古今字也。"《荀子·富國》："拊循之"，楊倞《注》："拊與撫同。"

精紐侯部的"走"有時讀作精紐魚部的"祖"。伯仲父簋："白（伯）中（仲）父夙夜事走考"，"走考"應讀作"祖考"。"事祖考"可參照生史簋："用事氒（厥）叡（祖）日丁，用事氒（厥）考日戊"。"走"字字形作、，王輝（2008：113）指出下部的"又"是"止"之訛，四版《金文編》（1985：80）隸作"走"。我們認爲這個觀點是正確的，、从二"夭"从"又"，沒問題就是"走"字。金文中不乏"止"形訛變爲"又"形之例。如"遷"字一般从"辵"（即"彳"形加上"止"形），（遷方鼎）、（保員簋），亦有省作"止"形，而"止"形又訛變爲"又"，（遷簋）。"追"的"辵"旁多从"止"作（多友鼎），亦有从"又"作（章叔將簋）。"先"字一般从"止"作（師虎簋），也有訛作从"又"作（牧簋）。"邁"字多从"止"作（尹氏賈良簠），亦有从"又"作（叔旦簋）。"正"字一般从"止"，陳逆簠的正月的"正"字訛變爲从"又"作、。琱生尊二的"通"字从二"止"，；琱生尊一的"通"字下"止"形訛作"又"，。"道"字的"辵"旁所从爲"止"形，（中山王鼎），亦訛變爲从"又"，（曾伯簠），散氏盤銘文中有多個"道"字，有的从"止"作，有的从"又"作、。"還"字从"辵"从"睘"，（免簠），"辵"所从的"止"有訛作"又"形，（散氏盤）。元年師偯簋的同銘異器的幾個拓本中，既有从"止"的"還"字，，也有从"又"的"還"字，。"登"字上部一般从一雙相背的"止"形作（鄧公簋蓋），五年師偯簋同銘異器的幾個拓本中，有的从"止"作，有的从"又"作。

這是先秦時期侯部與魚部相通的例子，《齊詩》"胥附"、《毛詩》"疏附"可能就是毛公鼎的"楚賦"。

《詩·大雅·緜》："予曰有疏附，予曰有先後，予曰有奔奏，予曰有禦侮。"

孔穎達《疏》云：

詩人云：我思念之曰，亦由有疏附之臣。我念之曰，亦由有先後之臣。我念之曰，亦由有奔走之臣。我念之曰，亦由有禦侮之臣也。言上承大王之基，下得賢臣之助，故能克成王業，卒有天下。

《詩經》中"疏附"與"先後"、"奔走"、"禦侮"並舉，前面是動詞"有"，顯然應該理解爲名詞，解釋爲某種官員。"疏附"與"先後"、"奔走"、"禦侮"一樣，分別是兩個字合起來解釋爲某一種官員的名稱，不能把二字分別作解。前引于省吾（1985：卷4頁10～11）把"胥賦"分開解釋爲徭役、財賦，孫星衍（1986：466～467）把《尚書》"胥伯"二字分開理解爲"史胥"、"州伯"都是不正確的。

"楚賦"、"胥伯"、"胥賦"、"胥附"、"疏附"應理解爲某種官員的名稱，還有一個證據。

與毛公鼎對應的《尚書·多方》相關文句云：

王曰："嗚呼！猷告爾有方多士暨殷多士，今爾奔走臣我監五祀。越惟有胥伯小大多正，爾罔不克臬。"

"有胥伯小大多正"及"有方多士暨殷多士"兩句各稱述兩種官員（"胥伯"、"多正"、"方多士"、

"殷多士"),"胥伯"與"小大多正"並提,"正"指正長、長官,"胥伯"亦應理解爲官員。而且兩句前面皆冠以"有"字。王力(1999:467)指出,古代漢語"有"字作爲詞頭,用於專名前面,常見有朝代名、國名、部族名等,如《尚書·召誥》:"我不可不監于有夏,亦不可不監于有殷。"因此"胥伯"應理解爲官員的名稱,而不應理解爲賦稅。

雖然"附"與"賦"未見直接相通之例,但毛公鼎的"楚賦"與《尚書》"胥伯"、《尚書大傳》"胥賦"應是一回事,都是指官員,從"胥"有輔助之意來看,"楚賦"可能是輔弼之臣。

二、毛公鼎的"埶"讀爲"設"

過去,學者多認爲毛公鼎的"埶"有"治"義。如于省吾(1985:卷4頁10~11)依從吳大澂的看法,認爲"埶"與"蓺"同,《廣雅·釋詁》:"蓺,治也。"楊樹達(2007:49)也認爲"埶小大楚賦"是治大小臣工之意。唐復年(1991:244)的看法與楊樹達相近,他解釋"埶小大楚賦"說:"管理大小各級官吏。"此外,郭沫若(1957:137)把毛公鼎"埶"訓爲"樹也",認爲"埶小大楚賦"是樹立軍賦、貢賦。《古文字譜系疏證》(2007:2411)依從郭沫若的說法。

按吳大澂、于省吾、楊樹達、唐復年釋毛公鼎的"埶"爲治。然而把"埶小大楚賦"解釋爲管治小大官員,雖然在此句中可以通讀,但聯繫毛公鼎上下文來理解,便有困難,詳見下面第三部分。而郭沫若釋"埶"爲樹立的看法建立在"楚賦"爲賦稅的觀點之上,此說不可靠。

裘錫圭《釋殷墟甲骨文裏的"遠"、"𢦏"(邇)及有關諸字》(1992:1~10)、《古文獻中讀爲"設"的"埶"及其與"埶"互訛之例》(1998:39~45)、《再談古文獻以"埶"表"設"》(2011:1~13)、《𤎱公盨銘文考釋》幾篇文章(2004:46~77),以及郭永秉《戰國竹書剩義三則》(2008:287~290),論述了傳世和出土文獻中以"埶"表"設"的例子,使古籍中過去讀不通的"埶"字都能得到合理的解釋。

裘錫圭(2004:73)認爲毛公鼎的"埶"也有可能讀爲"設",他說:"毛公鼎(《集成》5.2841)'埶小大楚(胥)賦'之'埶',也有可能應讀爲'設'。"

裘先生對毛公鼎"埶"字的釋讀沒有詳細解釋,我們想作一點補充。

上面談及"楚賦"是官員。而在古書中,官員常常充當"設"的對象,表示設立官員。裘錫圭(1998:40)指出:

"設"有"置"、"立"等義,古書中說到置立官職爵位或任人以職等事時,往往用"設"字,如《禮記·文王世子》"設四輔及三公"、《韓非子·難二》"設官職,陳爵祿"、同書《詭使》"設爵位"、《墨子·耕柱》"衛君致祿甚厚,設之於卿"、"致祿甚厚,設我於卿"。《荀子》本書中也數見其例,如《君道》說:"……善顯設人者,人樂之。……不能顯設人者,人不樂也。……論德而定次,量能而授官,皆使其人載其事而各得其所官。上賢使之爲三公,次賢使之爲諸侯,下賢使之爲士大夫。是所以顯設之也。"《臣道》說:"故正義之臣設,則朝廷不頗。"(楊倞注:設謂置於列位)

𤎱公盨的"埶征",裘先生(2004:54)讀爲"設正",表示設立正長,這裏的"正"指五行之官。《法言·問神》"勢諸名卿",裘先生(2011:6~7)讀爲"設諸名卿"。《郭店·六德》簡13~14:"大材埶者大官,少材埶者少官",郭永秉(2008:287~290)讀爲"大材設諸大官,小材設諸小官"。

因此,我們認爲毛公鼎"埶小大楚賦"解釋爲設立大小官員,是十分合適的。

三、毛公鼎相關文句解釋

現在我們想結合裘先生以前對毛公鼎的注解對這段話作補充解釋。

裘先生(1999:53)曾解釋毛公鼎這段話,他說:

"雩之",《大系考釋》認爲意近"前此或往者",可從。"……無唯正聞",意謂"庶出入吏于外敷命敷政,藝小大胥賦"等事,沒有一件是正長知道的。"矧其唯王知"當是反詰句,意謂"連正長都不知道，王還能知道嗎”？“矧”字用法與古書中訓“況”之“矧”相同，官吏于外敷命敷政等事，正長、君王都無所聞知，當然是很不正常的情況，所以導致了“喪我國”的後果。

裘先生對毛公鼎這段話的解釋是較早的時候寫的，當時把“埶”誤讀爲“藝”，也沒有解釋“埶小大胥賦”的意思。現在採用其中正確的觀點，結合上文的論證，把這段話重新翻譯如下：

王說：“父厝，過去眾多出入王命的官員，在外布命布政，設立小大官員，這些事情連正長都不知道，王還能知道嗎？於是我的國家因此而喪失、滅亡。”

毛公鼎共三次提及“尃命于外”：

王曰：父厝，雩之，庶出入吏，于外尃（敷）命尃（敷）政，埶小大楚賦，無唯正聞，引（矧）其唯王智（知）？廼唯是喪我或（國）。厤自今，出入尃命于外，氒（厥）非先告父厝，父厝舍命，母（毋）又（有）敢惷，尃命于外。

從鼎銘可知，過去，官吏在外布施政令，設立小大官員，而導致國家滅亡的主要原因是布令和設官這些事連正長和周王都不知道。

這段話的重點，亦即亡國的原因是下情不能上達，君主和在上位者都不知道下級官員在外施命布政，設立大小官員。其實強調與君主溝通，使君主不被蒙蔽，是毛公鼎銘文中的一個重要內容。鼎銘中共四處談及與君主或在上位者的溝通。

(1) 余一人才（在）立（位），引唯乃智（知）余非，庸又（有）聞。

根據楊樹達（2007：52），“聞”表示上奏、奏聞，即聞於君上。周王說應經常知道我的過失，常以奏聞於我。

(2) 母（毋）所（窒）緘，告余先王若德。

[illegible]字陳劍（2001：213）釋爲“所”，讀爲“窒”，“窒”古多訓爲“塞”，“緘”古多訓爲“閉”。“毋窒緘”猶言不要緘口不言，蔽塞言路。

(3) 無唯正聞，引其唯王智（知），迺唯是喪我國。

(4) 氒（厥）非先告父厝，父厝舍命，母（毋）又（有）敢惷，尃命于外。

正是因爲君主和正長都不知道眾臣在外布政會導致國家喪亡，所以銘文再次強調，自今以後，出入布政在外，若不事先告訴毛公厝，若不是毛公厝發施命令，便不可在外施命布政。

金文中上級對下級進行冊命、封官，常常言及“毋有不聞”。“聞”也與毛公鼎的“聞”同義，表示上奏，即沒有不讓上級知道的事。

(5) 冊命諫曰：先王既命女（汝）䝨嗣王宥，女（汝）某（毋）不又（有）聞。（諫簋《集成》4285 西周晚期）

(6) 用䝨于公室、僕庸、臣妾、小子、室家，母（毋）又（有）不聞智（知）。（逆鐘《集成》62 西周晚期）

(7) 王既令女（汝）乍（作）宰，嗣王家。……母（毋）敢又（有）不聞。（蔡簋《集成》4340 西周晚期）

(8) 冊命宰獸……更乃且（祖）考事，嗣康宮、王家、臣妾、僕（?）庸、外入（內），母（毋）敢無聞智（知）。（宰獸簋《文物》1998 年第 8 期 西周晚期）

可見凡事上奏、奏聞上級，是爲官的職責之一。若不先向上級請示，擅自發施政令，便可能會導致國家滅亡。

而未有請示上級便設立“小大楚賦”也會導致國家滅亡。若以“胥賦”來解釋“楚賦”，理解爲輔助之臣，沒有請示上級便設立這些臣子，也是不好的。其實無論在上位者知道與否，設立太多官員本身就不好。如根據蔡美彪（1982：5），宋朝廣泛地設官，凡投降宋朝的官員原職留用，中央再派一批新官掌權，導致官僚機構非常龐大、非常腐敗，出現“三冗”。“冗官”便是其中之一。這是國家積弱和敗亡的原因之一。如果讀“埶”爲“蓺”，訓爲治理，便難以解釋爲何管治大小官員也會導致國家滅亡。

參考文獻

［1］白川靜：《金文通釋選譯》，武漢：武漢大學出版社 2000 年版。

［2］蔡美彪：《宋史簡說》，《歷史教學》1982 年第 3 期。

［3］曹錦炎：《古璽通論》，上海：上海書畫出版社 1996 年版。

［4］陳劍：《說慎》，《簡帛研究二〇〇一》，《甲骨金文考釋論集》，北京：綫裝書局 2001 年版。

［5］陳劍：《簡帛研究二〇〇一》，《甲骨文考釋論集》，北京：綫裝書局 2001 年版。

［6］郭沫若：《兩周金文辭大系圖錄考釋》，北京：科學出版社 1957 年版。

［7］郭永秉：《戰國竹書剩義三則》，《語言研究集刊》（第 5 輯），上海：上海辭書出版社 2008 年版。

［8］何琳儀：《戰國古文字典》，北京：中華書局 1998 年版。

［9］馬承源：《商周青銅器銘文選》（第 3 冊），北京：文物出版社 1988 年版。

［10］皮錫瑞：《今文尚書考證》，北京：中華書局 1989 年版。

［11］裘錫圭：《釋殷墟甲骨文裏的"遠"、"𤞷"（邇）及有關諸字》，《古文字論集》，北京：中華書局 1992 年版。

［12］裘錫圭：《古文獻中讀爲"設"的"埶"及其與"執"互訛之例》，《東方文化》1998 年第 36 卷 1、2 號合刊。

［13］裘錫圭：《說金文"引"字的虛詞用法》，《裘錫圭學術文化隨筆》，北京：中國青年出版社 1999 年版。

［14］裘錫圭：《豳公盨銘文考釋》，《中國出土古文獻十講》，上海：復旦大學出版社 2004 年版。

［15］裘錫圭：《再談古文獻以"埶"表"設"》，復旦大學出土文獻與古文字研究中心網站，http://www.guwenzi.com/SrcShow.asp?Src_ID=1429，收入《先秦兩漢古籍國際學術研討會論文集》，北京：社會科學文獻出版社 2011 年版。

［16］容庚：《金文編》，北京：中華書局 1985 年版。

［17］孫星衍：《尚書今古文注疏》，北京：中華書局 1986 年版。

［18］孫詒讓：《籀廎述林》，上海：上海古籍出版社 1995 年版。

［19］孫詒讓：《籀廎述林》，北京：中華書局 2010 年版。

［20］唐復年：《金文鑒賞》，北京：燕山出版社 1991 年版。

［21］王國維：《古史新證——王國維最後的講義》，北京：清華大學出版社 1994 年版。

［22］王國維：《觀堂集林》（外二種），石家莊：河北教育出版社 2001 年版。

［23］王輝：《商周金文》，北京：文物出版社 2006 年版。

［24］王輝：《古文字通假字典》，北京：中華書局 2008 年版。

［25］王力：《同源字典》，北京：商務印書館 1982 年版。

［26］王力：《古代漢語》（校訂重排本第 2 冊），北京：中華書局 1999 年版。

［27］楊樹達：《積微居金文說》，上海：上海古籍出版社 2007 年版。

［28］于省吾：《雙劍誃尚書新證》，台北：崧高書社 1985 年版。

A Supplementary Exegesis of the Bronze Inscription on Maogong Ding

Liang Yue'e

Abstract: In a few articles, Qiu Xigui had ascertained that some of the "yi（埶）" should be connoted as "she（設）". Inspired by Mr. Qiu, this article reanalyzes and paraphrases the meaning of "yi（埶）" and its context in the inscription on Maogong Ding.

Key Words: Maogong Ding; Chufu; Yi; Supplementary Exegesis

（梁月娥　香港中文大學　999077）

西周金文“得屯（純）無敃（愍）”釋義

劉書芬

提　要　西周金文中“得屯（純）無敃（愍）”的“得”，唐蘭解釋爲“德行”，應是“得到”義；“屯”的意義，學者們認爲是“泯滅”、“消失”、“疆”、“一”、“全”、“厚”等，應理解爲“厚”；“敃”解釋爲“猶”、“病”、“愆”、“萬物凋落”等義，應該是“喪亡”、“災難”意。

關鍵詞　西周金文　得　屯（純）　敃（愍）

對西周金文中“得屯（純）亡敃”的解釋，學者們觀點不同，如：劉平心解“得屯亡敃”意即受福無愆。[1](3冊,頁621)孫詒讓認爲是言德純一而不憂也。[1](3冊,頁623)①戴家祥解釋爲德福享用不盡之意。[1](頁624)馬承源則說是得意無憂，此爲祐福之辭，金文中習見。[2](頁146)究竟何義，本文認爲要對“得屯（純）亡敃”作出較合理的解釋，需了解“得”、“屯（純）”、“敃”幾個詞在西周金文中的意義和用法，本文從這幾個詞的字形、語用、語法及所在銘辭的意義等方面，對這些詞進行探討。

一、得

（一）字形

甲骨文：（《合集》66）、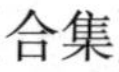（《合集》439）、（《合集》8929）②；金文：（《師旂鼎》）、（《牆盤》）、（《井人妄鐘》）

（二）字形義

表示用手持貝，“得到”義，是會意字。

（三）西周金文中的“得”

西周金文中的“得”除了出現人名用字外，共出現23次（《集成》16次，《新收》3次，《通鑒》4次）。對其意義和用法，分下面幾種情況解說：

1.“得到”義

動詞，作句子的謂語。共19見。

（1）白（伯）㦰父從王伐，寴（親）執𨑓（訊）十夫，𢦏（馘）廿，得孚（俘）金五十匀（鈞），用乍（作）寶毀（簋）。（《伯㦰父簋銘》，《通鑒》，編號5242、5243西周晚期）

（2）不（丕）顯皇考叀（惠）弔（叔），穆穆秉元明德，御于氒（厥）辟，得屯（純）亡敃（愍）。（《虢叔旅鐘銘》，《集成》1.240西周晚期）

（3）克質（哲）氒（厥）德，得屯（純）用魯，永冬（終）于吉。（《井人妄鐘銘》，《集成》1.109、111西周晚期）

例（1）中的“得”很明顯表示“得到”的意思，例（2）、（3）中的“得”學者們的解釋有三種觀點。

第一，“得”即“德”，“德行”，作名詞。

唐蘭解釋：師望鼎、虢叔旅鐘、克鼎都說“㝵屯無敃”，刑人妄鐘說：“貣屯用魯”，則把手形移在貝上了。得德音同，古書多通用。屯通純。《詩·維天之命》：“文王之德之純。”[3](頁458)戴家祥認爲“得屯（純）無敃”是德福享用不盡之意。[1](3冊,頁624)

第二，“得到”，作動詞。

于省吾認爲:"……按《井人妄鐘》。克哲氒德。得純用魯。德得在金文中多不通用。且上句言德。下句即言得。亦無連用借字之理。蓋得與用爲對文。純與魯爲對文。純美也。魯嘉也。得者。美所用者嘉。"[1](2冊,頁509) 徐中舒認爲:"金文言得屯者。……得屯之得。或釋爲德。言得純也。案金文德得各別。此所引四器。有三器皆德得並見。絕不相混。得屯者猶言得全也。"[1](2冊,頁510)

第三,"賁",賁屯,混沌,聯綿詞。

郭沫若:"髩屯無敃"語亦見《大克鼎》、《虢叔鐘》均系稱頌其祖若考之辭。《井人鐘》稱頌其祖與考亦言"貢屯用魯"字則分明是"賁"。知"髩"亦必"賁"字也,蓋从貝尾省聲,對轉而爲賁也。賁屯乃疊韻聯綿字,當即混沌之古語。古言混沌謂渾厚敦篤,不含惡意。[4](頁438)

從字形和辭義看,本文認同"得到"義。

2. "成事"義

如:

(1)東宮乃曰:求乃人,乃弗得,女(汝)匡罰大。(《曶鼎銘》,《集成》5.2838 西周中期)

(2)䟒(獮)馭從王南征,伐楚荊,又(有)得,用乍(作)父戊寶尊彝。(《䟒馭簋銘》,《集成》7.3976 西周中期)

劉翔解釋例(1)爲追查你手下搶禾之人,如若查不到,就重重懲罰你匡季。[5](頁106) 饒宗頤解釋"不其得导","得"猶今言"成事",《易·豫九四》:"大有得,志大行也",《䟒簋》:"南征伐楚荊,又得。"語同。[1](2冊,頁510)

這種情況下的"得",應理解爲饒宗頤解釋的"有成"較合適。

3. 存疑的"得"

共2見。如:

登(鄧)小中(仲)鮍(鮪)[illegible]□□取。(《鄧小仲方鼎銘》,《集成》4·2528 西周早期)

二、屯(純)

(一)字形

甲骨文:[illegible](《合集》20416);金文:[illegible](《師𩛥鼎》)、[illegible](《頌壺》)

諸多學者對甲骨文、金文中的"[illegible]"進行過釋讀,如于省吾釋爲"屯"、唐蘭釋讀爲"豕"、郭沫若解釋爲"勹"等,對這些解釋,姚孝遂的按語作了概括:字當釋"屯"。金文"屯"字習見,皆用爲"純"。契文"春"字即从"屯",其爲"屯"字,了無可疑。釋"矛"、釋"包"、釋"豕"、釋"匹"、釋"帬"、釋"秋"、釋"筊"皆不可據。丁山釋"夕",以"夫人當夕"爲言,尤屬無稽。[6](4冊,頁3322)

(二)字形義

《說文》:屯,難也。象艸木之初生。屯然而難。

(三)西周金文中的"屯"

西周金文中的"屯",除人名和缺文外,共163見次(包括蓋器同銘。其中《集成》128見,《新收》18見,《通鑒》17見)。與別的詞組合時,可分成五類。本文按組合分別解釋。

1. 屯(純)+名詞

"屯(純)"爲形容詞,作句子的定語。有兩種組合,如下:

第一,屯(純)彔(祿)。僅1見。即:

用祈屯(純)彔(祿)、永命,魯壽子孫,歸(歸)芻其邁(萬)年,日用享于宗室。(《乖伯簋銘》,《集成》8.4331 西周晚期)

王文耀解"屯(純)彔(祿)"即厚福、大福。[7](頁300)

第二，屯（純）右（佑）。共57見。如：

（1）用匃康勵、屯（純）右（佑）、眉壽、永令（命）、霝（令）冬（終）。（《小克鼎銘》，《集成》5.2796西周晚期）

（2）用賜瀪（眉）壽、屯（純）右（純祐）、康勵，邁（萬）年無彊（疆），子子孫孫永寶用享。（《仲再父簋銘》，《集成》8.4188西周晚期）

馬承源解例（1）“屯右”爲大福。(頁222)徐中舒把“屯”當副詞用，應該是把“右（祐）”看成了動詞。[6](1冊,頁353)這是不够確切的。“右（祐）”在此是名詞，表示動作行爲的名稱，而不是表示具體的動作行爲。

“屯（純）+名詞”中的“屯（純）”是形容詞，“厚”或“大”的意思。

2. 屯（純）+形容詞

這種組合的組詞有：屯（純）叚（嘏）；屯（純）魯（魯）。

第一，屯（純）叚（嘏）。共3見。如：

用匃屯（純）叚（嘏）、永令（命），克其萬年，子子孫孫永寶。（《克鐘銘》，《集成》1.209西周晚期）

馬承源解釋《寰盤》（《集成》16.10172）中的“叚”，假借爲“嘏”，嘏福。丕顯叚休命，大福休美之命。(頁295)

西周傳世文獻《詩經》中“純嘏”有3見，學者們多解“嘏”爲“福”。如：

（1）烈文辟公，綏以多福，俾緝熙于純嘏。（《詩經·周頌·載見》）

（2）錫爾純嘏，子孫其湛。（《詩經·小雅·賓之初筵》）

（3）豈弟君子，俾爾彌爾性，純嘏爾常矣。（《詩經·大雅·卷阿》）

第二，屯（純）魯（魯）。共19見。如：

匃永令（命），綽綰、𩁹（福）彔（祿）、屯（純）魯，弋皇祖考高對爾剌（烈）。（《𤼈鐘》，《集成》1·246西周中期）

馬承源釋“屯（純）魯”：文獻作純嘏。魯、嘏古音同，在魯部可通。《詩·小雅·賓之初筵》“錫爾純嘏”，鄭玄《箋》：“純，大也；嘏謂尸與主人以福也。(頁193)陳初生認爲“屯魯”即“純嘏”。純訓大，純嘏猶言大福。……屯德，即“純德”，大德，厚德。[8](頁53)

叚（嘏）、魯在西周金文中常常用來修飾“福”、“命”和“休”等名詞，作形容詞用。如不（丕）顯叚（遐）休令（命）、魯福、魯命、魯休、魯休命，其中“魯休”是“魯休命”的省略形式。

所以本文認爲屯（純）叚、屯（純）魯（魯）是“屯叚福（休命、命）、屯魯福（休命、命）”等的省略形式。這種情況下的“屯”與叚、魯是並列關係，都作形容詞用。

也可以把“叚”、“魯”看作名詞，表示美好的事物或願望，是從形容詞後名詞的省略轉化而來的。在傳世文獻中用作表示福祿等美好事物的名詞。這時的叚、魯作名詞，屯爲形容詞，作定語。

“屯（純）+形容詞”中的“屯（純）”與“屯（純）+名詞”中的“屯（純）”意義相同，是“厚”或“大”的意思，都是形容詞。

3. 屯（純）+動詞

有“屯（純）卹（恤）”一詞，僅1見，如：

首德不克叏（盡），古（故）亡承于先王，鄉（嚮）女（汝）彶屯（純）恤周邦，妥（綏）立余小子，䵼（載）乃事。（《師訇簋銘》，《集成》8.4342西周晚期）

馬承源解“屯”爲厚。《國語·晉語》：“厚之至也，故曰屯。”卹通恤，《爾雅·釋詁》“憂也”以前你汲汲心切地厚顧周邦。又《戰國策·秦策》“不恤楚交”，高誘《注》：“恤，顧。”(頁175)

這種解釋是正確的，與形容詞“屯（純）”作定語的意義一致，表示“厚”或“大”的意思。

4. 動詞+屯（純）

有兩種組合：共屯（純）、畀屯（純）；得屯（純）。

第一，共屯（恭純）。共2見。如：

（1）唯用妥（綏）福，唬（號）前文人，秉德共（恭）屯（純），余其用各我宗子雩（與）百生（姓）。（《善鼎銘》，《集成》5.2820 西周中期）

（2）隹（唯）用妥（綏）神褱（鬼），唬（號）前文人，秉德共（恭）屯（純），（唯）匃萬年，子子孫孫永寶。（《伯㦰簋銘》，《集成》7.4115 西周中期）

學者多把“共”解讀爲恭，如例（1）馬承源解釋：秉德共（恭）屯（純），持德專一而純正。《國語·鄭語》云“建九紀以立純德”。純正無邪，即無私的意思，簡言之爲持德無私。(頁233)

郭沫若解“共屯”爲恭純。[4](21冊，頁430)

本文認爲這裏的“共”應解釋爲“持”，與“秉”同義，都是持握的意思。“共”表示“持”義，可從以下兩個方面說明。

首先，從“共”的字形看：

“共”的字形，甲骨文作（《合集》248 正）、（《合集》2795 正）；金文爲（《牧共簋》）、（《禹鼎》）。

吳其昌：“蓋‘’之言執也；引而申之則爲合也、集也、聚也。《爾雅·釋詁》云：‘拱，執也。’《詩·抑》：‘克共明刑’《韓奕》：‘虔共爾位’毛傳並云：‘共，執也’……推源其本，正象左右兩手相合之形。兩手相合，故可以執也。”[6](2冊，頁943)其言極是。

其次，從辭例看：

有些銘文中有“共（恭）明德、秉明德”，如：

（1）肈帥井（型）先文祖，共（恭）明德，秉威義（儀）。（《叔向父禹簋銘》，《集成》8.4242 西周晚期）。

（2）梁其肇帥井（型）皇祖考，秉明德，虔夙夕。（《梁其鐘銘》，《集成》1.187 西周晚期）。

馬承源解“共”爲恭，慎行；張亞初也釋讀爲恭。其實，從行文看，“共明德、秉威儀”是很明顯的對稱句，共、秉應是同義詞，握持義；並且有“共明德”、“秉明德”。從西周金文中可以看出，光有“德”是不够的，還要有“屯”，這樣就會有“屯（純）福（嘏）”等美好的事物。持德和屯，即持屯德，也就是持有純厚之德。

第二，畀屯（純）。僅1見。即：

䛇（誕）城衛父身，三年静（靖）東或（國），亡不成眈天畏（威），否畀屯（純）陟。（《班簋銘》，《集成》8.4341 西周早期）

學者們對例辭中的“屯（純）”的解釋有如下幾種觀點：

其一，大、好、美。

唐蘭認爲“屯”，讀如純，畀屯（純）是成語，《書·多方》：“刑殄有夏，惟天不畀純”，畀是畀予，純有大或好的意義。(頁352)李學勤訓“否”爲不。……《周書》在譴責已覆亡的統治者時，常言天或帝不畀，……訓“純”爲美，故孫星衍釋此句爲“天不與以美報”。銘文“陟”字，訓爲登、升，也是正面意義的詞。[4](28冊，頁331)

其二，難。

郭沫若解釋“否畀屯（純）陟”意爲：不然，要使你遭殃。……“屯陟”同“屯躓”；屯，難也；陟亦有難意。[4](28冊，頁326)

其三，屯駐。

黄盛璋認爲本銘之“陟”，乃毛公伐東國得勝班師屯駐之地，應爲黃河沿岸之重要津口。……所屯之陟應即在成皋一帶的黃河要津。[4](28冊，頁329)

本文認同唐蘭、李學勤的觀點，但認爲“純”訓厚。“畀屯（純）”之間兩者是動賓關係，“屯（純）”在此表示美好的事物，應該是金文中“屯（純）德”或者說是“屯（純）魯（嘏）令（命）福”中的“屯（純）”，但本文傾向於是“屯（純）德”之“屯（純）”，因爲後文有“唯敬德，亡卣（攸）違”的句子，是與這段內容有關聯的。

第三，得屯（純）。共17見。如：

（1）穆穆克盟（明）乎（厥）心，哲厥德，用辟于先王，得屯（純）亡敃（愍），朢（望）肈帥井（型）皇考。（《師望鼎銘》，《集成》5.2812 西周中期）

（2）匽（㝬、胡）㕓（遅）文考乙公遽（競）趮（爽），得屯（純）無諫，農嗇（穡）戉（越）曆（曆），隹（唯）辟孝畜（友）。（《史墻盤銘》，《集成》16.10175 西周中期）

學者們對“屯”的解釋如下：

其一，厚。

馬承源認爲“㝵屯”即得屯。“得”指有所得。屯，厚，通作惇，《説文·心部》：“惇，厚也。”《國語·晉語》：“厚之至也，故曰屯。”有所得而厚足，猶現代語得意。（頁146）

其二，把“得屯”看爲聯綿詞，又有三種解釋：

a.“得屯（純）”爲温純。

于豪亮：㝵屯是疊音連語，當讀爲温純。……“㝵屯無諫”的意思是秉性温純，沒有受到責㝵屯無敃”的“敃”讀爲吝……無敃言無小過。[4]（28冊，頁394）

b. 有文飾的絲衣。

徐中舒：諫即古“讁”字……讁罰也……賁屯爲有文飾的絲衣。“賁屯無讁”言其德行與其所服相稱無可指讁。（28冊，頁396）

c. 混沌。

例（1）中郭沫若釋“㝵屯”、“𧵍屯”爲“賁屯”，“賁屯亡敃”猶言混沌無悶，謂渾厚敦篤無憂無慮也。“賁屯用魯”者亦言敦厚故善。[4]（頁438）裘錫圭贊同郭氏的觀點，“㝵屯”，《大系考釋》釋“賁屯”，讀爲混沌。並且把“無諫，農嗇（穡）”合爲一句，無諫農嗇（穡），解釋爲：疑是指乙公所食田邑的貢賦交納及時，無可指責（也可解釋爲沒有欠債）。[4]（28冊，頁390）馬承源解例（2）“㝵（得）屯（純）無諫”爲他得到的美善是綿長的。無諫，諫，促速。《説文·言部》：“諫，餔旋促也。”不促速是表示毋不快的意思。（頁157）唐蘭：諫通刺。《廣雅·釋言》：“譏諫，怨也。”古書多作譏刺。（頁458）李仲操：“㝵屯”，爲賁屯渾厚的意思。諫，數諫也。“㝵屯無諫”即渾厚敦篤而無可數諫的意思。[4]（28冊，頁391）

本文認爲“得”爲得到，“屯”爲厚。

“共屯（純）、畀屯（純）、得屯（純）”中的“共”、“畀”、“得”三者爲動詞，“屯（純）”作賓語，仍然是“厚（大）”的意思，可見“屯（純）”是可以給予、得到、持有的上天賜予的“厚（大）”。

5. 形容詞＋屯

有兩種組合，如下：

第一，川（永）屯（純）。

共2見。如：

用匃多福，眉壽無疆，川（永）屯（純）、霝（靈）冬（終）。（《不娶祛簋銘》，《集成》8.4328 西周晚期）

川（永）屯（純），表長久的純厚、永久的純厚，這里的形容詞“屯”，可看作名詞或者形容詞作賓語，是上天給予的一種“厚”，是屯（純）德之屯（純）；也可以看成是“屯（純）福（嘏）等”的省略形式。“川（永）屯（純）”是永久的純厚或永久屯（純）福（嘏）等意義，是祈求的對象。

第二，琮（遜）屯（純）。僅1見。

師訊！女（汝）克盡乃身，臣朕皇考穆穆王，用乃孔德琮（遜）屯（純），乃用引正乃辟安德。（《師訊鼎銘》，《集成》5.2830 西周中期）

馬承源認爲“琮屯”表示虛心謙遜之品格。“琮屯”即經籍中之“遜遁”。琮假爲遜，屯、遁同音通。《説文·辵部》：“遜，遁也。”（頁135）王慎行：當是从玉、孫聲之“琮”……故琮可讀爲遜，《正韻》：“遜，順也，謙恭也。”“屯”即“純”之初文。[9]（頁54）意爲：你的行爲恭順、心靈純潔。（頁58）

西周金文中沒有“遁”，也沒能找到其他相關的材料證明“琮”的意義。但本文認爲西周金文中“德”與“屯（純）”連用時，“屯（純）”皆是“厚”義，因此此處的“屯（純）”應該是“厚”義。

本文把"孔德琢（遜）屯（純）"中的"孔、琢（遜）"看成是對稱的形容詞，因爲金文中的"屯（純）"是一種可以持有、得到的"厚（大）"，因此是可以受形容詞修飾的。另有"川（永）屯（純）"一詞，"屯（純）"除了本身具有的"厚（大）"之外，還可以作"川（永）"，"孫"也可表示久長之義，故本文推之，這里的"琢"也有長久的意思。

6. 名詞＋屯（純）

有三種組合，玄衣黹屯（純）、玄袞䵼（黼）屯（純）、玄衣幭屯（純）。如：

（1）賜截（緇）芾、冋（褧）黄（衡）、玄衣黹屯（純）、戈琱㦸、旂。（《師奎父鼎銘》，《集成》5.2813 西周中期）

（2）賜女（汝）玄衣黹屯（純）、赤芾、朱黄（衡）、䜌（鑾）旅（旂）。（《此鼎銘》，《集成》5.2821西周晚期）

（3）賜女（汝）玄袞䵼（黼）屯（純）、芾、朱橫（黄、衡）。（《師𩛥鼎》，《集成》5·2830 西周中期）

（4）易女（錫汝）載市（韍）、幽黄（衡）、玄衣、幭屯（純）、䜌（鑾）旂五日，用史（事）。（《虎簋蓋銘》，《新收》633 西周中期）

馬承源解釋例（1）的"黹"爲刺繡。屯即純，衣領和袖口。《儀禮·既夕禮》："緇純"，鄭玄《注》："緇，黑也。飾衣曰純，謂領與袂，衣以緇裳。"(頁134) 解釋例（3）"䵼（黼）屯（純）"爲：賜給你黑色的有五彩花邊的禮服。(頁136) 唐蘭解釋例（2）的"黹屯（純）"爲有針刺花紋的邊。(頁514) 解釋例（3）"玄袞䵼（黼）屯（純）"爲：玄色的緆捲龍的上衣，帶五彩的邊。(頁493)

可以看出，上面兩位學者釋"屯（純）"爲衣領、袖口、袂、花邊等義。西周金文的"黹屯（純）"是指在衣領、袖口、袂等邊緣處繡花紋的花邊。

總之，本文認爲西周金文中的"屯"除了表示"邊緣"義之外，皆應看作"厚（大）"義，因爲有"厚（大）德"，福祿才能多而長久。"屯（純）"是上天賜予的，人要祈求天、帝賜予"屯（純）"，因此有匄"永屯（純）"；又由於只有得到"屯（純）德"並持有"屯（純）德"［秉德共屯（純）］，才能享受到"屯（純）德"帶來的"屯（純）魯（嘏）"等美好的事物。西周金文中上天賜予的"屯（純）"都是表示"厚（大）"的意義。

三、敃

（一）字形

甲骨文中沒有出現。金文字形：（《師望鼎》）、（《虢弔鐘》）、（《沙其鐘》）③。

（二）字形義

第一，形聲字。

《大字典》引《說文》："敃，彊也。从攴，民聲。"段玉裁注："《釋詁》'暋，強也'……《玉篇》謂敃、䪸同字，是也。"[10]（頁1455）陳初生認爲"敃"金文多从又，民聲。(頁364) 可以看出"敃"是一個形聲字。

第二，象形字。

朱芳圃解釋：，上揭奇字，象手持民形，當爲抿之初文，說文手部，抿，撫也，从手，昏聲。一曰摹也。……皆即抿字，其說是也。凡从民从文得聲之字，音同用通。[1]（3冊，頁622）

（三）西周金文中的"敃"

西周金文中的"敃"共17見（其中《集成》16見，《通鑒》1見）。有三種組合。

1. 敃（旻）天

僅1見。即：

臨保我有周，不（丕）鞏（鞏）先王配命，敃（旻）天疾畏（威），司余小子弗彶（及）。（《毛公鼎銘》，《集成》5. 2841 西周晚期）

此處的“敃（旻）天”學者有兩種觀點：

第一，仁慈的上天。

馬承源解“敃（旻）天疾畏（威）”爲仁慈的上天也震怒了。……旻當以“仁覆愍下”之釋爲是，旻天猶言仁慈之上天。（頁317）

第二，“敃天”即“旻天”，旻猶愍也，愍萬物凋零。

孫詒讓認爲“[illegible]”，此當爲敯字。即《說文》从攴民聲之敯也。……敯天即閔天。《五經異義・古尚書》說仁覆愍下則稱閔天。《爾雅・釋天》“秌爲閔天”。郭注“閔猶愍也”。愍萬物凋落是其證。[1]（頁620）戴家祥解毛公鼎“敃天疾畏”，《詩》，召旻、雨無正及小旻均作“旻天疾威”。敃讀爲愍，愍天即旻天，《五經異義・古尚書》說“仁覆愍下則稱旻天”，《爾雅・釋天》“秋爲旻天”，郭注“旻猶愍也”，愍萬物凋落是其證。[1]（3冊，頁623）董作賓[4]（29冊，頁60）、張之綱[4]（28冊，頁19）都持這種觀點。

本文認爲馬承源把“敃（旻）天”解釋爲“仁慈的上天”是不確切的，“敃（旻）天”的“敃（旻）”應理解爲“旻猶愍也，愍萬物凋落”。

傳世文獻中的“敃天”作“旻天”，《尚書》中1見，《詩經》中3見。如：

（1）王若曰：“爾殷遺多士！弗吊旻天，大降喪于殷。（《尚書・多士》）

（2）旻天疾威，弗慮弗圖。（《詩經・小雅・雨無正》）

（3）旻天疾威，敷于下土。（《詩經・小雅・小旻》）

（4）旻天疾威，天篤降喪。（《詩經・大雅・召旻》）

這些句子中的“旻天”，降下的多是喪亡、災害等，都是不吉祥的事情，因此“敃天”不宜理解爲“仁慈”義，應是一個貶義詞，人們不喜歡的一種“天”。

2. 亡敃

共12見。如：

（1）穆穆克盟（明）氒（厥）心，哲厥德，用辟于先王，得屯（純）亡敃（愍）。（《師望鼎銘》，《集成》5. 2812 西周中期）

（2）兮甲從王，折首執訊，休亡敃（愍），王賜兮甲馬四匹、駒車。（《兮甲盤銘》，《集成》16. 10174 西周晚期）

學者對西周金文中“無敃”中的“敃”有以下三種解釋：

第一，憂、痛惜、憐憫、譴、愆。

馬承源認爲“亡敃”即無悶。亡、無通用。敃通作殙，即悶字。無悶即無憂。《易・乾》“豚世無悶，不見是而無悶”。（頁146）王文耀解“亡愍”爲古成語。意即無所痛惜憐憫。金文愍不从心。《說文》敃讀爲愍。（頁31）劉心源：……此作[illegible]。即敯。……《說文》：“敯痛也。”《周書・謚法》在國逢難曰敯。在國連憂曰敯，經傳作閔者是也。[1]（3冊，頁621）李平心認爲“亡敃”二字舊無確詁。按敃从民聲，與愍通。《周禮・大司寇》注“民不愍作勞”，愍即敃。……金文敃當讀愍。《說文》：“愍痛也，从心敃聲。”《廣雅・釋詁》：“愍憂也”，又“愍傷也”。……按愍、閔、痻、殙訓病，亦訓憂，古義憂與病義相因，蓋疾病必憂悶，憂悶亦能至病。金文之亡敃（愍、閔、痻）當訓無憂、無病、無譴、無愆。“休亡敃”意即受嘉賜無譴，“得屯亡敃”意即受福無愆。[1]（3冊，頁621）

第二，泯滅、消失。

陳初生說“敃”通“泯”，泯滅，盡，消失。……白川靜曰：“亡敃即亡泯。”容希白師曰：“得屯亡敃即得屯亡彊也。”義亦可通。（頁364）

第三，疆。

戴家祥認爲《大克鼎》等“得屯亡民”，《說文》：“敃，彊也。”金文彊通作疆，“亡敃”即無疆，屯讀作純，純德之義。《國語・晉語》載趙襄子曰：“吾聞之德不純而福祿並至，謂之幸。”純德與福祿有因果關係，“得屯亡敃”即德福享用不盡之意。[1]（3冊，頁623）

本文認爲以上三種解釋中，第二、三種解釋是不合適的。第一種解釋中，劉心源的解釋較接近原始義：《周書·謚泫》在國逢難曰愍，在國連憂曰愍，經傳作閔者是也。“旻天”中的“旻”爲能使萬物凋落的意義。“敃天”降給人的是喪亡等災難，“敃”是不吉祥的標誌，有了“敃”國家就喪亡，人民就受災難，所以給人們帶來憂愁、痛苦。

3. 敃（敃）親

共4見。如：

復公子伯舍曰：敃新，乍（作）我姑登（鄧）孟媿媵（媵）𣪘，永壽用之。（《復公子簋銘》，《集成》7·4011 西周晚期）

馬承源解“敃親（昏新（昕））”爲：女氏朝旦辨昏事。敃、昏同音通假。……昏，實指女家，《儀禮·士昏禮》“某以得爲外昏姻”，鄭玄《注》：“女氏稱昏，婿氏稱姻。”銘文“昏昕”指女氏以朝旦鑄媵器。(頁360)

“敃”在西周金文中除人名用字外，有兩種詞義，一是“萬物凋落”義，一是用作通假字，通“昏”，指女家。

總之，“得屯（純）無敃”中的“屯（純）”是“厚、大”的意思。陳初生引《國語·晉語》：“屯，厚也。”這是解釋《易·屯卦》時說的。又云：“文武具，厚之至也，故曰屯。”這是解釋卦名叫屯的緣由。韋昭注：“屯，厚也。”說明屯字本身即有厚意，厚這一意義文獻多寫作純。《國語·晉語》：“範文子曰：‘吾聞之，惟厚德者能受多福。’”(頁52)“屯（純）”是上天給予的一種能帶來多福祿的“厚”，“敃”是“旻天”之“旻”，表萬物凋落之意，“敃天”帶給統治者的多是國家的喪亡，帶給人們的多是災難，是人們不希望發生的事情。西周金文中“得屯（純）無敃”就是得到純厚（大）沒有喪亡災難（敃天所降）的意思。

附　注

①引自同一文獻的第一次標出序號和頁碼，以後只標出頁碼，引起混淆的標同一序號、頁碼。

②甲骨文引自姚孝遂：《殷墟甲骨刻辭類纂》，北京：中華書局1989年版。金文引自容庚：《金文編》，北京：中華書局1985年版。

③容庚：《金文編》，北京：中華書局1985年版，第211頁。

參考文獻

[1] 李圃：《古文字詁林》，上海：上海教育出版社2004年版。

[2] 馬承源：《商周青銅器銘文選)（第三卷），北京：文物出版社1988年版。

[3] 唐蘭：《西周青銅器銘文歷代史征》，北京：中華書局1986年版。

[4] 劉慶柱、段志洪：《金文文獻集成》，北京：綫裝書局2005年版。

[5] 劉翔、陳抗、陳初生、董坤：《商周古文字讀本》，北京：語文出版社2004年版。

[6] 于省吾：《甲骨文字詁林》，北京：中華書局1999年版。

[7] 王文耀：《簡明金文詞典》，上海：上海辭書出版社1998年版。

[8] 陳初生：《金文常用字典》，西安：陝西人民出版社2004年版。

[9] 王慎行：《師訊鼎銘文通釋譯論》，《求是學刊》1982年第4期。

[10] 漢語大字典編輯委員會：《漢語大字典》（八卷本），成都：四川辭書出版社，武漢：湖北辭書出版社1986年版。

Interpretation of DeTunWuMin in the Bronze Inscriptionsof Western Zhou Dynasty

Liu Shufen

Abstract: De（得）of detunwumin［得屯（純）無敃（愍）］in the bronze inscriptions of Western Zhou Dynasty be interpreted as dexing（德行）by Tanglan, but its meaning is dedao（得到）. Scholars interpreted tun［屯（純）］as minmie（泯滅）、xiaoshi（消失）、jiang（疆）、yi（一）、quan（全）and hou（厚）etc, in fact its exact significance is hou（厚）. Min（敃）be interpreted as you（猶）、bing（病）、qian（愆）and wanwudiaoluo（萬物凋落）by scholars, but it should be interpreted as sangwang（喪亡）and zainan（災難）.

Key Words: The Bronze Inscriptions of Western Zhou Dynasty; De（得）; Tun（屯）; Min（敃）

（劉書芬　華南師範大學城市文化學院　528200）

•簡帛研究•

釋“溺”及相關諸字

張世超

提　要　戰國楚文字中的“溺”字已被學界釋定，然其字之結構學界意見不同，隸定或从“人”，或从“尸”，或从“弓”。本文據楚、秦二系文字材料，探討了《說文》“弱”、“尿”等字的構形來源，闡釋了這幾個字的古今淵源關係。

關鍵詞　溺　楚文字　秦文字　弱　尿

包山楚簡裏有一個字，作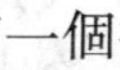、、、等形。同樣的字又見於郭店楚簡，作、、、等形。從二簡文的前幾個字形看，當从“人”或“尸”；而從最後一個字形看，則是個从“弓”的字。學界將此字隸定爲“𣲍”、“屎”或“溺”。從它所演變的後代文字看，从“人”、从“尸”或从“弓”各有道理。這道理我們後文再說，現在暫時用“△”號代表這個字。

郭店楚簡《老子》甲本第37簡曰：

“△也者，道之甬也。”

今本《老子》第40章作“弱者，道之用”。馬王堆帛書《老子》甲本作“弱也者，道之用也”。郭店簡文中的“甬”對應作“用”，“甬”當是假借字。“△”字整理者釋文作“溺（弱）”。

此字還見於同書第33簡，整理者釋文作“骨溺（弱）堇（筋）秫（柔）而捉固”。

今本《老子》第55章作“骨弱筋柔而握固”，帛書乙本作“骨筋弱柔而握固”。

又見於郭店簡《太一生水》第9簡，釋文作：“天道貴溺（弱）”。看來把△字釋爲“溺”是沒有問題的。但對其結構的分析，學者意見並不一致。上文說過，學界將△字隸定爲“𣲍”、“屎”或“溺”，即說明了這一問題。[①]楚簡文字大多不甚規範，1998年，廖名春先生在《楚文字考釋三則》一文中指出，楚簡中的“溺”字，還見於傳世的王孫遺𠭯鐘，作，這無疑是十分正確的。[②]金文△字左半所从與右半的人形及同銘的“人”字有明顯的區別，當年郭沫若即將其隸定作“沴”，這大概是李守奎先生主張隸定爲“溺”的主要原因。其實，戰國時期楚系文字中“人”、“尸”、“弓”三字作爲偏旁使用時常混訛。從出土的楚文字來看，當年的楚國人在使用作爲偏旁的“人”、“尸”、“弓”時也不太在意它們的區別，僅僅爲了追求美觀，就可以改變其形狀。因此，嚴格審形的原則對於這些字形的確定是不太適用的。王孫遺𠭯鐘△字的右部作，而不是如楚簡文字那樣寫作類似“勿”的字形，這爲考釋此字提供了有益的綫索。這個字形應當來源於甲骨文中的字，劉釗先生說：“這個字見於甲骨文，作，唐蘭先生很早就將此字釋爲‘尿’，如今看來應該是正確的。”[③]甲骨文字近年來仍有釋爲“豸”者。[④]現在看來，釋“豸”缺乏古文字材料的支持，不確。楚簡中△字中類似“勿”的字形是由“”字的草率書寫形成的，或可稱爲訛變。此字與“勿”無關，包山楚簡中有些△字，學界或主張讀爲“沒”，也是不可信的。

那麼，△字究竟應該怎樣分析？《說文》水部有“休”字，曰：“休，沒也，从水从人。”段注：“此沈溺之本字也，今人多用溺水水名字爲之。古今異字耳。《玉篇》引孔子曰：‘君子休於口，小人休於水。’顧希馮所見《禮記》尚作‘休’。”“休”字亦見於郭店楚簡《語叢二》：“恢（疑）生於休，北生於恢（疑）。”裘錫圭先生按語云：“簡文此字讀爲‘弱’，上條从‘心’‘彊’聲之字，當讀爲‘強’，‘強’‘弱’相對。”可見《說文》所載之“休”，是有其古文字形體來源的。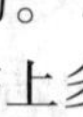爲象形字，是“尿”的本字，“休”爲會意字，是“沉溺”之“溺”的古字。二字古音相同，古書上多見以“溺”爲“尿”之例。[⑤]楚文字中的△可以解釋爲在“休”字上加標“”爲聲符，也可以解釋爲在“”字上

加標“伙”爲聲符。

現在的“弱”字似乎是从兩個“弓”，應當指出的是，《說文》中的篆文此字就不从“弓”。《說文》彡部：“，橈也，上象橈曲，彡象毛氂橈弱也。弱物並，故从二弜。”雖然說解迂曲，但字不从“弓”，意思表達得還是很清楚的。段注改篆文爲从弓，曰：“曲似弓，故以弓象之。”段氏並未理解許慎之意。否則，《說文》應將“弱”字歸入“弜”部，而不是“彡”部了。上引廖文就對“弱”字作了新的解釋：

“其實，‘弱’字並非从‘弓’从‘彡’，《說文》與段玉裁注都有問題。所謂‘弓’，乃人的側身形象，戰國文字中‘人’作偏旁時與‘弓’混，許慎將‘人’誤作了‘弓’。所謂‘彡’，乃尿水的形象。兩人側身站着撒尿，這就是‘弱’字本義。”[⑥]

廖先生的說法很有啓發性，然而過分地簡化了“弱”字的形成過程。同爲戰國時期的雲夢睡虎地秦簡中有“弱”字，兩見於《封診式》，皆用爲“尿”字，其他較多見，皆用爲“強弱”之“弱”。可見，說“許慎將‘人’誤作了‘弓’”是不符合事實的。秦簡“弱”字作、等形，仔細比較，其所从之字與“弓”還是有區別的，宋版《說文》之篆文字形當有所本，段玉裁擅改爲从“弓”是錯誤的。誠然，“弱”字中之“彡”乃尿水形之變，“弓”形乃人形之訛。秦簡《封診式》兩用“弱”爲“尿”，暗示了二字之間的關係。也就是說，在秦文字裏“弱”是“尿”的本字，而用爲“強弱”之“弱”是同音假借的結果。至於加“水”旁而爲“溺”，則應是秦漢以後的事情了。

觀察楚文字中的“△”，可以窺見“弱”字字形的來源。△字左部所从，本來就經常被寫作“弓”形，由於類化的作用，使其右部“尿”本字所从的“人”形也變如“弓”形。包山楚簡《集箸》第5簡有字，下从“子”，上部所从顯然就是△字之省，學界或認爲它就是“△”之異體。然而可注意者在於此字上部所从“尿”本字中之“人”形已變得與“弓”形相近，加上尿水形之“彡”，就成爲所謂的“弜”了。其左部所从之“弓”形再受“弜”形類化，就變成了兩個同樣的“弜”形並列；省去下部所从之“水”或“子”，便成了“弱”。這個變化過程與“質”字字形的形成相似。

金文中原有“慎”字作，當爲从言折聲的形聲字，聲符“折”中的當爲形之變。井人佞鐘有“質”，字形作，聲符“折”所从之形錯疊在一起，已接近“斤”形，受其右部“斤”字類化，遂形成後世的“質”字。《說文》：“質，以物相贅，从貝从所，闕。”許慎對於“質”字，已不知其所以然了。[⑦]

在戰國時期的文字中，同一個字，其形體可能在某系文字中表現得很接近其原始構形，而在另一系文字中則變化劇烈，已距其原始構形很遠了。這種情形與漢語中的某個詞，其語音形式在現代某一方言中與古音比較接近，而在另一方言中則去古音較遠十分相似。比如，在戰國文字中，“半”字在晉系文字中作，可以看出从“斗”“八”聲之意，而在秦系文字中作，已訛變得如同从“八”从“牛”了。再如，“卜”字在秦系文字中作，其象卜兆裂紋之意尚可見，而在楚系文字中則作，初文構字之意已全然不可見了。“溺”字在楚秦二系文字中的情況，正屬此類。

《說文·尾部》：“㞙，人小便也，从尾从水。”“尿”字从“尾”，很令人費解，宋戴侗曰：“人小便不當从尾。”他甚至主張“尿”讀 suī，“溺”讀 niào，二者不相干。[⑧]現在綜合古文字材料可知，這個从尾从水的“尿”字實際上是△字的訛變形。將△字左部所从之人形看作“尸”，其右部所从之類似“勿”形之字（實際上是“尿”字初文的訛形）便訛爲“尾”字的倒毛形，連下部的“水”字，便產生了“从尾从水”的“尿”字。

楚文字△字左部所从之字，如果從《說文》中與之相對應的字形看，可以有三種隸定法：根據“伙”字，它當隸定爲“人”；根據“尿”字，它當隸定爲“尸”；如果把《說文》中的“弱”視爲从“弓”，根據“弱（溺）”字，則它當隸定爲“弓”。

從現有的古文字材料看，“弱”“㞙”都源自“△”字的形訛，《說文》中的“弱”來自於秦文字，“㞙”則來自於包括楚在內的六國文字。

附　注

①包山楚簡的整理者將△字隸定爲“尿”和“㞙”二形，李守奎先生始從之，後來隸定爲“㲻”。見《楚文字編》，上海：華東師範大學出版社2010年版，第634頁。

②廖名春：《楚文字考釋三則》，《吉林大學古籍整理研究所建所十五周年紀念文集》，長春：吉林大學出版社1998年版。

③劉釗：《古文字考釋叢稿》，長沙：岳麓書社2005年版，第133頁。

④參見王暉：《甲骨文“豐㐱”釋讀並〈合集〉137正所記流疫考》，《中國文字學會第四界學術年會論文集》，西安，2007年。

⑤參看宗福邦等主編：《故訓彙纂》，北京：商務印書館2003年版，第1307頁。

⑥廖名春：《楚文字考釋三則》，《吉林大學古籍整理研究所建所十五周年紀念文集》，長春：吉林大學出版社1998年版。

⑦關於古文字字形內部的類化，參看劉釗：《古文字構形學》，福州：福建人民出版社2006年版，第95～100頁。

⑧見《六書故》卷八“尿”字下。

The Interpretation of “溺” and Related Words

Zhang Shichao

Abstract: The word 溺 of Chu in the Warring States period has been explained by academics. However, academicmembers have different point of view about the structure of the word, people think that it is comprised of the word 人, or comprised of the word 尸, or comprised of the word 弓. This thesis have discussed the structural source of the word 弱 and 尿 from the 說文解字, according to the text materials from the Chu and Qin, and interpreted the relationship between ancient and present of them.

Key Words: Ni（溺）; The Word of Chu; The Word of Qin; Ruo（弱）; Niαo（尿）

（張世超　東北師範大學文學院　130024）

楚文字考釋兩則*

蘇建洲

提　要　本文討論兩個問題。首先，楚系出土文獻目前有四個“𦊓”字，學者多認爲讀爲“疏”。經考釋《李頌》簡1的字詞後，本文贊同這種讀法。但是諸家並未指出“𦊓”字的來源，本文認爲此字乃直承甲骨文“置”作“”而來，當釋爲“置”，今後編著“楚系文字編”時應該增加字頭“置”。楚文字的某些寫法或用法其實源頭比較古老，“𦊓”的寫法又增添一例。第二篇討論《平王問鄭壽》簡6“君王所改多”的讀法，此句諸家讀爲“君王所改多多”，文意並不妥帖。筆者以爲“”若是重文號，則應讀爲“君王所改多多（也），君王保邦。”但考慮到符號的形體與距離，“”也可能是句讀號，簡文讀爲“君王所改多，君王保邦”。

關鍵詞　楚系出土文獻　甲骨文　《平王問鄭壽》　文字考釋　標識符號

一、楚文字的“置”字

楚系出土文獻目前有四個“𦊓”字，分别是：

（1），《三德》22：“☒之𦊓，未可以以遂。君子不慎其德，四荒之內，是帝（敵）[1]之關。臨民以仁，民莫弗。”［22］

（2），《李頌》01：“梪（相）虐（乎）官梪（樹），桐虘（且）怠（治）可（兮）。剸（端）外𦊓审（中），眾木之絽（紀）可（兮）。”

（3），《成王既邦》11：“外道之明者，少𦊓於身，非天子☒。”

（4），左塚漆梮第四欄B邊，“智𦊓”。

《三德》簡22上端殘缺，“𦊓”如何釋讀，無法肯定。整理者李零先生對“罡”字僅依形隸定[2]。曹峰先生（2006）以爲“會不會是‘夏’的假借字或異體字”。王蘭（2006）則分析說：“罡字从网疋聲，可能讀作‘疏’。”謹案：釋爲“夏”與通假習慣不合，恐不可从。釋爲“疏”較爲合理，《上博（一）—（五）文字編》也贊同此說。[3]但是《三德》本有“疏”寫作“疋”，文例是“憂懼之閒，疋（疏）達之次”[4]。所以釋“𦊓”爲“疏”，如同顧史考先生（2006：10）所說：“一種不得已的猜測。此章究竟何謂，目前只能存疑。”

《李頌》的“官樹”，復吉讀書會（2011）讀爲“棺樹”，以爲“桐木多用來作棺木”。此說恐不確，如同季旭昇老師（2012：442～443）所指出：“通觀全篇，〈李頌校讀〉所述篇旨較爲合理，本篇詠桐，重點在強調桐君子傲然耿介之性格（與李樹之討好流俗相對）。然讀‘官梪’爲‘棺樹’似仍有可商。秦漢以前，典籍所見桐棺多用於薄葬或懲罰，非正常禮制。……頌桐而首句稱之爲‘棺樹’，似難有讚美之意。”季老師（2012：443）認爲“官樹”當讀爲“館樹”，“梧能來鳳凰，故宮館庭院多有種植梧桐者”。此說有其道理，不過復吉讀書會引《詩經·大雅·卷阿》：“鳳凰鳴矣，于彼高岡。梧桐生矣，于彼朝陽。”《莊子·秋水》：“夫鵷鶵，發於南海而飛於北海，非梧桐不止，非練實不食，非醴泉不飲。”《釋文》：“鵷鶵乃鸞鳳之屬也。”可見鳳凰本不栖止於宮館。同時對於相反意象的“索府宮李，木異類兮”，季老師（2012：451）認爲“宮李”可釋爲“宮中的李樹”。“素府宮李，木異類兮”

* 本文爲“《清華大學藏戰國竹簡（貳）》研究”的研究成果之一，獲得國家科學發展委員會的資助（計劃編號NSC101－2410－H－018－015），特此致謝。

謂：習慣官府的宮李，和桐樹是不同的木類。此說可从。但依此說，則“習慣官府的宮李”與種在“宮館庭院”的“館樹”就沒有差異了。曹錦炎先生（2011：231～232）則認爲：“官樹指屬於國家的或公家的樹。《晉書·陶侃傳》：‘（侃）嘗課諸營種柳，都尉夏施盜官柳植之於己門’，即以‘官柳’指公家種植的柳樹。後世也有稱官道旁公家所植的樹爲‘官樹’，如耿湋《路旁老人》詩：‘老人獨坐倚官樹，欲語潸然淚便垂。’”筆者以爲曹先生的意見還是可从的。先從“桐虘（且）怠（治）可（兮）”談起，這是復吉讀書會的讀法，此句的句式可以比對石鼓文《吾水》：“嘉尌（樹）則里（理）。”郭沫若（1982：75）指出：“則讀爲即，里假爲理，即里猶言就緒。”董珊先生（2009）也讀爲“嘉尌（樹）則里（理）”。徐寶貴先生（2008：799～800）認爲：

嘉有美善之意，嘉樹，嘉美之樹，指《作原》篇中所說栗、柞、棫、椶、�等。……《作原》篇中描寫整治原野、疏通河流、修理道路、栽植樹木等情況，此《吾水》篇承之言，“吾水既清，吾道既平。吾□既止，嘉尌則里，天子永寍”，交代了所做諸事均已完成，天子可以永遠得到安寧了。……古代是重視修治道路的，而且把道路的好壞作爲判斷一個國家興衰的主要標誌之一。如《國語·周語中·單襄公論陳必亡》載：定王使單襄公聘於宋。遂假道於陳，……道無列樹，……單子歸，告王曰：“陳侯不有大咎，國必亡。”

諸說皆可從。既然“嘉尌（樹）則里（理）”是指官道上嘉美的樹木種植完成，則簡文“桐且治兮”意思應該相近，則“官樹”顯然是指官道之旁的樹了。顧炎武《日知錄·卷十六·官樹》（2011：253）云：

《周禮》：野廬氏“比國郊及野之道路、宿息、井樹”。《國語》：“單襄公述周制以告王曰：‘列樹以表道，立鄙食以守路。’”《釋名》曰：“古者列樹以表道，道有夾溝，以通水潦。”古人於官道之旁必皆種樹，以記里至，以蔭行旅。是以南土之棠，“召伯所茇”。道周之杜，君子來遊。固已宣美風謠，流恩後嗣。“子路治蒲”，“樹木甚茂”。“子產相鄭”，“桃李垂街”。下至隋唐之代，而官槐、官柳亦多見之詩篇，猶是人存政舉之效。……《續漢·百官志》：“將作大匠掌修作宗廟、路寢、宮室、陵園土木之功，並樹桐梓之類，列於道側。”是昔人固有專職。

既然“桐梓之類”可“列於道側”，則簡文“�（相）虐（乎）官梪（樹），桐虘（且）怠（治）可（兮）”可以理解爲“看那官道旁所栽植的桐樹將要完成了”。再看下一句，“剸（端）外疋宔（中），眾木之絽（紀）可（兮）”。“剸”讀爲“端”是劉雲先生的意見，他說：“梧桐樹的特點是樹幹端直，而樹心中空。如果按照 yihai 先生的說法，將‘剸’讀爲‘摶’，訓爲圓的話，似不能充分表現出桐樹‘違於它木’的特點，因爲一般的樹木樹幹都是圓的。我們認爲‘剸外疏中’或可讀爲‘端外疏中’。‘叀’聲字與‘耑’聲字古書中多有相通之例（參見《漢字通用聲素研究》678～679），讀‘剸’爲‘端’是沒有問題的。‘端’有端直的意思，正符合梧桐樹樹幹端直的特點。而且‘端外疏中’也更能體現出作者借梧桐樹所暗喻的君子風範。”[5]［專與耑］的通假現象，朱德熙先生（1995：187）在考釋《望山》的“篙”字時也曾說：疑“篙”讀“篿”。“湍”、“端”相通，从“耑”得聲的字往往與从“專”得聲的字相通。所以簡文的“少篙”可能當讀“小篿”。“百度百科”介紹梧桐樹說：“梧桐（Firmiana simplex）即‘中國梧桐’，是梧桐科梧桐屬的植物，英文名爲 Phoenix Tree，別名青桐、桐麻，也屬落葉大喬木，高達 15 米；樹幹挺直，樹皮綠色，平滑。”可見將“剸”讀爲“端”可从。“疋”，曹錦炎先生（2011：233）隸定爲“罝”，讀爲“置”，不可信。復吉讀書會指出：“此字又見於左塚棋局及《成王既邦》簡 11，因桐木枝幹中空，故曰‘疋（疏）中’。”馬俊江先生（2011）在《梧桐故事》一文中提到：“我的老家在北方的鄉下，鄉村沒有這種洋梧桐，只有被稱爲泡桐的國貨。泡桐樹春末夏初開紫色大花，花開時節，一樹燦爛。‘沒有梧桐樹，難引鳳凰來’，與鳥中之王並列，想必中國人曾經很喜歡紫花的梧桐。……古人看見泡桐花，今人但見泡桐枝幹中空，無可取材。”可見將“疋”讀爲“疏”合理可从。《說文》曰：“疏，通也。”北宋周敦頤《愛蓮說》描寫蓮花的特質有所謂的“中通外直”，可能與簡文“端外疋（疏）中”有關。至於《成王既邦》11“外道之明者，少疋於身，非天子☒”，由於簡文殘斷，編聯位置不明，姑从整理者讀爲“少疋（疏）於身”。[6]最後，左塚漆梮第四欄 B 邊□，黃鳳春、劉國勝二先生讀爲“智疋（疏）”，單育辰先生認爲應讀爲“知足”。裘錫圭先生將第四欄A邊左邊字形釋爲“悤”，讀爲“聰”，並懷疑“吁悤”當讀爲“虛聰”，意義與同欄的“智疏”有相類之處。[7]比對來看，當以“智疏”之讀爲是。

由以上的討論可知，“𦊓”在楚文字的用字習慣中可以讀爲“疏”，但是此字的造字本義是什麼卻未見學者討論，其實此字就是“罝”。自組小字類、賓組卜辭有寫作从“网”从“兔”的字形，如[8]：

（《合》20729）（《合》20772）（《合》20775）（《合》110正）

羅振玉（2006：49）云：“象兔在罟下。王氏國維謂即《爾雅·釋器》‘兔罟謂之罝’之‘罝’。”此說有理[9]。《古文字類編》（2008：994）“罝”字條下還收有（《花東》401），此字可隸定爲“𦊓”，辭例是：“丙卜：子其生（往）𦊓。[曰]：又（有）[求（咎）]，非榭（虞）。”[10]很顯然是用爲田獵動詞，釋爲“罝”可从。甲骨文“罝”還有一種寫法：

《屯》730“其田觳，以，無災”。

《合》28825“……王其田……”。[11]

《合》10207正“貞：呼……虎……”。[12]

裘錫圭先生（1990：52）指出以上三字都應該隸定作“𦊓”，並說：

“𦊓”顯然是从“网”“疋”聲的一個形聲字，結合字形和辭義來看，應是一種田獵用網之名。這個字跟《爾雅·釋器》：“兔罟謂之罝”的“罝”字大概是一字的異體。“且”、“疋”二字的韻母在上古都屬魚部。“且”是清母字，“疋”是生母字，聲母的讀音在上古也相距不遠。“疋”、“足”本由一語分化，“足”是精母字，聲母跟且就很接近了。所以“𦊓”與“罝”是一字異體的可能性是很大的。第一期卜辭中屢見一個从“网”从“兔”的字，王國維釋爲“罝”（《甲骨學文字編》7.15下），當可信。這是“罝”的表意初文，“𦊓”與“罝”都是它的後起形聲字。

可見“罝”作“”是表意初文，寫作“”則是後起形聲字。[13]則楚竹書的“𦊓”顯然是直承甲骨文而來，可以釋爲“罝”。“𦊓（罝）”字目前似未見於西周金文[14]，楚簡有讀爲“罝”的例子，見《孔子詩論》23《兔蘆（罝）》“其用人，則吾取……”。漢簡如《青海大通漢簡·佈陣》：“□爲浮苴之法一校……”，白於藍先生（2012：206）認爲“浮苴”讀爲“罘罝”。此外《秦印文字彙編》（2001：151）收有“罝”字作。以上均與甲骨文“𦊓”字形體無關，可見楚文字流傳“𦊓（罝）”字之可貴。《上海博物館藏戰國楚竹書》（一～五）文字編》（2007：382）於卷七“网”部下立“𦊓”字頭，今後的楚文字編可以考慮將“𦊓”歸於“罝”字下。

陳劍先生（2007：278）曾指出：“從近年研究者成功釋讀楚簡文字的經驗來看，楚簡中這類形體特別、用例又自成一套的字，很可能是自有其獨特的古老來源的。考釋它們要儘量往上追溯尋找其來源，眼光不能局限在戰國文字之中。”其說甚是。我們現在已經知道楚文字材料的某些寫法或用法其實源頭比較古老，如大家熟悉的《周易》簡26字，學者都已指出跟裘先生文中所舉《殷契粹編》（123頁）第593片的“弜”字結構是完全相同的，應該說是甲骨文流傳下來的文字形體。[15]新出《清華三·說命》（封三簡5）更是完全相同。《郭店·語叢二》簡3“”作、與甲骨文相似，也可以反映這種現象。[16]《清華簡（貳）·繫年》簡5“周幽王取妻于西申，生坪（平）王＝（王，王）或𠬧孚（褒）人之女”，“𠬧”即“取”字，字形寫法與西周晚期的曾仲大夫螽簋“𠬧乃鑄（?）金”的“𠬧”相同。[17]楚文字讀爲“一”的字，是源自甲骨文的（《屯》2169）。[18]以上“取”作“𠬧”與“一”作“𧰨”均不見於其他戰國文字。《清華壹·尹至》簡1“惟尹自夏徂亳，𧰨至在湯”中的“𧰨”字，郭永秉先生（2011：27）指出：“‘𧰨’字在清華簡《尹至》篇中的用法，有兩點可說。一是‘𧰨’的夜間時稱意義，除了殷墟甲骨文之外，不見於任何文獻，可以說明《尹至》篇的內容相當古老。二是《尹至》表夜間時稱這個意義所使用的字，就是‘𧰨’這個本字，而‘𧰨’字在古文字中除了殷城甲骨文和楚文字之外，似尚未見他例，這種情況和楚文字在一定程度上保留了以跪坐人形跟立人形區別‘見’與‘視’二字的早期古文字現象的情況，是十分相類的，值得重視。”新蔡葛陵楚簡甲三263“鳴父、丘、枯”，宋華強先生在其博士論文中認爲殷墟甲骨卜辭所見的“剢”字，謂“似即簡文所从”，其說可从。今楚文字“𦊓”的寫法又增添一個例證，這種現象值得繼續關注。

二、《上博六·平王問鄭壽》簡6“君王所改多□”解

《上博六·平王問鄭壽》簡4～6云（釋文以通行字表示，釋文與語譯係參考諸家意見而來，爲免煩瑣，此處不一一注明）：

明歲，王復見奠=壽=（鄭壽。鄭壽）出，居路以須，王與之語。少=（少少），王笑［4］曰：“前冬言曰：‘邦必亡’，我及今何若?”答曰：“臣爲君王臣，介備名，君王遴（踐/遷）處，辱［5］於老夫。君王所改多□，君王保邦。”

簡文意思基本清楚，是說：平王與鄭壽對話之後，鄭壽稱疾不出。隔年，王再召見鄭壽。鄭壽在路上等着，王跟他說起話來。不久，王笑說：“去年冬天你說國家必亡，我現在還在這裏，如何?”鄭壽說：“我是君王的臣子，只是忝列職位，還蒙君王來到我的居所，真是折煞老夫啊！君王所改變的已經很多了，君王可以保住國家了。”其中“多□”，原簡作：

□原考釋者陳佩芬教授（2007：262）說：“君王所改多=：《易經·益》：‘有過則改。’孔穎達疏：‘改謂改更懲止。’‘多=’，‘多’字重文。‘多多’，言益多。《史記·淮陰侯列傳》：‘上問曰：‘如我能將幾何?’信曰：‘陛下不過能將十萬。’上曰：‘於君何如?’曰：‘臣多多而益善耳。’上笑曰：‘多多益善，何爲爲我禽?’’”董珊先生（2007）說：“《平王問鄭壽》‘君王所改多多君王保邦’應當讀爲‘君王所改多，多（宜）君王保邦’。‘宜’字本从‘多’得聲。這是鄭壽仍堅持平王是因自己諫言而多所改過，並開始阿諛平王。由鄭壽之答辭可見春秋之楚臣在楚王面前談話的技巧。”“多□”一般以爲是重文符號。不過此符號與同簡其他重文符號相比，實有所不同。高佑仁先生（2011：455）曾比對如下：

△	鄭=	壽=	少=

高先生還指出：“△字下方的符號似爲一方塊黑點，並夾於兩條編繩之間，而本篇‘重文’都作‘=’，例如簡4‘鄭’、‘壽’、‘少’等字的重文符，其兩横筆之間仍有明顯的空間，相較本處‘多’字僅見一方形墨團（■），另外‘多’字與標點之間的距離較遠，未若其他確定屬於重文的符號則與字形緊密接合。不過，若撇開標點的形體不談，僅就文義上看，讀作重文‘多多’較爲順暢。”

謹按：楚簡的重文號可以有不同的寫法，如《弟子文》簡19以“=”表示重文，簡11“君子”後的“－”也是表示重文的符號。郭店《老子乙》也是以“=”、“－”兩種符號表示重文。《上博緇衣》23“則好仁不［22］堅而惡■（惡惡）不著也”。同簡後面又有“《詩》云：‘朋友卣（攸）囡=（囡-攝，囡-攝）以威儀。’”郭店簡《五行》9～10號簡“未見君子，憂心不能惙惙”的“惙惙”是寫作“惙⺀”，而12號簡“未見君子，憂心不能忡忡”的“忡忡”則是寫作“忡•”。《東牌樓漢簡》簡35背第1行“幸、甚”讀作“幸甚幸甚”。同行還有“區=（區區）”。所以本簡的□是有作爲重文符號的可能，筆者以爲“多□”應讀爲“多多（也）”，李若暉先生稱爲“異字重文”。如同《尹誥》3：“湯曰：‘於虐=（乎！吾）何作于民’。”又如《保訓》“隹（惟）王五十年，不瘆（豫）。王念日之多鬲（歷），忎（恐）述（墜）保（寶）訓。戊子，自□=。”筆者（2011：383～396）認爲“□=”當釋爲“演=”，可以理解爲“省形合文”，即“寅演”，讀爲“身（躬）演”，如同《上博一·緇衣》13“信以結之，則民怀=（不怀一不背）”。不過，“演=”也可以理解爲“異字重文”，即“演演”讀爲“身（躬）演”。所以從重文的規律來說，“多多”可以讀爲“多也”。“多”，端紐歌部；“也”，喻紐歌部（或歸支部），二者音近。“也”與“它”雖然不同字，但是二者聲音關係密切，學者多有討論。⑲又傳

抄古文“螭”作（《汗簡》6.73）、（《古文四聲韻》1.16），李春桃先生（2012：281）指出此字形體爲“㐌”，並說：“我們懷疑‘㐌’是個雙聲字，形體中的‘它’、‘多’均爲聲符，古‘它’、‘多’二字都是舌音歌部字，它們讀音相近，而且典籍中‘它’、‘多’二聲系字可以相通，［高亨、董治安《古字通假會典》（678頁）‘蛇與移’條］所以‘㐌’形應是雙聲字。‘螭’从离聲，‘离’也是舌音歌部字，與‘㐌’讀音相近，古文蓋借‘㐌’爲‘螭’。”其說可信，也可見“多”與“它”古音相近。自然“多”讀爲“也”也無問題。還有一個更好的證據：《六德》簡15“……謂之君，以義使人多”，17“……謂之臣，以忠事人多”。此二“多”字，顧史考先生（2006：88；2006：206～207）認爲是“者也”合音，並說“多”與“也”音近。陳劍先生（2008：65）也指出：“‘多’有沒有可能是來源於‘者也’合音呢？‘多’跟‘也’都是歌部字。‘者也’合爲‘多’，又或可說‘多也’（‘……謂之婦，以信從人多也’），猶如‘之乎’合爲‘諸’，古書中又常可說‘……諸乎’。”由陳劍先生所說可知“多”可讀爲“者也”或“多也”，則簡文可讀爲“君王所改多［多多（也）］，君王保邦”。

還有一種考慮是此符號與“多”字距離較遠，與同簡所見重文號不同，[20]可見書手想表示的恐非重文，筆者懷疑此符號可能是“句讀號”。請比對《性情論》簡2“道始於情＝（情，情）生於眚（性）■。始者近情，終者近義■”。

情＝	眚■	義■

《性情論》“句讀號”的形體與距離皆與同簡的“重文號”不同，這些情形皆與《平王問鄭壽》“”相似，可見將解釋爲“句讀號”是可以成立的，則簡文可讀爲“君王所改多，君王保邦”，其中，“君王所改多”的讀法可參照前面董珊的意見。

附　注

①“帝”讀爲“敵”，見王晨曦：《上海博物館藏戰國楚竹書〈三德〉研究》，復旦大學碩士學位論文，2008年，第27頁。

②馬承源主編：《上海博物館藏戰國楚竹書（五）》，上海：上海古籍出版社2005年版，第303頁。

③李守奎、曲冰、孫偉龍編著：《〈上海博物館藏戰國楚竹書〉（一）—（五）文字編》，北京：作家出版社2007年版。933頁“釋文二”讀爲“疏”，但是382頁“文字編”則僅依形隸定，沒有說明。

④“疏達”之釋，見陳偉：《上博五〈三德〉初讀》，武漢大學簡帛網，2006年2月19日。

⑤復旦吉大古文字專業研究生聯合讀書會：《上博八〈李頌〉校讀》，復旦網，http：//www.gwz.fudan.edu.cn/SrcShow.asp？Src_ ID＝1596評論第11樓，2011年7月17日。

⑥馬承源主編：《上海博物館藏戰國楚竹書（八）》，上海：上海古籍出版社2011年版，第183頁。另參見復旦吉大古文字專業研究生聯合讀書會：《上博八〈有皇將起〉》校讀〉，復旦網，http：//www.gwz.fudan.edu.cn/SrcShow.asp？Src_ ID＝1598。子居：《上博八〈成王既邦〉再編連》，清華大學簡帛研究網，2011年7月21日，http：//www.confucius2000.com/admin/list.asp？id＝4990。，2011年7月17日

⑦以上諸說見朱曉雪：《左塚漆梮文字彙釋》，復旦網，http：//www.gwz.fudan.edu.cn/SrcShow.asp？Src_ ID＝970，2009年11月10日。

⑧劉釗、洪颺、張新俊編纂：《新甲骨文編》，福州：福建人民出版社2009年版，第447～448頁。而李宗焜編著：《甲骨文字編》（北京：中華書局2012年版）下冊1128頁將此字歸在“羆”下，不妥。參見單育辰：《說“熊”、“兔”》，簡帛網，http：//www.gwz.fudan.edu.cn/SrcShow.asp？Src_ ID＝

916，2009年9月23日。

⑨“䍐”的相關考釋可參看松丸道雄、高嶋謙一：《甲骨文字字釋綜覽》，東京：東京大學東洋文化研究所1993年第0977號，第234頁；于省吾主編：《甲骨文字詁林》（第四冊），北京：中華書局1999年版，第2832～2834頁；單育辰：《說“熊”、“兔”》，簡帛網，2009年9月23日。

⑩參見陳劍：《楚簡“羿”字試解》，《中國簡帛學國際論壇2008》，芝加哥大學顧立雅中國古文字學中心，2008年。又載於《簡帛》（第四輯），上海：上海古籍出版社2009年版。

⑪見《殷墟甲骨刻辭類纂》下冊1101頁。此字《新甲骨文編》448頁隸定爲“罜”，不與“[illegible]”歸爲一字。《甲骨文字編》也將此字獨立爲字頭3603號，見下冊1132頁。

⑫裘錫圭先生指出《殷墟甲骨刻辭類纂》上冊225頁將此字與“罝”歸爲一字，不確。《新甲骨文編》446頁仍襲此誤，不妥。李宗焜編著《甲骨文字編》下冊1132頁將此字與“[illegible]”同歸於3604號“罝”下，可从。

⑬關於甲骨文“罝”字的相關意見，還可以參見王子揚：《甲骨文字形類組差異現象研究》，首都師範大學博士學位論文，2011年，第254～275頁；黃天樹：《殷墟甲骨文“無聲符字”與“有聲符字”的權重》，《第四屆國際漢學會議論文》台北：“中央研究院”歷史語言研究所2012年版第19頁，248條。

⑭張亞初：《殷周金文集成引得》，北京：中華書局2001年版；董蓮池：《新金文編》（卷七“网部”），北京：作家出版社2011年版，第1052～1054頁；陳斯鵬、石小力、蘇清芳編著：《新見金文字編》（卷七“网”部），福州：福建人民出版社2012年版，第240頁。

⑮季師旭昇：《上博三周易簡26“欽其腓”說》，簡帛研究網，http：//www. jianbo. org/admin3/html/jixusheng06. htm，2004年5月16日。徐寶貴：《楚墓竹簡文字考釋》，《清華大學學報》2005年第3期。

⑯參見蘇建洲：《楚文字論集》，台北：萬卷樓圖書公司2011年版，第105～112頁。

⑰參見蘇建洲：《〈清華大學藏戰國竹簡（貳）·繫年〉考釋四則》，《簡帛》（第七輯），待刊。

⑱裘錫圭：《“東皇太一”與“大龕伏羲”》，《簡帛·經典·古史國際論壇》，香港：香港浸會大學2011年版。

⑲李家浩：《釋老簋銘文中的“滤”字》，《古文字研究》（第27輯），北京：中華書局2008年版，第247頁。

⑳相同情形也見於傳統所謂的“子璋鐘”。《殷周金文集成》（修訂增補本）113～117器所作釋文爲“子＝璋＝”，即“子璋子璋”，這很大因素是受到《愙齋》所收拓本的影響。鞠煥文先生比對了十九種著錄書的拓本之後，認爲“子”實不存在“＝”符號。理由之一便是子璋鐘諸器中“子孫”之“子”的重文號位置在“子”字右臂腋下，但是《愙齋》“子璋”之“子”的“＝”符號的位置顯然偏低。結論認爲“子璋鐘”應易名爲“璋鐘”。見鞠煥文：《子璋鐘釋文及定名問題重議》，《中國文字研究》（第十六輯），上海：上海人民出版社2012年版，第30頁。

參考文獻

［1］白於藍：《戰國秦漢簡帛古書通假字彙纂》，福州：福建人民出版社2012年版。

［2］曹峰：《〈三德〉零釋》，簡帛網，2006年版。

［3］曹錦炎：《李頌注釋》，馬承源主編：《上海博物館藏戰國楚竹書（八）》，上海：上海古籍出版社2011年版。

［4］陳劍：《甲骨金文考釋論集》，北京：綫裝書局2007年版。

［5］陳劍：《郭店簡〈六德〉用爲“柔”之字考釋》，《中國文字學報》（第二輯），北京：商務印書館2008年版。

［6］陳佩芬：《平王問鄭壽注釋》，馬承源主編：《上海博物館藏戰國楚竹書（六）》，上海：上海古籍出版社2007年版。

［7］董珊：《讀〈上博六〉雜記》，簡帛網，2007 年版。

［8］董珊：《石鼓文考證》，復旦網，2009 年版。

［9］復旦吉大古文字專業研究生聯合讀書會：《上博八〈李頌〉校讀》，復旦網，。文中簡稱“復吉讀書會”。

［10］高明、涂白奎：《古文字類編》（增訂本），上海：上海古籍出版社 2008 年版。

［11］高佑仁：《上博楚簡莊、靈、平三王研究》，台南：成功大學博士學位論文，2011 年。

［12］高佑仁：《上博竹書〈三德〉篇逐章淺釋》，《屈萬里先生百歲誕辰國際學術研討會“論文集”》，國家圖書館、中央研究院歷史語言所、台灣大學中國文學系，2006 年。

［13］高佑仁：《郭店〈成之〉等篇雜誌》，《清華大學學報》2006 年第 1 期。

［14］高佑仁：《郭店楚簡先秦儒書宏微觀》，台北：學生書局 2006 年版。

［15］顧炎武著，張京華校釋：《日知錄校釋》（上），長沙：岳麓書社 2011 年版。

［16］郭沫若：《石鼓文研究》，北京：科學出版社 1982 年版。

［17］郭永秉：《清華簡〈尹至〉“殄至在湯”》，《〈清華大學藏戰國竹簡（壹）〉國際學術研討會論文集》，清華大學，2011 年。

［18］季師旭昇：《〈上海博物館藏戰國楚竹書（八）〉詠物賦研究》，《第二十三屆中國文字學國際學術研討會論文集》，靜宜大學中文系，2012 年。

［19］李春桃：《傳抄古文綜合研究》，吉林大學博士學位論文，2012 年。

［20］羅振玉：《增訂本殷虛書契考釋》（卷中），北京：中華書局 2006 年版。

［21］馬俊江：《梧桐故事》，浙江師範大學新聞網，2011 年版。

［22］裘錫圭：《殷墟文字考釋七篇》，《湖北大學學報》1990 年第 1 期。

［23］蘇建洲：《楚文字論集》，台北：萬卷樓圖書公司 2011 年版。

［24］王蘭：《上博五〈三德〉編聯》，簡帛網。

［25］徐寶貴：《石鼓文整理研究》（下），北京：中華書局 2008 年版。

［26］許雄志：《秦印文字彙編》，鄭州：河南美術出版社 2001 年版。

［27］朱德熙：《望山楚簡裏的“敝”和“箇”》，《朱德熙古文字論集》，北京：中華書局 1995 年版。

Collected Notes on the Chu Characters（2 Items）

Su Jianzhou

Abstract：This paper discusses two issues. First，Chu Department unearthed documents have four “罜” words，scholars read them as “shū” . After Textual “Lee Chung” No. 1 words，this paper agree with this reading of. But scholars did not indicate the source of “罜” word. This paper argues that this word is the direct order of the Oracle “罝” . Chu text written or usage is relatively ancient source. The second is to discuss the “ping wɑng wen Zheng Shou” No. 6 “ Kings have changed more ” . The long and （the） short of it ，the paper analyzes the interpretation from aspects of philology，and puts forward a new viewpoint.

Key Words：Guodian；Shangbo；Chu Slips；Interpretation of the Ancient Characters

（蘇建洲　台灣彰化師範大學國文學系　414）

《上博》與《清華》簡中的楚國史事輯補

魏慈德

提 要 《上博》與《清華》楚簡中多見記載有關楚國歷史者，今將這類材料分爲簡文內容可與傳世史籍互證者與簡文內容未見於傳世史籍者二大類，前者包括有“文王伐蔡滅息娶息嬀事”、“楚晉城濮之戰”、“宋華元求成於楚事”、“楚晉邲之戰”、“莊王以來的楚吳關係”、“楚共與晉景、厲時的弭兵之盟”、“楚康以來的楚晉弭兵之盟”、“靈王以來的楚蔡關係”；後者依紀實與否分爲《春秋》類與《語》類二種。《春秋》類分爲簡王、聲工、悼工哷事；《語》類包括《莊工既成》、《申公臣靈工》、《平工問鄭壽》、《平王與王子木》、《昭王毀室》、《昭王與龔之脽》、《柬大王泊旱》。

簡文內容可與傳世史籍互證者中，簡文情節異於傳文者有：“文王伐蔡滅息娶息嬀”事中楚文王伐蔡與滅息事分屬二年，先與蔡侯爲客於息，見息嬀後還。次年滅息，復娶息嬀。異於傳文的分列伐蔡與滅息於《莊公十年傳》與《莊公十四年傳》；“宋華元求成於楚”事中“申公叔侯”與“孫伯亡畏”當是傳文中的“文之無畏”；“莊王以來的楚吳關係”中以“少盐”爲陳公子徵舒之妻，與傳文從杜預以來，認爲夏姬爲夏徵舒之母不同；“楚共與晉景、厲時的弭兵之盟”事中以爲宋華元行楚晉之成，乃楚王所使，而晉師先背盟伐秦，故楚人圍鄭。簡文指出晉人先背盟，與《左傳》載子反背盟不同，可見楚人史觀。

簡文內容未見於傳世史籍者中，《春秋》類材料可補傳世史書中的紀事及出土文獻中的紀年，如《葛陵楚簡》載大莫敖陽爲與晉師戰於長城之歲，據簡文爲簡王九年事。而《屭羌鐘》載屭羌佐韓宗征秦，迫齊師入長城事亦可與簡文中的聲王事對應；《語》類材料中都從正面來塑造楚王的形貌，有些故事內容不盡符史實，但其重點在於故事背後的教化功能，從內容着重君王行事的記載來看，很可能是給未來將成爲國君的人或是王室及貴族弟子們閱讀。

關鍵詞 繫年 楚國史 楚王 楚世家

一、前言

近年公佈的《上海博物館藏戰國楚竹書》（以下簡稱《上博》）與《清華大學藏戰國竹簡》（以下簡稱《清華》）中有不少記載與楚國歷史有關的篇章，這些篇章包括《上博四》的《昭王毀室》、《昭王與龔之脽》、《柬大王泊旱》；《上博六》的《莊王既成》、《申公臣靈王》、《平王問鄭壽》（含《平王與王子木》）；《上博七》的《鄭子家喪》、《君人者何必安哉》；《上博八》的《王居》（含《志書乃言》）、《命》；《清華一》的《楚居》與《清華二》的《繫年》。其中《楚居》、《繫年》二篇乃根據楚王世次先後綜述楚人歷史，對於楚國歷史的研究非常重要。這二篇中《楚居》綜述楚人神話及楚國歷史，敘述從季連到楚悼王以來廿三位楚公楚王的居所與遷移；而《繫年》記載周初到戰國前期的史事，其中東周以來部分是以楚、晉兩國歷史爲主，旁及當時列國大事，而止於楚悼王時。這些歷史記載或見諸於傳世古籍而略有異同，或未見於傳世古籍，都爲我們提供了研究先秦時期楚國歷史文化的新材料。甚者，這些簡文都是楚文字所寫，乃楚人所記，故對於其中所載楚國歷史的部分，可信度當較高。①

根據《上博》、《清華》目前公佈的材料，若依楚王世系加以粗分，與各王有關的記載包括了以下：

與文王有關者：《繫年》第五章文王伐蔡滅息娶息嬀事；

與成王有關者：《繫年》第七章楚晉城濮之戰；

與穆王有關者：《繫年》第十一章宋華元求成於楚事（歷穆、莊）；

與莊王有關者：《莊王既成》、《鄭子家喪》及《繫年》第十二和十三章的楚晉邲之戰，第十五章莊王以來的楚吳關係，從莊王滅陳娶夏姬而巫臣入吳，至平王時費無忌讒毀伍員，使之逃吳，而有雞父之戰、柏舉之戰（歷莊、共、靈、平、昭），其中《鄭子家喪》與《繫年》第十三章都言及邲之役；

與共王有關者：《繫年》第十六章晉人釋郧公儀以與楚人弭兵之盟；

與康王有關者：《繫年》第十八章楚康王以來的楚晉弭兵之盟（歷康、郟敖、靈、平、昭）；

與靈王有關者：《申公臣靈王》及《繫年》第十九章楚縣陳、蔡，至吳人遷蔡於州來事（歷靈、平、昭、惠）；

與平王有關者：《平王問鄭壽》（含《平王與王子木》）；

與昭王有關者：《昭王毀室》、《昭王與龔之脾》、《君人者何必安哉》、《王居》（含《志書乃言》）；

與惠王有關者：《命》；

與簡王有關者：《柬大王泊旱》及《繫年》第廿一章楚平宋亂與晉戰於黃池事；

與聲王有關者：《繫年》第廿三章楚宋與晉鄭之間的桂陵、蔑、武陽之戰（歷聲、悼）。

這些楚國的歷史記載，有些是圍繞楚國與晉、吳、鄭、宋、陳等諸國間發生的國際大事，有些是透過人物對話來呈現君王仁智形象的故事，前者大致屬於楚人申叔時所說的《春秋》一類，後者則屬於《語》一類。[2]而這些記載的下限，根據故事所涉及的人物來判斷，約在悼王年間，[3]然而記載春秋以來楚國歷史最豐富的《左傳》止於惠王廿一年（魯哀公廿七年）。從惠王中期以後至悼王年間的楚國歷史，徵之《史記·楚世家》卻略而不詳，[4]故簡文關於這段期間的記載可補充我們對戰國以來楚國歷史認識的不足。而楚文王至惠王間的歷史，雖見諸《左傳》、《史記》等書，但其記事與簡文部分內容不同。故下文將楚簡中的楚國相關記載分爲簡文內容可與傳世史籍互證者及簡文內容未見於傳世史書籍者二大類，並加以輯補比較，所言的傳世史籍主要指《左傳》，旁及《史記》。

二、簡文內容可與傳世史籍互證者

根據《上博》及《清華》簡文中所載楚國史事，可與傳世史籍記載相合者，依事件發生先後，分別敍述討論如下。

（一）文王伐蔡滅息娶息嬀事

文王伐蔡滅息娶息嬀事主要見載於《莊公十年傳》與《莊公十四年傳》（以下言傳者，皆指《左傳》），事件發生的主因爲蔡哀侯與息侯皆娶於陳，息嬀將歸，過陳，蔡哀侯以“吾姨也”的理由，對息嬀“止而見之，弗賓”。後息侯怒，使謂楚文王，曰：“伐我，吾求救於蔡而伐之。”文王伐息，蔡救息，“楚敗蔡師于莘，以蔡侯獻舞歸”。數年後，蔡哀侯因莘之役故，“繩息嬀以語楚子”，故楚子如息，以食入享，遂滅息，以息嬀歸。後生堵敖及成王，楚子復伐蔡。

這件事分列於《莊公十年傳》與《莊公十四年傳》中，兩者相差四年，文王伐蔡的莘之役與娶息嬀事是否相隔四年，由傳文來看並不能判斷，而今《繫年》第五章亦記載此事，其記事與《左傳》略有不同，如下（對於簡文採寬式隸定，未能隸者附以圖，字後括弧內字爲與古書比較後推測的通假字。省略重文符，用重複文字表示，並根據簡文的鉤識符號加以分段。[ ] 表補字，簡文末附記簡號）：

郗（蔡）哀侯取妻於陳，賽（息）侯亦取妻於陳，[5]是賽（息）嬀。賽（息）嬀將歸於賽（息），逃（過）郗（蔡），郗（蔡）哀侯命止之曰：“以同生之古，必內。”賽（息）嬀乃內于郗（蔡），郗（蔡）哀侯妻之。賽（息）侯弗順，乃史人于楚文王曰：“君來伐我，我將求救於郗（蔡），君焉敗之。”文王起師伐賽（息），賽（息）侯求救於郗（蔡），郗（蔡）哀侯率師以救賽（息），文王敗之於新，獲哀侯以歸。

文王爲客於賽（息），郗（蔡）侯與從，賽（息）侯以文王飲酒，郗（蔡）侯知賽（息）侯之誘己也，亦告文王曰：“賽（息）侯之妻甚嫐，君必命見之。”文王命見之，賽（息）侯辭。王固命見之。既見之，還。明歲，起師伐賽（息），克之，殺賽（息）侯，取賽（息）嬀以歸，是生[illegible]（堵）囂（敖）及成王。文王以北啓出方成，圾[illegible]於汝。改旅於陳，焉取頓以贛（恐）陳侯。

“郗”，簡文作“[illegible]”形，右旁即魏《三體石經》古文“蔡”字，其形與《說文·三篇下·殺部》

“殺”字古文同形。“蔡”字上古音清母月部，與“殺”字的生母月部，韻部相同而聲母發音部位相同，可相通假。[6]安徽壽縣出土蔡昭侯墓器中的“蔡”字作[illegible]（《集成》4.2216）亦與此同形。而“賽”《左傳》作“息”，“賽”、“息”古音皆心母職部字，亦可相通。[7]

與簡文相較，傳文敍述此事不同者在於，簡文哀侯以“同姓之故”止息嬀，傳文則言“吾姨也”；簡文言“蔡侯妻之”，傳文則爲“止而見之，弗賓”；傳文載哀侯繩息嬀於楚子爲莘之役的四年後，且未説明是在何種場合下，簡文則交代是“文王爲客於息，蔡侯與從”時，且言及文王命見息嬀後，明歲才殺息侯娶息嬀，事隔一年，兩者時間不同。而《史記》的《楚世家》與《管蔡世家》記載此事的時間及情節亦有出入。《楚世家》言文王六年伐蔡，虜蔡哀侯以歸。已而釋之；《管蔡世家》則載哀侯十一年，“息夫人將歸過蔡，蔡侯不敬。息侯怒，請楚文王來伐我。我求救於蔡，蔡必來。楚因擊之，可以有功。楚文王從之，虜蔡哀侯以歸。哀侯留九歲，死於楚。凡立二十年卒”。一言“釋之”，一言“留九歲”，從簡文看來亦未能辨。[8]此外傳文末附記息嬀以“未言”之姿事文王，簡文則只強調滅息後楚國的勢力北出方城，至汝水、臨頓、陳，不見有“未言”一段。

比較看來，簡文將文王伐蔡與滅息分屬二年，先與蔡侯爲客於息，見息嬀後還，次年滅息，復娶息嬀較符合事實的發展，而傳文記載此事分列於《莊公十年傳》與《莊公十四年傳》，其乃據《春秋經·莊公十年》“秋九月，荊敗蔡師于莘”與《春秋經·莊公十四年》“秋七月，荊入蔡”。但簡文未載文王滅息娶息嬀後，是否“遂伐蔡”，只記“文王以北啓出方成，坂[illegible]於汝”。併而觀之，可推測從文王滅息娶息嬀，至伐蔡入蔡，使其勢力抵達汝水流域之間，當有二三年的時間，文王入蔡已到魯莊公十四年時。

而簡文“同姓之故”的説法顯然不如傳文“吾姨也”有理，[9]因息嬀爲嬀姓，與姬姓的蔡侯並不同姓，只能説蔡侯與息嬀之夫息侯同姓，或息嬀與蔡侯之妻同姓；且傳文説蔡侯“止而見之，弗賓”的説法也優於簡文“蔡侯妻之”，因簡文後有息侯求救於蔡，哀侯率師以救息語，知蔡侯並未止息嬀以妻之。若將簡文與傳文比觀，簡文的描寫手法，顯然不及傳文優美。如簡文“蔡哀侯取妻於陳，息侯亦取妻於陳”，不如傳文“蔡哀侯娶于陳，息侯亦娶焉”；簡文“‘君來伐我，我將求救於蔡，君焉敗之。’文王起師伐息，息侯求救於蔡，蔡哀侯率師以救息，文王敗之於新，獲哀侯以歸”，不如傳文“‘伐我，吾求救於蔡而伐之。’楚子從之。秋九月，楚敗蔡師于莘，以蔡侯獻舞歸”；簡文“蔡侯知息侯之誘己也，亦告文王曰：‘息侯之妻甚嬍，君必命見之。’”亦不如傳文“蔡哀侯爲莘故，繩息嬀以語楚子”生動簡潔，文字優美。

（二）楚晉城濮之戰

關於城濮之戰，見載於《繫年》第七章，如下：

晉文公立四年，楚成王率諸侯以回（圍）宋伐齊，戍敦，居[illegible]。晉文公思齊及宋之德，乃及秦師回（圍）曹及五麋（鹿），伐衛以脫齊之戍及宋之回（圍）。楚王豫（舍）回（圍）歸，居方城。命尹子玉述（遂）率鄭衛陳郗（蔡）及群蠻夷之師，以交文公。文公率秦齊宋及群戎之師以敗楚師於城濮，述（遂）朝周襄王於衡澭，獻楚俘馘，盟諸侯于[illegible]（踐）土。

此事較完整的記載可見《僖公廿六年傳》、《僖公廿七年傳》、《僖公廿八年傳》。戰事的起因是宋國善於晉侯，叛楚即晉。故楚令尹子玉伐宋，圍緡，復與魯伐齊，取穀。而僖公廿七年冬，楚率陳、蔡、鄭、許之師圍宋。宋人如晉告急，晉於是“搜於被廬，作三軍，謀元師”。次年晉侵曹伐衛，取五鹿以釋齊之戍與宋之圍。後楚人救衛，成王入於申，並命申叔去穀，子玉去宋。成王本不欲與晉戰，但子玉堅請，後其率師與晉、宋、齊、秦諸侯之師戰於城濮。楚師敗績，楚人潰逃，晉師食楚師三日穀，師至於衡澭，作王宫於踐土，獻楚俘於周王。

將簡文與傳文比較後知，成王率諸侯之師“圍宋伐齊，戍敦，居[illegible]”的“敦”爲齊地“穀”，[illegible]地不詳，字从金虘聲。“五麋”即衛地“五鹿”，簡文在“鹿”字下繁加聲符“彔”，同《孔子詩論》“鹿鳴”（簡23）之“鹿”的寫法。而“楚王豫（舍）回（圍）歸，居方城”，傳文作“楚子入居於申”。比對來看，“入申”，即“入居方城”之内，申滅於楚文王二年（魯莊公六年），地爲南陽，爲楚北向抗衡中夏的要地，[10]而子玉此役亦是以申、息之師爲主力，故文王所入居之“方城”當是障蔽申地東北一綫的方城山。楚人曾因山爲固，築連城東向以拒中國。而此役據簡文載楚令尹子玉率鄭、衛、陳、蔡及群蠻夷之師，以交晉文公的秦、齊、宋及群戎之師，《春秋經·僖公廿七年》載“冬，楚人、陳侯、蔡侯、鄭伯、許男圍宋”，《春秋經·僖公廿八年》載“夏四月己巳，晉侯、齊師、宋師、秦師及楚人戰於城濮，楚師敗績”。簡文未言及楚師有許，經文未言及楚師有衛與群蠻與晉師有群戎事。

（三）宋華元求成於楚事

《繫年》第十一章載楚穆王時，宋因懼楚來伐，示弱以聽命於楚。而楚王以宋公爲驅孟諸之麋的前導，因宋公違命，楚臣申無畏抶宋公之僕。後楚王命申無畏聘於齊，假道於宋，宋人因故而殺之以報復。楚王率師圍宋，宋遣華元爲質以求和。簡文如下：

楚穆王立八年，王會諸侯于发（厥）䆎，將以伐宋。宋右師芋（華）孫元欲勞楚師，乃行。穆王思（使）毆䍐（孟）諸之麋，徙之徒莤。宋公爲左芋（盂），鄭伯爲右芋（盂）。申公叔侯知之，宋公之車暮駕，用𤴓（抶）宋公之御。穆王即殜，臧（莊）王即位，史孫伯亡畏聘於齊，假路於宋，宋人是故殺孫伯亡畏，敓（奪）其玉帛。臧（莊）王率師回（圍）宋九月，宋人焉爲成，以女子與兵車百乘，以芋（華）孫元爲質。

簡文可以和以下三段傳文合讀。

1.《左傳·文公十年》（楚穆九年）

陳侯、鄭伯會楚子于息。冬，遂及蔡侯次于厥貉。將以伐宋。宋華御事曰：“楚欲弱我也。先爲之弱乎？何必使誘我？我實不能，民何罪？”乃逆楚子，勞且聽命。遂道以田孟諸。宋公爲右盂，鄭伯爲左盂。期思公復遂爲右司馬，子朱及文之無畏爲左司馬。命夙駕載燧，宋公違命，無畏抶其僕以徇。

2.《左傳·宣公十四年》（楚莊十九年）

楚子使申舟聘于齊，曰：“無假道于宋。”亦使公子馮聘于晉，不假道于鄭。申舟以孟諸之役惡宋，曰：“鄭昭、宋聾，晉使不害，我則必死。”王曰：“殺女，我伐之。”見犀而行。及宋，宋人止之。華元曰：“過我而不假道，鄙我也。鄙我，亡也。殺其使者，必伐我。伐我，亦亡也。亡一也。”乃殺之。楚子聞之，投袂而起，屨及于窒皇，劍及于寢門之外，車及于蒲胥之市。秋九月，楚子圍宋。

3.《左傳·宣公十五年》（楚莊廿年）

夏五月，楚師將去宋。申犀稽首于王之馬前，曰：“毋畏知死而不敢廢王命，王棄言焉。”王不能答。申叔時僕，曰：“築室反耕者，宋必聽命。”從之。宋人懼，使華元夜入楚師，登子反之床，起之，曰：“寡君使元以病告，曰：‘敝邑易子而食，析骸以爨。雖然，城下之盟，有以國斃，不能從也。去我三十里，唯命是聽。’”子反懼，與之盟，而告王。退三十里。宋及楚平。華元爲質。盟曰：“我無爾詐，爾無我虞。”

相較之下可以發現其間有些不同。先是楚人會諸侯於厥貉的時間，“厥貉”簡文作“发䆎”，“发”爲並母月部字，“厥”爲見母月部字，兩字韻部同。簡文厥貉之會在穆王八年，傳文則在魯文公十年（穆王九年），有一年的差別。而楚王使宋、鄭二君爲驅孟諸麋時，簡文言“毆孟諸之麋，徙之徒莤”，傳文未載徙止之處。且簡文“宋公爲左盂，鄭伯爲右盂”與傳文“宋公爲右盂，鄭伯爲左盂”不同。簡文“申公叔侯知之，宋公之車暮駕，用抶宋公之御”相當於傳文“文之無畏爲左司馬。命夙駕載燧，宋公違命，無畏抶其僕以徇”一事，簡文以“宋公之車暮駕”作爲申無畏抶宋公之御的理由，傳文則作“命夙駕載燧，宋公違命”，合而觀之，當是楚王命宋公之車夙駕，將於清晨陽光未明時田獵，故要求其載燧，用以取火照明，但宋公遲來，故笞擊其御。

簡文“史孫伯亡畏聘于齊，假路于宋，宋人是故殺孫伯亡畏”，根據傳文，則已是魯宣公十四年即楚莊王十九年事。而傳文載從宣公十四年秋九月“楚子圍宋”，到宣公十五年夏五月“宋及楚平。華元爲質”事，簡文則作“莊王率師圍宋九月”，兩者時間接近。

簡文中抶宋公之御的“申公叔侯”和出使宋的“孫伯亡畏”，若配合傳文來看，當皆是指“文之無畏”（《文公十年傳》）、“申舟”（《宣公十四年傳》），也即申犀之父（《宣公十五年傳》），都是同一人。

然因《僖公廿六年傳》亦見一“申公叔侯”，故《清華簡・釋文》以爲“申公叔侯見《左傳》僖公二十六年，二十八年稱申叔。申無畏又稱申舟，與申公叔侯並非同族，詳見鄭樵《通志・氏族略》。據本章下文，此處的申公叔侯乃是僞誤”。（清華大學出土文獻研究與保護中心，2011：161）

《僖公廿六年傳》的申公叔侯，曾在城濮之戰時戍軍於齊地穀，後因成王不欲戰，命之去穀（《僖公廿八年傳》），其後不見於傳。宋人程公說《春秋分記》以爲楚之申氏有三，申公巫臣之後；申叔時之後；申舟之後。而清人常茂徠《增訂春秋世族源流圖考》中進而將申公叔侯列爲申叔時之父。[（清）常茂徠，1850：255] 故《清華簡・釋文》採用的是這一種看法，反對簡文的“申公叔侯”與“申舟”有關，並以爲是僞誤。但傳文中實找不到申公叔侯的世系，故清人顧棟高《春秋大事表・春秋列國卿大夫世系》亦未列“申公叔侯”爲“申叔時”之父，然從簡文內容來看，申公叔侯爲申舟的可能性並不能排除。

（四）楚晉邲之戰

楚簡記載與邲之戰有關者，包括《繫年》第十二、十三章與《鄭子家喪》，分述如下。

1.《繫年》第十二、十三章

楚臧（莊）王立十又四年，王會諸侯于□（厲），鄭成公自□（厲）逃歸，臧（莊）王述（遂）加鄭亂，晉成公會諸侯以救鄭，楚師未還，晉成公卒于扈。

[臧] 王回（圍）鄭三月，鄭人爲成。晉中行林父率師救鄭，臧（莊）王述（遂）北楚人盟。邳（趙）嘼（旃）不欲成，弗卲（召），牪于楚軍之門，楚人被駕以追之，述（遂）敗晉師于河。

簡文記載了邲之戰的時間爲莊王十四年，起因爲鄭成公自厲之會逃歸，莊王遂伐鄭，而晉人救鄭，莊王圍鄭三月，後與鄭人盟。晉荀林父率師救鄭，欲與楚人盟。然晉軍趙旃不欲成，故挑戰楚軍，楚人追之，敗晉師於河。

傳文對此役的記載，見《宣公九年傳》（楚莊十四年）、《宣公十一年傳》（楚莊十六年）、《宣公十二年傳》（楚莊十七年）。

關於莊王會諸侯於厲的時間，傳文未載，杜注以爲是（宣公）六年，即傳文“楚伐鄭，取成而還”時，[（晉）杜預集解，（唐）孔穎達正義，1997：377、381] 簡文“莊王立十又四年”（魯宣公九年）當也非厲之會的時間，而同傳文一樣是指晉成公會諸侯於扈，欲救鄭而卒於扈的時間。晉與諸侯會於扈欲救鄭，但因鄭人與楚成，故晉反帥諸侯之師以伐鄭，鄭人改盟晉（《宣公十年傳》：“鄭及楚平，諸侯之師伐鄭，取成而還。”）。但因鄭與晉成，楚復伐鄭（《宣公十一年傳》：“春，楚子伐鄭，及櫟。”），鄭人子良復盟楚於辰陵。又因晉人的威脅，年末鄭又徼事於晉。因此楚王再度率師來圍，鄭二盟二反，故楚子復來圍。此次圍鄭，鄭人曾請卜，問是否再次求成。結果不吉，故鄭伯出降，並以子良爲質（《宣公十二年傳》：“十二年春，楚子圍鄭。旬有七日，鄭人卜行成，不吉；卜臨于大宮，且巷出車，吉。國人大臨，守陴者皆哭。楚子退師，鄭人修城，進復圍之，三月，克之。入自皇門，至於逵路。鄭伯肉袒牽羊以逆”。）。也因此夏六月晉以荀林父將中軍來救鄭。

傳文說到楚子圍鄭“進復圍之，三月，克之”。“三月”一詞從傳文來看可有二解，一是春三月，一是歷時三月。今從簡文來看，以後者爲確。

荀林父率師來救鄭，聽說楚、鄭已平，欲還，而先穀欲戰，並搶先渡河，故荀林父只好帶兵從之。楚師次於鄭地郔，欲返楚時，聞晉師渡河，莊王嬖人伍參請戰，令尹孫叔敖弗欲，二人爭辯後，王從伍參之見，改轅北向，次於管以待晉師。莊王先派人僞向晉師求成，而盟本已成，但因晉魏錡、趙旃二人有怨於晉，故怒而挑戰楚師，楚晉軍興，楚大破晉軍於河上。簡文“楚人被駕以追之”，即指傳文“王乘左廣以逐趙旃，趙旃棄車而走林，屈蕩搏之，得其甲裳”（《宣公十二年傳》）一事。

2.《鄭子家喪》

《鄭子家喪》故事的背景亦與邲之戰有關，其記載如下：

鄭子家喪，邊人來告。臧（莊）王就大夫而與之言曰：“鄭子家殺其君，不穀日欲以告大夫，以邦之病以及於今，而後楚邦㠯（使）爲諸侯正。今鄭子家殺其君，將保其寵光以及內地。如上帝鬼神以爲怒，吾將何以答？雖邦之病，將必爲師。”乃起師回（圍）鄭三月。鄭人問其故，王命答之曰：“鄭子家顛復天下之禮，弗畏鬼神之不祥，惑（戕）賊其君。余將必囟（使）子家毋以成名立於上，而滅炎於下。”鄭人命以子良爲質，命思（使）子家利（梨）木三寸（寸）。絏索以柰，毋敢丁門而出，數（掩）之城基。王許之。師未還，晉人涉，將救鄭，王將還。大夫皆進曰：“君王之起此師，以子家之故。今晉人將救子家。君王必進師以仍之！”王焉還軍，以仍之，與之戰於兩棠，大敗晉師焉。

從此段簡文的“乃起師圍鄭三月”、“鄭人命以子良爲質”，都可見與邲之役有關。而“師未還，晉人涉，將救鄭，王將還。大夫皆進曰：‘君王之起此師，以子家之故。今晉人將救子家。君王必進師以仍之’” 正是《宣公十二年傳》載邲之戰前的背景，傳文載楚師釋鄭圍後，本欲飲馬而歸，而後“聞晉師既濟，王欲還，嬖人伍参欲戰。令尹孫叔敖弗欲”，在伍参與孫叔敖的爭辯後，莊王“改乘轅而北之，次於管以待之”。而簡文以“大夫皆進曰”來說明楚王由欲返改變爲進師的原因。

此外“邲”之役，《鄭子家喪》作“戰於兩棠”，史籍中亦見相同用法，如《呂氏春秋·至忠》“荊興師，戰於兩棠，大勝晉”、賈誼《新書·先醒》“楚莊王與晉人戰於兩棠，大克晉人”。而鄭人子家卒的時間，據《左傳》乃在宣公十年，爲晉會諸侯於扈救鄭的次年。前文說到楚人圍鄭導因於鄭伯逃於厲之役故（《宣公六年傳》），後鄭人數次求成於晉，依違於楚、晉兩國之間，而造成楚人圍鄭。楚王伐鄭見《宣公九年傳》、《宣公十年傳》、《宣公十一年傳》，直到《宣公十二年傳》的圍鄭，可說年年伐鄭，但子家亡故時間在魯宣公十年末，時楚已伐鄭二次，很難說其是造成楚王伐鄭的主因。而且《宣公十年傳》記此事時，言“鄭子家卒。鄭人討幽公之亂，斲子家之棺，而逐其族。改葬幽公，謚之曰靈”，並無涉於楚，故《鄭子家喪》中言子家亡故而楚王伐之是邲之役的起因，就令人起疑。

若從《左傳》及《繫年》第十二、十三章記載邲之役的起因相當一致這點來看，《鄭子家喪》當是一個混雜了真背景和假情節的故事，其將楚王聲討子家之喪說成了是正天下之禮、替天行道的義舉，因子家弑其君，此乃“顛復天下之禮，弗畏鬼神之不祥”的惡事，故楚王此行將爲諸侯正之。也因爲楚王行此等義舉，故晉人欲救鄭相對不義，因此大夫們勸楚王迎擊晉師，最終得勝。

《繫年》性質類的簡文大致屬於楚人申叔時所說的《春秋》一類。而《鄭子家喪》則屬於《語》一類，《語》這一類的東西，通常是再創造的。李零以爲《語》這類史書，是當時的私史、野史，多臆說與文學想象，故事性勝於記錄性，是一種“再回憶” 和“再創造”。（李零，2004：202）而今天我們從《鄭子家喪》的內容看來，也可見這類史書的性質，通常透過人物對話，來尊崇或貶抑某人或某種價值，強調某種觀念，屬有所爲而爲者，其背後的教化意義更勝於歷史真相。

（五）莊王以來的楚吳關係

《繫年》第十五章載楚莊王至昭王期間，因楚臣入吳，教吳人反楚，造成吳軍入郢之事。所記楚臣包括巫臣與伍子胥。其載如下：

楚臧（莊）王立，吳人服于楚。陳公子徵郐（舒）取妻于鄭穆公，是少盐。臧（莊）王立十又五年，陳公子徵余（舒）殺其君靈公，臧（莊）王率師回（圍）陳。王命申公屈巫迈秦求師，得師以來。王內陳，殺徵余（舒），取其室以敍（予）申公。連尹襄老與之爭，奪之少盐。連尹[illegible]（止）於河澭，其子墨要也，或（又）室少盐。臧（莊）王即殜，共王即位。墨要也死，司馬子反與申公爭少盐，申公曰：“氏（是）余受妻也。”取以爲妻。司馬不順申公。王命申公聘於齊，申公竊載少盐以行，自齊述（遂）逃迈晉，自晉迈吳，焉始通吳晉之路，教吳人反楚。以至靈王，靈王伐吳，爲南懷之行，執吳王子鱥（蹶）繇（由），吳人焉或（又）服於楚。靈王即殜，景平王即位。少師亡嬰（忌）讒連尹[illegible]（奢）而殺之，其子伍員與伍之雞逃歸吳。伍雞將吳人以回（圍）州來，爲長壑而洍之，以敗楚師，是雞父之洍。景平王即殜，昭王即位，伍員爲吳大宰，是教吳人反楚邦之諸侯，以敗楚師于柏舉，述（遂）內郢。昭王歸隨，與吳人戰于析。吳王子辰將起禍於吳，吳王闔虒（盧）乃歸，昭王焉復邦。

其中簡文述及莊王時的巫臣，因爭奪“少盐”一事，自晉至吳，教吳人叛楚。這個故事即《左傳》中巫臣竊夏姬的故事。簡文“少盐”即《成公二年傳》中的“夏姬”；而簡文後半部分主要記載昭王時的伍員，因父仇避地於吳，並教吳人反楚事。其中巫臣的相關記載見《成公二年傳》、《成公三年傳》、

《成公七年傳》，伍員的相關記載見《昭公十九年傳》、《昭公廿年傳》、《昭公廿三年傳》、《昭公卅年傳》、《昭公卅一年傳》等。

將簡文中關於巫臣的部分與傳文比對後，主要有以下不同：

（1）簡文以爲“少⿱孔皿”爲陳公子徵舒之妻，鄭穆公之女。而《左傳》中的夏姬歷來都以爲是夏徵舒之母，起因於《宣公十三年傳》載陳靈公與孔寧、儀行父飲於夏氏時，互戲言曰“徵舒似女”，故自杜預以來皆認爲夏徵舒爲夏姬之子（杜注“夏姬，鄭穆公女，陳大夫御叔妻”，又“蓋以夏姬淫放，故謂其子多似以爲戲”）。［（晉）杜預集解，（唐）孔穎達正義，1997：382］

（2）簡文提及楚王圍陳時，曾命巫臣至秦求師，得師以來。傳文未見。

（3）簡文載楚王殺夏徵舒後，因巫臣至秦求師有功，故將少⿱孔皿賞予巫臣。而連尹襄老爭之，奪少⿱孔皿，室之。後襄老死於河澭，其子墨要復室之。墨要死，司馬子反又與巫臣爭少⿱孔皿。時王命巫臣聘於齊，巫臣竊載少⿱孔皿，自齊至晉，自晉至吳，教吳人反楚。而簡文中“連尹止於河澭”的“河澭”，當即指邲之役。

《成公二年傳》載，楚王討陳夏氏後，欲納夏姬，因巫臣反對而作罷，而子反欲取之，巫臣也反對，理由是“是不祥人也！是夭子蠻，殺御叔，弒靈侯，戮夏南，出孔、儀，喪陳國，何不祥如是？”子反乃止。後楚王予以連尹襄老，襄老死於邲，其子墨要復烝焉。巫臣使人自鄭召夏姬，以得襄老尸爲由奔鄭，夏姬告王，王許其行。時楚王使巫臣聘於齊，及鄭，巫臣偕夏姬奔晉。

關於夏姬的身份，除《成公二年傳》說到其曾“夭子蠻，殺御叔，弒靈侯，戮夏南，出孔、儀”外，《昭公廿年傳》也借叔向之母說到了“子靈（巫臣）之妻殺三夫、一君、一子，而亡一國、兩卿矣”。兩段文字相較，推測所殺三夫或是子蠻、御叔、巫臣，一君即陳靈公，一子即夏南，爲夏徵舒，兩卿爲孔寧、儀行父。然而“子蠻”是誰，於史無徵。杜預以爲“子蠻，鄭靈公，夏姬之兄，殺死無後”。然而《左傳》中鄭靈公名“子貉”，非子蠻，因《昭公廿年傳》還說到夏姬乃“鄭穆少妃姚子之子，子貉之妹也。子貉早死，無後，而天鍾美於是”，故楊伯峻以爲“子蠻或是其最早之丈夫”。［（晉）杜預集解，（唐）孔穎達正義，1997：428；楊伯峻，1993：804］然而“夭子蠻”的意思，其實很接近“子貉早死”，也因此杜預會以爲子蠻指夏姬之兄，即早死的子貉。而常茂徠的《增訂春秋世族源流圖考》就直接把子蠻和子貉視爲同一人。［（清）常茂徠，1850：145］常書的看法是正確的，因子貉又稱“太子夷”（《文公十七年傳》），古人諸名字間常有相關，“夷”、“蠻”、“貉”三者義近，“太子夷”、“子蠻”、“子貉”當指同一人。同樣的情形，如與子貉同出於鄭穆的“公子騑”即“子駟”、“公子棄疾”即“子良”（即前文提及邲之戰前爲質於楚的子良）、“公子嘉”即“子孔”，皆有義可說。

這樣一來，“殺三夫”的“三夫”，就少一人，因“子蠻”是夏姬兄而不是夫，而且“巫臣”是否因夏姬而死，傳文也未見。當然我們也可以把連尹襄老或墨要都算上（御叔、連尹、墨要），而其所殺“一子”，歷來都視爲夏徵舒，然若視爲“墨要”是否也可行？（即把夏徵舒視爲三夫之一，而把墨要視爲子。“三夫”爲御叔、連尹、夏徵舒，“一子”爲墨要）這其間種種的可能性表示“殺三夫、一子”的說法是來自夏姬身世的傳說所造成的。

夏姬是鄭穆公之女，鄭靈公（子貉）之妹。穆公立於魯僖公卅三年，時年廿二，即位廿二年而卒，死時四十四歲（魯宣公三年），（楊伯峻，1993：673）而靈公爲穆公長子，即位一年爲子家所弒（魯宣公四年，前605）。假設子貉被殺時廿歲，則夏姬爲靈公妹，當時應不足廿歲。靈公死至夏徵舒被莊王所殺（魯宣公十一年，前598），只隔七年，很難想象時未滿卅歲的夏姬已有一個力能射殺一君二大夫的兒子。而簡文說少⿱孔皿是夏徵舒的妻子，從年歲來看，似乎比較恰當。“⿱孔皿”字从皿孔聲，當讀如孔。“少⿱孔皿”爲其名，穆公有子十三人，其中有“子孔”、“士子孔”二人，《襄公十九年傳》說道：“子然、子孔，宋子之子也；士子孔，圭嬀之子也。圭嬀之班亞宋子，而相親也；二子孔亦相親也。”雖說夏姬之母爲“鄭穆少妃姚子”，不詳何人，但從其爲子姓，且名其女爲“少孔”來看，很可能與子孔有關，或即子孔之妹。

總之夏姬的身世在當時可能已有多種傳說，或以爲其爲夏徵舒母，或以爲其爲夏徵舒妻，相同點是與其有關的諸男性皆因之而亡，而這兩種傳說都有不同故事流傳下來。再透過如《語》類一般野史的再創作，已無法得其真相，《左傳》中與夏姬有關的故事，很難說沒有取材於這類史料，因之今日無法根據《繫年》或《左傳》加以論斷是非。如同簡文沒有傳文以襄老之尸召夏姬，而傳文沒有簡文因巫臣至秦求師有功，故被賞以少盂的情節。

簡文關於伍員事的記載，說到平王即位，少師譏伍員父連尹奢，致使奢爲平王所殺，員與其子伍之雞逃吳，後伍雞將吳師來伐，圍州來，敗楚師於雞父。平王死，昭王即位後，伍員爲吳太宰，教吳人伐楚，敗楚師於柏舉，遂入郢。昭王奔隨，與吳師戰於析。後因吳王子辰欲自立爲王，吳王闔廬回師，楚人才得以復邦。

這些記載基本上都同於《左傳》，雞父之役見《昭公廿三年傳》，柏舉之役見《定公四年傳》，楚吳之師戰於析及王子辰自立爲王事見《定公五年傳》。其中簡文的“王子晨”即“夫概王”，《定公四年傳》：“十一月庚午，二師陳于柏舉。闔廬之弟夫概王晨請於闔廬曰：‘楚瓦不仁，其臣莫有死志。先伐之，其卒必奔；而後大師繼之，必克。’弗許。”“吳王子辰”，傳文作“夫概王晨”。此外還有柏舉之役時伍員爲吳行人（《定公四年傳》），而簡文以爲吳太宰，言伍員有一子名伍雞，亦未見。

（六）楚共與晉景、厲時的弭兵之盟

《繫年》第十六章載楚共王時期的楚晉弭兵之盟與鄢陵之戰，内容如下。

楚共王立七年，命尹子重伐鄭，爲汜之師。晉景公會諸侯以救鄭，鄭人𡈝（止）芸（鄖）公儀，獻諸景公，景公以歸。一年，景公欲與楚人爲好，乃脫芸（鄖）公，囟（使）歸求成，共王使芸（鄖）公聘於晉，得許成。景公史糴之茷聘於楚，且修成，未還，景公卒，剌（厲）公即立。共王使王子辰聘於晉，或（又）修成，王或（又）使宋右師芋（華）孫元行晉楚之成。明歲，楚王子⿺辶罷（罷）會晉文子燮及諸侯之大夫，盟於宋，曰：“爾天下之甲（甲）兵。”明歲，剌（厲）公先起兵，率師會諸侯以伐秦，至于涇。共王亦率師回（圍）鄭，剌（厲）公救鄭，敗楚師於鄢。剌（厲）公亦見禍以死，亡後。

簡文此段記載楚共王七年以來的楚晉弭兵之盟，相關記載可參《成公七年傳》，以及成公九到十三年的傳文。内容是說晉景公欲與楚人爲好，故釋楚囚鄖公儀，使其返楚求成，共王復使鄖公儀聘於晉以求成。晉使糴之茷來聘楚，未成而晉景公卒。厲公即位，共王使王子辰聘於晉，使宋華元行晉楚之成，楚王子罷會晉文子燮（士燮）及諸侯大夫，曰“弭天下之兵”。明歲，厲公毀盟，先起師會諸侯伐秦，故楚人圍鄭，而厲公救鄭敗楚師於鄢。

傳文不同於簡文者在於，晉人於魯成公九年釋鄖公，楚使公子辰如晉修好，未有再使鄖公如晉事。而因晉景公卒，糴茷入楚未能修好。因時華元善於令尹子重及欒武子，故如楚及晉以合晉楚之成。然而簡文則書“王又使宋右師華孫元行晉楚之成”，見其從楚人角度來看華元合楚晉盟事。明歲，晉師先以諸侯之師戰秦師，秦師敗績，晉師濟涇。而楚子則伐鄭，華元出奔晉，弭兵之盟破局。

從弭兵之盟後晉人先出師這點來看，當是晉人先背盟，但《左傳》載晉伐秦時，卻強調秦人背盟，既與晉有令狐之盟，又召狄楚，欲道以伐晉。故晉使呂相絕秦，且出師伐秦。而楚爲了抗議晉背盟而伐鄭事，在《左傳》中卻透過子囊、申叔時之口，預言楚人將敗，子反必不免，而導致了鄢陵之敗，從簡文與傳文内容來看，兩者的立場不同。

（七）楚康以來的楚晉弭兵之盟

《繫年》第十八章載楚從康王、郟敖、靈王、平王、昭王及晉平公、昭公、頃公、簡公以來的楚晉關係。

晉臧坪公立十又二年，楚康王立十又四年，命尹子木會郘（趙）文子武及諸侯之大夫，盟于宋曰：“爾（弭）天下之甲（甲）兵。”康王即殜，孺子王即位。靈王爲令尹，令尹會邶（趙）文子及諸侯之大夫，盟于虢，孺子王即殜，靈王即立。靈王先起兵，會諸侯于緖，敦（執）徐公，述（遂）以伐徐，克㵳（賴）朱方，伐吳爲南懷之行，閉（縣）陳、鄵（蔡）殺鄵（蔡）靈侯。靈王見禍，景平王即立。晉臧坪公即殜，昭公、同（頃）公皆早殜。柬公即立，景平王即殜，昭王即立。許人亂，許公旆出奔晉，晉人羅，城汝易，居許公旆於頌（容）城。晉與吳會爲一，以伐楚，閔方城。述（遂）盟諸侯於召陵，伐中山。晉師大疫且飢，食人。楚昭王侵伊洛以復方城之師。晉人且有範氏與中行氏之禍，七歲不解甝（甲）諸侯同盟于鹹泉以反晉，至今齊人以不服于晉，晉公以弜（弱）。

其中簡99的“閖”通讀爲“縣”，“閖”在楚簡楚器中讀“間”，如《莊王既成》“如四與五之閖”（簡3），《曾姬壺》“宅茲漾陵蒿閖”。“閖”爲見母元部字，“縣”爲匣母元部字，兩者韻部同，且見、匣二母在楚簡中多見相通例。“頌”讀爲“容”，例見《性情論》簡12“貴其義，善其節，好其頌（容），樂其道，悅其教”，《從政》簡5、6“君子不緩（寬）則亡以頌（容）百姓”。

這段記載中晉國的世系爲臧坪公—昭公—同公—柬公，配合《晉世家》的世系來看，其即平公—昭公—頃公—定公。所記故事中令尹子木盟趙文子事見《襄公廿七年傳》；令尹王子圍盟諸侯於虢事，見《襄公廿七年》；靈王會諸侯於申，執徐公，伐賴、朱方與吳事見《昭公四年傳》；殺蔡靈侯在《昭公十一年傳》；靈王見禍在《昭公十三年傳》；遷許於容城事見《定公四年傳》；諸侯盟於鹹泉見《定公七年傳》；晉範氏與中行氏之亂則從魯定公十二年到哀公五年。上舉記事簡文大致同於傳文。

其中令尹子木盟趙文子事也見《競公虐》簡4：“[屈]木爲成於宋，王命屈木昏（問）軦武子之行安。”

（八）靈王以來的楚蔡關係

《繫年》第十九章載陳、蔡兩國由靈王時國滅併於楚縣，到平王時復邦，及後來蔡被吳人遷都於州來之事。簡文如下：

楚靈王立，既閖（縣）陳蔡，景平王即位，改邦陳蔡之君，囟（使）各復其邦。景平王即殜，昭[王]即位，陳蔡𦎫（胡）反楚，與吳人伐楚。秦異公命子蒲、子虎率師救楚，與楚師會伐陽（唐），閖（縣）之。昭王既復邦，焉克𦎫（胡），回（圍）蔡。昭王即殜，獻惠王立十又一年，蔡昭侯申懼，自歸於吳，吳縵（洩）用（庸）以師逆蔡昭侯，居於州來，是下蔡。楚人焉閖（縣）蔡。

其中昭王時陳、蔡、胡反楚，並與吳人伐楚事見《定公四年傳》；而秦師救楚乃在柏舉之戰、吳人五戰及郢後，秦哀公因申包胥故，使子蒲、子虎救楚，事見《定公四年傳》與《定公五年傳》；吳洩庸如蔡納師，而遷蔡於州來事見《哀公二年傳》，簡文誤記爲惠王十一年，《清華簡·釋文》以爲該年楚公孫朝帥師滅陳，簡文可能係將陳、蔡之事混淆而致誤。（清華大學出土文獻研究與保護中心，2011：185）

以上舉出《上博》、《清華》簡文中所載楚國史事可與《左傳》等傳世史籍相對應者。而2011年底浙江大學藝術與考古博物館公佈該館新收藏的戰國楚簡，內容包括《左傳》、《日書》、《卜筮祭禱》、《遣策》四部分，其中的《左傳》簡抄寫了《襄公九年傳》到《襄公十年傳》的傳文，竹簡共編124號，計字數在3 100字以上。（曹錦炎，2011a）（簡文《左傳》部分以下簡稱《浙大簡·左傳》）

目前學界對於《浙大簡》的真僞，有二派極不同的看法，主僞派以邢文爲代表，主真派以曹錦炎爲代表。邢文在《浙大藏簡辨僞》（上）、（下）中，從“形制”、“內容”、“鑒定”以及書法的“章法”、“結字”、“筆法”論證此批竹簡爲僞作；（邢文，2012a；2012b）而曹錦炎則針對所論，指出其所論皆“細枝末節、模棱兩可”，故不會對此作出回應。（韓少華，2012）

若將《浙大簡·左傳》與今本《左傳》對讀，可看出其在故事情節方面，與傳本《左傳》無異，只是多見用字與文句的繁簡不同。

若再進一步將《浙大簡·左傳》與傳本《左傳》的文句加以比對，可發現簡文中的衍字以衍“之”、“得”、“得之”三類最多，而這些衍字出現的文句，有很多是不當加入衍字的，略舉如下：

簡2“陳畚之挶，具綆缶，備水器”。傳文作“陳畚挶，具綆缶，備水器”。畚、挶爲二物，不當作“畚之挶”。

簡4“令隧正納之[郊保]奔得火城”。傳文作“令隧正納郊保，奔火所”。“奔得火城”，當即“奔火城”義，簡文加“得”不辭。

簡5“（使得丘）閱討之官，官庀之司。向戌之討其得之司討左，亦之如”。傳文作“使華閱討右官，官庀其司。向戌討左，亦如之”。簡文“向戌之討其得之司討左”不辭，其義爲“向戌討左

(官)”，簡文在“討左”前衍“之討其得之司”，又易“如之”爲“之如”。義皆難通。

簡7“（使皇郥命校）正出馬，工正出車，備得之甲兵，庀得武守。”傳文作“使皇郥命校正出馬，工正出車，備甲兵，庀武守”。簡文將“備甲兵，庀武守”易爲“備得之甲兵，庀得武守”。加入“得之”、“得”字，不辭。

簡9、10“二師令四鄉之正敬宮（《享》），祝宗之四馬於墉，盟之用馬於之四墉，祀得之盤庚於西門之外。”傳文作“二師令四鄉正敬享，祝宗用馬於四墉，祀盤庚於西門之外”。其中“祝宗用馬於四墉”句，簡文易爲“祝宗之四馬於墉，盟之用馬於之四墉”。前一句少動詞“用”，後一句又繁加“盟之用馬”，“於墉”、“於之四墉”義重複，而“祀盤庚於西門之外”簡文作“祀得之盤庚於西門之外”，亦不辭。

簡15、16“［故商主大火。商人］閱其禍得之敗之釁，必得始於火，是以日知其有天道。”傳文作“商人閱其禍敗之釁，必始於火，是以日知其有天道也”。簡文在“禍敗”一詞中加入“得之”二字，使“禍敗之釁”變成“禍得之敗之釁”，義難通。

簡21“是於《周》利得義之和，元亨利貞，之無咎。”傳文作“是於《周易》曰：‘隨，元亨利貞，無咎’”。傳文所引爲《隨》卦卦辭，而簡文在“元亨利貞”前加“利得義之和”，在“無咎”前加“之”，不僅已非卦辭原貌，義又難通。“利得義之和”句當屬下文“利，義之和也”句。

簡31“其庶人力於農穡，商工得之皂隸，不知遷業。”傳文作“其庶人力於農穡。商、工、皂、隸不知遷業”。簡文把“商、工、皂、隸”四民易爲“商工得之皂隸”，不辭。

簡33“韓起於得之少欒黶”，傳文作“韓起少於欒黶”，簡文將“於”移於“少”之前，又加入“得之”二字，使全句難曉。

簡39、40“季得武子、齊得崔之杼宋皇郥從荀罃、士得匄門於鄟門。”傳文作“季武子、齊崔杼、宋皇郥從荀罃、士匄，門于鄟門”。簡文在“季武子”、“士匄”名中都加入“得”字，而“齊崔杼”則變作“齊得崔之杼”，“得”加於國名與人名間。這種用法在古漢語中未見。人名間加“得”、“得之”者，還見“孟得獻子”（簡102）、“荀得之偃”（簡95）。人名間加“之”者，還見“士之弱”（簡11）、“荀之罃”（簡120）、“子之駟”（簡123）。

簡84、85“‘……明神得之要盟，背之，可。’皆有乃及晉楚平。”傳文作“‘……明神不蠲要盟，背之，可也。’乃及楚平”。簡文“得之要盟”，與傳文“不蠲要盟”，義正相反。而此段文乃鄭子駟、子展欲背晉盟而與楚平時所言，故簡文言“及晉楚平”不當，當去“晉”。

上舉數例都對曹錦炎的說法不利。

三、簡文内容未見於傳世史籍者

《左傳》記事止於楚惠王廿年，因此《繫年》中有些内容未見於傳文，加上《史記》於楚惠王至悼王之間的歷史記載疏漏甚多，故以下將簡文内容未見史傳者加以搜羅，而依性質略分爲《春秋》類與《語》類二種。兩者的不同主要在於前者是以一個或數個事件的記載爲主，通常是戰爭、盟會，甚至祭祀、巡狩等，強調事件相關的人物、時間、結果，以紀實爲目的，重在附記年份；後者着重在對話，通常透過對話體現人物的性格，或突顯某些價值觀念，強調整體印象，所記錄的事件常與史實不合，但求能達到某些教化的目的即可，故通常不會有詳細的紀年。

（一）《春秋》類史料

1. 楚簡王時

（1）簡王七年。

楚簡大王立七年，宋悼公朝于楚，告以宋司城坡之約公室。王命莫囂陽爲率師以定公室，城黃池，城雍丘。晉魏斯𨗨（趙）𡕒（浣）韓啓章率師回（圍）黃池，𨗿迵而歸之於楚。（廿一章）

（2）簡王九年。

王命莫囂陽爲率師侵晉，□（奪）宜陽，回（圍）赤□，以復黃池之師。魏斯、□（趙）𡿨（浣）、韓啓章率師救赤□，楚人豫（舍）回（圍）而還，與晉師戰於長城。楚師亡工（功），多棄□（旃）幕，宵□（遁）楚以與晉固爲肙（怨）。（廿一章）

其中記載楚簡王七年命大莫敖陽爲平定宋室之亂，城黃池。後晉人魏斯、趙浣、韓啓章率師來圍事。而簡王九年，王再命陽爲侵晉，奪宜陽、圍赤澭，以復黃池之辱，然晉人又率師來救，楚師釋圍，戰敗而返。

"莫敖陽爲"一名又見曾侯乙墓簡上的紀年，作"大莫囂𬃹喙適逋之春"（簡1），及葛陵楚簡"大莫囂𬃹爲戰於長城之［歲］"（甲三36）、"［大］莫囂昜爲、晉帀戰於長［城之歲］"（甲三296），李學勤以爲陽爲適逋之年爲楚惠王五十六年，而與晉師戰於長城之年，依《繫年》來看爲楚簡王九年，兩者相距九年，時間接近。（李學勤，2010：73）

2. **楚聲王時**

（1）聲王元年。

楚聖𧼨王即位元年，晉公止會諸侯於任，宋悼公將會晉公，卒于□。韓虔、趙蘆（籍）、魏擊率師與越公翳伐齊，齊與越成，以建昜、邙陵之田，且男女服。越公與齊侯貣、魯侯侃盟于魯稷門之外。越公內亯（饗）於魯，魯侯馭，齊侯參乘以內。（廿二章）

（2）聲王？年。

晉魏文侯斯從晉師，晉師大敗齊師，齊師北，晉師逐之，內至汧水，齊人且有陳慶子牛之禍，齊與晉成，齊侯盟於晉軍。晉三子之大夫內齊，盟陳和與陳淏於溋門之外，曰："毋修長城，毋伐亩丘。"晉公獻齊俘馘於周王，述（遂）以齊侯貣、魯侯羴（顯）、宋公畋、衛侯虔、鄭伯怠（駘）朝周王于周。（廿二章）

（3）聲王四年。

楚聖𧼨王立四年，宋公畋鄭伯怠（駘）皆朝于楚。王率宋公以城□（榆）關，是（寘）武陽。秦人敗晉師於洛陰，以爲楚援。（廿三章）

簡文記載聲王即位時，晉烈公止會諸侯於任，而宋悼公往會，並卒於會。韓虔、趙籍、魏擊率師與越公翳聯合伐齊。後齊與越成，盟於魯稷門之外。聲王四年時，宋休公田、鄭繻公駘皆朝於楚，王率宋師城榆關置武陽。時秦人敗晉師於洛陰，以爲楚援。

越公翳即《史記·越王勾踐世家》中的"王翳"，《越絕書》及《吳越春秋》稱"不揚"，銅器銘文作"不光"或"旨毉"。（曹錦炎，1995：74）

《驫羌鐘》載："唯廿又再祀，驫羌乍戎，氏辟韓宗，敾逹征秦，迮齊入長城，先會于平陰，武侄寺力，富敓楚京。"其中所載驫羌佐韓宗征秦，迮齊入長城事，即《竹書紀年》晉烈公十二年"王命韓景子趙烈子翟員伐齊入長城"事，學者以爲是周威烈王廿二年事，[21]據《六國年表》，威烈王廿二年即楚聲王四年，可與簡文內容配合。

3. **楚悼王時**

（1）悼王元年。

列（悼）哲王即位。鄭人侵□（榆）關，陽城洹恧君率□（榆）關之師與上國之師以交之，與之戰於桂陵，楚師亡功。競之賈與舒子共□（止）而死。（廿三章）

（2）悼王二年。

（明歲）晉□余率晉師與鄭師以內王子定。遊（魯）陽公率師以交晉人，晉人還，不果納內王子。（廿三章）

（3）悼王三年。

（明歲），郎臧平君率師侵鄭，鄭皇子、子馬、子池、子垟子率師以交楚人，楚人涉氵，將與之戰，鄭師逃內於蔑。楚師回（圍）之於蔑。盡逾鄭師與其四將軍，以歸於郢，鄭大宰慭（欣）亦起禍鄭，鄭子陽用滅，亡後於鄭。（廿三章）

（4）悼公四年。

（明歲）楚人歸鄭之四將軍與其萬民於鄭。晉人回（圍）津、長陵克之。王命平亦（輿）悼武君率師侵晉，逾郛（郜），□（止）□（滕）公涉□以歸，以復長陵之師。

（5）悼公五年。

（晉年）[22]韓取、魏絽（擊）率師回（圍）武陽，以復郛（郜）之師。遂（魯）陽公率師救武陽，與晉師戰於武陽之城下，楚師大敗，遂（魯）陽公、平亦（輿）悊武君、陽城洹悉君，三執珪之君與右尹卲之𨙶死焉，楚人盡棄其□（旃）幕、車、兵，犬逸而還。陳人焉反而納王子定於陳，楚邦以多亡城。（廿三章）

（6）悼公？年。

楚師將救武陽王命平亦（輿）悼武君李人於齊陳淏求師。陳疾目率車千乘，以從楚師於武陽。甲戌，晉楚以戰。丙子，齊師至喦，述（遂）還。（廿三章）

簡文載悼王即位，鄭人侵榆關，陽城君率師伐之，戰於桂陵，楚師敗，景之賈與舒子共而死。二年，晉鄭兩國欲納王子定。魯陽公率師討晉師，納王子定未果。三年，郎莊平君率師侵鄭，鄭人與之戰，潰逃於蔑，楚師圍之。俘鄭四將軍以歸於郢。時鄭內亂，大宰欣、子陽亂鄭，鄭人誅之。四年，楚人歸鄭四將軍。晉人圍長陵以救鄭，王命平夜君率師侵晉。次年，韓取、魏擊率師圍武陽，魯陽公來救，與晉師戰，楚師大敗，魯陽公、平輿君、陽城君及右尹卲𢓊皆戰死。楚人敗逃，陳人迎王子定於陳。

《繫年》以上紀事，若並載於《史記》中的兩國世家時，通常很容易確定其發生的時間。然而以上諸事，絕少見載於《史記》，而且《繫年》所記，除楚王紀年外，無他王紀年可對照，故我們僅能從事件內容去對應楚王紀年，再由楚王紀年對應到諸國紀年，推測是發生在某公某侯幾年之事。如根據《六國年表》將楚王某年對應到晉或宋、齊等國的某公或侯幾年。但可行的前提是《六國年表》各國王世相對紀年無誤，然而簡文中關於晉國的紀年，與《六國年表》實際上存在着不同。《繫年》110簡載晉柬公後有敬公，敬公十一年趙桓子會諸侯之大夫與越令尹宋盟於邛以伐齊。這個"晉柬公"前文說到是"晉定公"，故"敬公"爲定公之後，而《六國年表》定公後即位者爲出公，出公後爲哀公，哀公後爲幽公、烈公、孝公、靜公，並無"敬公"一名；而《竹書紀年》於定公後是出公、敬公、幽公、烈公。故《六國年表》的哀公相當於《竹書紀年》的敬公。《晉世家》載出公十七年，哀公十八年，而《竹書紀年》則載出公廿三年，敬公十二年（十二年後未列，先暫定爲十二年），（楊家駱，1989：248）[23]則晉出、敬二公之間有五年的誤差。但《六國年表》列哀公年卻列了十九年，唐人張守節《史記正義》言"表云，晉出公錯十八年，晉哀公忌二年，晉懿公驕立十七年而卒"。（瀧川龜太郎，1993：271）也因此《六國年表》與《竹書紀年》間有了一年的誤差，《六國年表》晉君紀年要晚《竹書紀年》一年。

而上述內容見於《史記》者有，簡文悼王三年"鄭子陽用滅，亡後於鄭"，《鄭世家》"（繻公）廿五年，鄭君殺其相子陽"。此事《六國年表》列於悼王四年，晚於簡文一年；王子定奔晉，《六國年表》列於楚悼王三年。

（二）《語》類史料

關於記載與楚王有關的語類史料，有以下幾則。

1. 莊王故事

與莊王有關故事見《莊王既成》，如下：

臧（莊）王既成亡鐸（射），以問沈尹子莖，曰："吾既果成無鐸（射）以供春秋之嘗以待四叜（鄰）之賓［客］。後之人幾可保之？"沈尹固辭。王固問之。沈尹子莖答曰："四與五之間乎？"王曰："如四與五之間，載之塼車以上乎？殹（抑）四舿以逾乎？"沈尹子莖曰："四舿以逾。"

文中"亡鐸"的"鐸"作"□"，字左旁部分同於《上博·緇衣》簡21"《詩》云：'備（服）之亡（無）𧰨'"的"𧰨"，今本《緇衣》對應的句子爲"《葛覃》曰：'服之無射'"（廿三章），知从

“𧰼”聲的字可通讀爲“射”。而簡文中莊王問沈尹子莖這個無射大鐘將能保有幾代？之後是會被車載北上至晉或船運南下至吴？沈尹子莖則答“船運而下”。鑄鐘故事是當時流行的一個故事母題，類似情節又見《曹沫之陳》與《慎子》佚文（《初學記》卷十六所引），二則記載的主角都是魯莊王與曹沫，而歷史上也有周天子鑄無射的記載（《昭公廿一年傳》），故莊王鑄鐘故事爲虚構的成分很大。

沈尹子莖爲邲之役時的中軍將，其人又見載於《吕氏春秋》、《墨子》、《新序》等書。或作“沈尹莖”（《吕覽·贊能》）、“沈尹蒸”（《吕覽·當染》）、“沈尹巫”（《吕覽·尊師》）、“沈尹筮”（《吕覽·察傳》）、“沈尹竺”（《新序·雜事》）。其中“桱”、“莖”爲一字，“蒸”爲通假，“巫”、“筮”、“竺”爲誤寫。《説苑·雜言》載：“沈尹名聞天下，以爲令尹，而讓孫叔敖，則其遇楚莊王也。”説明其還曾推薦孫叔敖給莊王，而讓令尹之位。

而莊王四代後爲平王或昭王時期（若郟敖不計），也正是楚人屢敗於吴之時，柏舉之役，吴人甚至攻入郢都，所以故事内容會説無射鐘能保有莊王後的“四與五之間”。莊王時有邲之役的勝利，吴亦服於楚，可説是楚人勢力最强盛的時期，因此故事背景會選定此時。然而莊王時巫臣通吴，吴已漸漸成爲楚患，至昭王五戰及郢，故簡文借沈尹之口推測説此鐘將來會“四舿以逾”，即船載入吴，其寫作的時間也當在昭王以後，應是作者已知吴人入楚事，故編造這個故事。

2. **靈王故事（《申公臣靈王》）**

戠於朸述，緖（陳）公子皇峕（止）皇子。王子回（圍）敓（奪）之，緖（陳）公爭之。王子回（圍）立爲王，緖（陳）公子皇見王曰：“緖（陳）公，［子］忘夫析述之下乎？”緖（陳）公曰：“臣不知君王之將爲君，如臣知君王之爲君，臣將或致焉。”王曰：“不穀以笑緖（陳）公，氏（是）言棄之，今日緖（陳）公事不穀，必以氏（是）心。”緖（陳）公坐拜起，答：“臣爲君王臣，君王孛（免）之死，不以振斧疐（鑕），何敢心之有。”

這個故事説靈王尚未爲王時，曾與陳公爭囚，[24]時陳公據理不讓，靈王强奪之。靈王即位後，問陳公，若當時知我將爲王，是否仍會與我爭囚，陳公回答必致囚於王。靈王是以笑，要陳公繼續以當時與己爭囚、不畏强權之心事己。

這個故事顯現靈王好勝爭强、不計前嫌的性格。這個故事也是虚構出來的，《左傳》中與之接近的故事見《襄公廿六年傳》（楚康王十三年）與《昭公八年傳》（楚靈王七年），分别是《襄公廿六年傳》的：

楚子、秦人侵吴，及雩婁，聞吴有備而還。遂侵鄭。五月，至于城麇。鄭皇頡戍之，出，與楚師戰，敗。穿封戌囚皇頡。公子圍與之爭之，正於伯州犂。伯州犂曰：“請問於囚。”乃立囚。伯州犂曰：“所爭，君子也，其何不知？”上其手，曰：“夫子爲王子圍，寡君之貴介弟也。”下其手，曰：“此子爲穿封戌，方城外之縣尹也。誰獲子？”囚曰：“頡遇王子，弱焉。”戌怒，抽戈逐王子圍，弗及。楚人以皇頡歸。

以及《昭公八年傳》的：

使穿封戌爲陳公，曰：“城麇之役不諂。”侍飲酒於王，王曰：“城麇之役，女知寡人之及此，女其辟寡人乎？”對曰：“若知君之及此，臣必致死禮以息楚。”

對照之下，推測“朸述”當指“城麇”之役。簡文乃融合以上兩段故事再加以重新創造。所不同的是傳文中當靈王問穿封戌，若知我將來會爲王，是否還會與我爭囚？而穿封戌的回答是“必致死禮以息楚”，孔疏：“致死禮者，欲爲郟敖致死殺靈王也”，與簡文中的回答殊異，然而簡文的“臣將或致焉”，與傳文的“臣必致死禮”，同用一“致”字，似乎有沿襲的痕迹。《左傳》中對靈王篡立一貫採取撻伐的手法，如《昭公四年傳》載靈王戮齊慶封，使之負斧鉞，以徇諸侯，並使言曰“無或如齊慶封，弒其君，弱其孤，以盟其大夫！”慶封卻言：“無或如楚共王之庶子圍，弒其君，兄之子麇，而代之，以盟諸侯！”王因此命使速殺之。

因此也可以看出這是一個楚人版的楚國故事，乃從正面的角度來描寫靈王的形象。靈王後不得善終，《君人者何必安哉·甲》有“先君靈王乾谿雲𣶒”語（簡9）。而《申公臣靈王》與上舉《莊王既成》被連抄在同一卷簡中，也説明其都屬於楚王傳記類故事。

3. 平王故事

(1)《平王問鄭壽》(含《平王與王子木》部分)。

景平王就鄭壽繇之於屎窗(廟)曰:“禍敗因重於楚邦,懼鬼神以取怒,思(使)先王亡所歸。吾何改而可?”鄭壽辭不敢答。王固繇之,答:“如毁新都戚陵臨陽,殺左尹宛,少師亡忌。”王曰:“不能。”鄭壽:“如不能,君王與楚邦懼難。”鄭壽告有疾不事。明歲,王復見鄭壽,鄭壽出居(據)路以須。王與之語,少少,王笑曰:前冬言曰:“邦必亡我,及今可若?”答曰:“臣爲君王臣,介備(服)名,君王遂(遷)凥,辱於老夫。君王所改多多,君王保邦。”王笑,如我得免,後之人何若。答曰:“臣弗知。”(《平王與王子木》1)。(沈培,2011a:304)

(2)《平王與王子木》(含《志書乃言》部分)。

景平王命王子木迈(蹠)城父。過繙(申),睹(舍)食於鼪寃。城公幹胍(遇),跪於疇中。王子問城公:“此何?”城公答曰:“疇。”王子曰:“疇何以爲?”曰:“以種麻。”王子曰:“何以麻爲?”答曰:“以爲衣。”城公起,曰:“臣將有告,吾先君臧(莊)王迈(蹠)河雍之行,睹(舍)食於鼪寃,酪羹不酸,王曰:‘甕不蓋。’先君知甕不蓋,酪不酸,王子不知麻。王子不得君楚邦國,不得楚臣邦。”(《志書乃言》8)(沈培,2011b)

此上兩則故事中,前則以平王與鄭壽的對話,突顯平王欲改楚弱、外敵入侵的窘境,而就教於鄭壽。其時代背景可假設是在楚平王十年的雞父之役後,因平王初期國未有難。而《左傳》於雞父之役後,也透過沈尹戌之口說“子常必亡郢”(《昭公廿三傳》)、“亡郢之始,於此在矣。王一動而亡二姓之帥,幾如是而不及郢”(《昭公廿四年傳》),甚至借由日食天象,來預言“六年及此月也,吳其人郢乎”(《昭公卅一年傳》)。而吳人始入郢乃在昭王十年的柏舉之役。故《平王問鄭壽》中的“使先王無所歸”是加入了後來吳人入郢的情節。簡文中平王以不欲殺郤宛與費無忌爲由,婉拒鄭壽的建言,而鄭壽以爲此舉將使楚邦亡。一年後,楚未亡邦,故王以此事揶揄鄭壽。郤宛被殺見《昭公廿七年傳》,即楚平王死後的次年,郤宛因費無忌之譖而死於子常之手,子常也因沈尹戌之言而殺費無忌,兩人都死於昭王元年。因此簡文内容言平王不殺此二人而仍保邦,這點是符合史實的,終平王之世二人皆未見殺。

從簡文看來平王是寬厚有餘的人,因而其不忍殺郤宛與費無忌,而《左傳》中沈尹戌曾言“平王之溫惠恭儉,有過成、莊,無不及焉”(《昭公廿七年傳》),看來與簡文中所描寫的平王性格相當一致。

《平王與王子木》的故事又見《說苑·辨物》及阜陽漢簡《說類雜事》簡54至58,[25]《辨物》的内容如下:

王子建出守於城父,與成公乾遇於疇中,問曰:“是何也?”成公乾曰:“疇也。”“疇也者,何也?”曰:“所以爲麻也。”“麻也者,何也?”曰:“所以爲衣也。”成公乾曰:“昔者莊王伐陳,舍於有蕭氏,謂路室之人曰:‘巷其不善乎!何溝之不浚也?’莊王猶知巷之不善,溝之不浚,今吾子不知疇之爲麻,麻之爲衣,吾子其不主社稷乎?”王子果不立。

内容大同小異,而這個故事主要是以王子建不辨五穀、不知民事來預言其將來無法爲王。簡文中城公舉莊王河雍之行時知“甕不蓋,酪不酸”的道理,而王子建卻連疇、麻何爲亦不知來作比。河雍之行爲邲之役,莊王時爲楚國最強盛時期,故楚人慣以莊王及河雍之役來作爲正向的譬喻。然而《辨物》改爲“莊王伐陳”,就不及簡文的故事性強。

王子建爲平王的太子,因費無忌之讒而奔宋、鄭,又因與晉人謀襲鄭,亡於鄭。事見《昭公十九年傳》、《昭公廿年傳》。其有一子名勝,後入吳,楚惠王時子西招之,以爲白公。惠王十年,白公爲亂,殺子西、子期而劫惠王,事見《哀公十六年傳》。太子建因其早亡,故在《左傳》中的記載不多,重點在於其遇讒而亡的不幸遭遇,在鄭時因“暴虐於私邑”(《哀公十六年傳》),爲邑人所害,死於鄭人之手,這是唯一與其性格有關的記載。而《平王與王子木》中讓其以負面形象出現,有可能是與其子白公勝後來叛楚有關。因此這個故事寫作的時間很有可能是在白公亂後。

《平王問鄭壽》和《平王與王子木》也是連抄的兩篇,前者講平王故事,後者則記述王子建故事,兩者都屬於楚王或楚王子故事類。

4．**昭王故事**

（1）《昭王毀室》。

昭王爲室於死湑之淲，室既成，將落之。王誡邦以飲酒。既型，落之，王內，將格。有一君子，喪備（服）曼廷將迈閨。稚人止之，曰：“君王始入室，君之備（服）不可以進。”不止，曰：“小人之告窔，將斷於今日。爾必止小人，小人將訋（召）寇。”稚人弗敢止。至閨，卜令尹陳省爲視日，告：“僕之母辱。君王不逆，僕之父之骨在於此室之階下，僕將埮（掩）亡老□以僕之不得并僕之父母之骨，私自埻。”卜令尹不爲之告。“君不爲僕告，僕將訋（召）寇。”卜令尹爲之告，［王］曰：“吾不知其爾墓。爾姑須既落焉從事。”王徙處於坪滿（瀨），卒以大夫飲酒於坪滿（瀨）。因命至俑毀室。

（2）《昭王與龔之脽》。

昭王迈逃珤，龔之脽馭王。將取車，大尹遇之，披襦衣。大尹內告王：“僕遇脽將取車，披襦衣。脽介趣（趨）君王，不獲寅（引）頸之辠，君王至於定（正）冬而披襦衣！”王訋（召）而余（予）之衽袍。龔之脽披之，其衿見。□（返）逃珤，王命龔之脽毋見。大尹聞之，自訟於王：“老臣爲君王獸（守）視之臣，辠其容於死。或聞死言：‘僕見脽之倉（寒）也，以告君王，今君王或命脽毋見，此則僕之辠也。’”王曰：“大尹之言脽何□有焉。天加禍於楚邦，息（霸）君吳王身至於郢。楚邦之良臣所□（暴）骨吾未有以憂其子，脽既與吾同車或［舍之］衣，思（使）邦人皆見之。”三日，焉命龔之脽見。

這兩則與昭王有關的故事中，前者記昭王新室成，王將舉行落成之禮，突然有一君子欲闖入，言因其父葬於室下，室成則無法取父骨，讓父母合葬，故要來見王。王知此事後，告君子曰，因不知其父葬於下而爲室，故要等到典禮成，再讓其取父之骨。王於典禮完後，徙居他處，並命人毀室。簡文中的“落”見諸於《昭公四年傳》“叔孫爲孟鐘，曰：‘爾未際，饗大夫以落之。’”及《昭公七年傳》“楚子成章華之臺，願與諸侯落之”。楊伯峻注：“古代凡器用，如鐘、鼓之類，及宗廟，先以豬、羊或雞之血祭之，曰釁。然後饗宴，則名之曰落，猶今言落成典禮。”（楊伯峻，1993：1258）

後一則故事記昭王有一次逃亡時，由龔之脽御王。龔之脽取車時，被大尹看見在嚴冬中僅着薄衣，因此大尹將此事告訴王，王即賞之袍，後來龔之脽穿上袍時，故意把衣襟露出。王逃亡回來後，命龔之脽不可來見。大尹知道了這件事，去向王請罪，以爲是自己的進言害了龔之脽，王則解釋說，此時此刻天加禍於楚邦，吳人攻入我郢都，楚國良臣爲此役死傷無數，我不能憂傷別人戰死的兒子，卻對御駕我的人給以厚賞。三天後才讓龔之脽見王。龔之脽是楚共王之後，也是王室之子。故昭王才會說出這樣的話。

從以上兩則昭王故事可見昭王仁民愛物又有原則的行事風格，愛己子亦愛人之子，楚人以愛子爲德，《昭王十三年傳》載靈王聞群公子之死，自投於車下，曰：“人之愛其子也，亦如余乎？”又說：“余殺人子多矣，能無及此乎？”後縊於芋尹申亥氏。故事中昭王能成全君子父母合葬的孝心，予親人厚賞時能想到他人的親人爲己而死，都顯現了他推己及人之心。而這種胸懷也應該是君王當有的，這正是此兩則故事欲表現的思想主題。

《哀公六年傳》記載昭王有腹心之疾，臣下建議舉行禜祭，將惡疾移於令尹、司馬，而昭王一口回絕。孔子聞之曰：“楚昭王知大道矣！”和簡文的形象相當一致。

5．**簡王故事**

簡王故事見《柬大王泊旱》，諸家重排意見頗多，以下擇二組簡文討論。[26]

（1）簡8、3、4、5、7組。

高山深溪。王問釐尹高：“不穀瘵甚病，驟夢高山深溪。吾所得地於膚（莒）中者，無有名山名溪，欲祭於楚邦者乎？尚訟（蔽）而卜之於大夏。如慶（孚），將祭之。”釐尹許諾。訟（蔽）而卜之，慶（孚）。釐尹致命於君王：“既訟（蔽）而卜之，慶（孚）。”王曰：“如慶（孚），速祭之。吾瘵一病。”釐尹答曰：“楚邦有常故焉敢殺祭？以君王之身殺祭，未嘗有。”王內，以安君與陵尹子高：“卿（向）爲……

（2）簡 13、15、16 組。

大宰：“我何爲，歲焉篙（熟）？”大宰答：“如君王修郢高（郊）方若然里。君王毋敢戋害豨，相徙、中余與五連小子及寵臣皆逗（屬），毋敢執築□。”王許諾。修四蒿（郊）。三日，王有埜（豫）色，逗（屬）者有□人。三日，大雨，邦（賴）之。發駐（馹）迈（蹠）四疆，四疆皆（熟）。

簡文說到日旱飢荒使簡王罹病，因其夢到名山大川，故欲祭名山大川以求去病。透過占卜，得到祭祀即可病愈的答案，即命人速祭。但釐尹告簡王曰，此舉不合常故，因此王轉而詢問他人，後來太宰告之，要其修四郊，王許諾。三日後大雨，且王有豫色，四疆皆熟。

故事中反映了楚王能廣納眾言、不惑於鬼神的性格，修四郊、勤民事而天降大雨，物阜民豐。其中“吾所得地於莒中者”事正是《楚世家》載“簡王元年北伐滅莒”而得莒地之事。

上舉的莊、靈、平、昭、簡王故事中，不管是莊王的居安思危、靈王的不念舊惡、平王的仁厚溫惠、昭王的推己成人、簡王的不惑鬼神，都是從正面來塑造君王的形貌，故事中很多事件不符史實，很多情節可能是拼湊他事或改編當時流行的故事，但因這類語類性質的故事重點不在紀實而在於背後的教化功能，創作改編是它的特點，這也是其與春秋類故事最大的不同。然而這些語類故事到底是爲哪些讀者而作？從內容着重君王行事的記載來看，很可能是給未來將成爲國君的人閱讀，至少也是楚王室或貴族子弟們閱讀，故如王子建般不知民事的人，也能入故事，就是因爲其有“不得君楚邦國”的特性故被採入，這即是從反面來申說國君當俱備的條件。

四、結論

本文將楚簡中記載的楚國史事分爲兩大類，一類是可與傳世史籍互證者，一類是未見於傳世史籍者，而後者又分爲《春秋》類史料與《語》類史料。與傳世史籍可互證者，包括“文王伐蔡滅息取息嬀”事，其與傳文比較後知文王滅息是文王爲客於息而蔡侯與從的次年之事，而簡文未有息嬀未言的情節；“楚晉城濮之戰”事，根據簡文知楚晉兩方的聯軍還分別有群蠻夷之師及群戎之師的加入；“宋華元求於楚成”事中“申公叔侯”有可能是“申舟”；“楚晉邲之戰”事中從簡文的“圍鄭三月”，可知傳文的“三月”是指歷時三個月；而“鄭子家喪”中的“斲棺”當是“斲薄其棺”；“楚吳之役”中的“少□”即傳文中的夏姬，有夏徵舒妻的說法，而簡文中未有巫臣以襄老之尸召夏姬的情節；“楚共與晉景、厲時的弭兵之盟”事中華元主盟的楚共、晉厲之盟，由於晉人先背盟伐秦，造成楚圍鄭，與傳文以爲楚人先背盟不同。“楚康以來的楚晉弭兵之盟”、“靈王以來的楚蔡關係”內容基本上同於傳文。

未見於傳世史籍者，《春秋》類史料補了簡王、聲王、悼王時期的故事；《語》類的史料舉了楚莊、靈、平、昭、簡王的故事，這類《語》類史料可能是爲了某些人而編寫，並不盡符合史實，以展現爲君之道爲主。

楚簡中有些地方與傳文存在着記敘史觀與記敘方式的不同，這些地方很值得再去分析的。就簡文敘述文筆大體而言，文采不及傳文，但簡文中有一處描寫情節卻優於傳文，更加生動，這倒是值得提出的，本文就以這段文字來作結。

《成公二年傳》、《成公三年傳》載郤克因在齊國受婦人之辱，而在靡笄之役中敗齊，使齊侯親身朝晉。後來晉公見到郤伯，誇讚曰：“子之力也夫！”（相同記載亦見《國語·晉語五》第十一章“郤獻子等各推功於上”）而《繫年》第十四章則載：“齊頃公朝于晉景公，郇之克走援齊侯之帶，獻之景公曰：‘齊侯之來也，老夫之力也！’”描寫齊侯朝晉時，郤克手拉住齊侯腰帶，引之於晉公前，說：“齊侯之來也，老夫之力也！”得意之情，溢於言表。

附　注

①關於《繫年》，或以爲“《繫年》一篇字體是楚文字，但不能由此直接推論這是楚國人的著作……作者即使確是楚人，他的眼光則是全國的，沒有受到狹隘的局限”。（李學勤，2011：70）雖說我們無法肯定《繫年》一文祖本最初是否由楚人所寫定，但從其完整無間斷地標記楚王世系（文王到

悼王），並且有些篇章用楚王年號來紀事，如第廿二章敍韓、趙、魏三家與越公翳伐齊而後朝周王之事，與楚人無關，但附記"楚聲桓王即位元年"（簡 119），可知《繫年》一定有楚人手筆在內。《繫年》中的楚王連貫世次見："楚文王"（簡 24）、"生堵囂及成王"（簡 29）、"楚成王"（簡 41）、"楚穆王立八年"（簡 56）、"穆王即世，莊王即立"（簡 58）、"莊王立十又四年"（簡 61）、"莊王即世，共王即位"（簡 77）、"楚康王立十又四年"（簡 96）、"康王即世，孺子王即位"（簡 97）、"孺子王即世，靈王即位"（簡 98）、"靈王見禍，景平王即立"（簡 99）、"景平王即世，昭王即位"（簡 100）、"昭王即世，獻惠王立十又一年"（簡 106）、"楚簡大王立七年"（簡 114）、"楚聲桓王即位元年"（簡 119）、"聲王即世，悼哲王即位"（簡 127）。相較於晉公的世系未見有"出公"一世，且"烈公"後紀年不清楚，如簡文第廿二、廿三章皆載晉事卻無晉公年號，亦未用韓、趙、魏三家年號，其中的楚人觀點很明顯。

②《國語・楚語上・申叔時論傅太子之道》申叔時答楚莊王，太子當學者九，爲《春秋》、《世》、《詩》、《禮》、《樂》、《令》、《語》、《故志》、《訓典》，"教之《春秋》，而爲之聳善而抑惡焉，以戒勸其心；教之《世》，而爲之昭明德而廢幽昏焉，以休懼其動；教之《詩》，而爲之導廣顯德，以耀明其志；教之《禮》，使知上下之則；教之《樂》，以疏其穢而鎮其浮；教之《令》，使訪物官；教之《語》，使明其德，而知先王之務用明德於民也；教之《故志》，使知廢興者而戒懼焉；教之《訓典》，使知族類，行比義焉"。（上海師範大學古籍整理組，1981：528）

③《繫年》第廿三章記載了"鄭子陽用滅，亡後於奠。"（簡 132），此事據《史記・六國年表》爲楚悼王四年事。而簡文記此事後，後文又有"明歲"、"朞年"字樣，據《清華簡・釋文》，"朞年"義爲再一年。因之可推測《繫年》所記史事晚至悼王六年，甚至更後事。（瀧川龜太郎，1993：278）（清華大學出土文獻研究與保護中心，2011：200）

④《楚世家》惠王廿年以後至悼王亡之間的紀事爲：四十二年，楚滅蔡。［二］［正義］周定王二十二年。四十四年，楚滅杞，［三］［正義］周定王二十四年。與秦平。是時越已滅吳而不能正江、淮北。［四］［正義］正，長也。江、淮北謂廣陵縣，徐、泗等州是也。楚東侵，廣地至泗上。五十七年，惠王卒，子簡王中立。［一］［正義］中音仲。簡王元年，北伐滅莒。［一］［正義］《括地志》云："密州莒縣，故國也。"言"北伐"者，莒在徐、泗之北。八年，魏文侯、韓武子、趙桓子始列爲諸侯。二十四年，簡王卒，子聲王當立。聲王六年，盜殺聲王，子悼王熊疑立。悼王二年，三晉來伐楚，至乘丘而還。［二］［集解］徐廣曰："《年表》三年歸榆關于鄭。"［正義］《年表》云：三晉公子伐我，至乘丘，誤也，已解在《年表》中。（《地理志》）《括地志》云"乘丘故城在兗州瑕丘縣西北三十五里"是也。四年，楚伐周。鄭殺子陽。九年，伐韓，取負黍。十一年，三晉伐楚，敗我大梁、榆關。楚厚賂秦，與之平。二十一年，悼王卒，子肅王臧立。（瀧川龜太郎，1993：642）。

⑤"賽"下原簡誤加重文符號（見清華大學出土文獻研究與保護中心，2011：148）。

⑥本文的上古音韻標注乃依李珍華、周長楫：《漢字古今音表》，北京：中華書局 1999 年版。

⑦于豪亮以爲出土銅器中春秋時的息國器，"息"字有作"寚（塞）"或"郋"者（于豪亮，1985：63）。作"寚"者見《殷周金文集成》16. 10276 號器《寚公孫指父匜》，作"郋"者見《集成》16. 10330 號器《郋子行盆》，而《說文・邑部》："郋，姬姓之國，在淮北。"也以"郋"指息國。今從《繫年》知"息"亦可作"塞"，可證成于說。但《寚公孫指父匜》爲春秋早期器，器主爲"寚公孫指父"，早期學者因《郋子行盆》的"息"作"郋"，而反對將《寚公孫指父匜》視爲息爲國器。今從《繫年》知其亦可能爲息國器。若與楚滅陳後的陳公室器《陳公孫指父鈚》（《集成》16. 9979）比較，推測其可能是息國被滅後，子孫入楚作器。

⑧［清］梁玉繩對《管蔡世家》留哀侯九歲的說法，提出："《楚世家》言文王虜哀侯，已而釋之，則哀侯不死于楚，與此異詞，莫知孰是。"（瀧川龜太郎，1993：574）

⑨用"吾某也"表示身份親密的用法，常見於《左傳》，如《莊公六年傳》"楚文王伐申，過鄧。鄧祁侯曰：'吾甥也。'止而享之。騅甥、聃甥、養甥請殺楚子，鄧侯弗許。"鄧侯以"吾甥也"向楚文王表示關係親密。

⑩顧棟高以爲："余讀《春秋》至莊公六年楚文王滅申，未嘗不廢書而嘆也。曰：'天下之勢盡在

楚矣。’申爲南陽，天下之膂，光武所發迹處。是時齊桓未興，楚橫行南服，由丹陽遷郢，取荊州以立根基。武王旋取羅、鄀，爲鄢郢之地，定襄陽以爲門户。至滅申，遂北向以抗衡中夏。”（［清］顧棟高輯，吳樹平、李解民點校，1993：525）。

⑪關於楚地方城所在，歷來有多種不同的說法，《左傳・僖公四年》屈完答齊侯語：“楚國方城以爲城”，杜注：“方城山在南陽葉縣南。”而楊伯峻則認爲當以姚鼐說法較可信，姚說乃以從淮水以南到江、漢以北，西踰桐柏，東越光、黃這一綫的天然屏障，即今之桐柏、大別諸山都統稱方城。杜注所說的方城山，楚人曾因山爲故築連城，故《水經・潕水注》引盛弘之云：“葉東界有故城，始犨縣，東至瀙水，逕比陽界，南北聯，聯數百里，號爲方城，一謂之長城。”（楊伯峻，1993：292）簡文所入居的方城，當即方城山一綫的長城。《繫年》第五章的“文王以北啓出方成”，的方城亦當如是觀，因其指楚北向的通道，而出方城山即可達汝水至蔡境。《左傳》中言及方城者，還有《襄公廿六年傳》載與公子圍爭囚的穿封戌爲“方城外之縣尹”，《昭公十八年傳》“葉在楚國，方城外之蔽也”。皆指此。《繫年》簡117“楚人豫（舍）回（圍）而還，與晉師戰於長城”，《清華簡・釋文》以爲其乃楚長城，即起自南陽葉縣，沿方城山一綫的長城（清華大學出土文獻研究與保護中心，2011：191）。陳偉指出盛弘之所言的長城，南經葉縣東界，將葉縣圍繞在內，乃懷王廿八年四國伐楚，韓魏割佔方城之外大片土地，對宛、葉之地構成威脅時所築，非屈完所言方城，古方城乃在葉縣西南（陳偉，1992：44）。

⑫ 馬宗璉《春秋左傳補注》以爲“命駕夙載燧”意謂“蓋將焚林而田”，不確。楊伯峻已辨之（楊伯峻，1993：578）。今比觀簡文更可知其誤。

⑬ 申舟爲楚文王之後，故《楚系金文彙編》收錄的《州䇻簠》（補編44），銘文爲“惟正十月初吉庚午，𧊒文王之孫州䇻擇其吉金，自乍飤匿，永寶用之”，李學勤以爲器主是“文之無畏”即“申舟”這一系的後人（李學勤，2011b：102）。

⑭ 沈祖緜已指出兩棠之役即邲之役，孫人和《左宧漫錄・兩棠考》亦載“兩棠即邲地也”。然何以一作“兩棠”，一作“邲”，陳奇猷、楊伯峻皆主張邲爲水名，其上游爲滎瀆，又曰南濟，首受黃河，在滎陽曰“狼蕩渠”，“兩棠”即“狼蕩”，文異音同。《水經》“河水東過滎陽縣北，狼蕩渠出焉”即此（楊伯峻，1993：717）。而《呂覽・至忠》載兩棠之役時，以爲時在“荊莊哀王”時，高誘注以爲其是“考烈王之子，在春秋後”。畢沅以爲“楚莊王也，不當有哀字”。今驗以《鄭子家喪》知畢注爲正（陳奇猷，1988：580）。

⑮ 關於“斵子家之棺”的解釋，楊伯峻引《三國志・魏志・王凌傳》、《晉書・劉牢之傳》、《魏書・韓子熙傳》以爲“斵棺”爲“剖棺見尸也”，反對杜預的“斵薄其棺，不使從卿禮”（楊伯峻，1993：709）。今從簡文“命思（使）子家利（梨）木三畬（寸）”一語看來，杜注才是對的。

⑯《淮南子・人間》“昔者楚莊王既勝晉於河、雍之間，歸而封孫叔敖”，高誘注：“莊王敗晉荀林父之師於邲。邲，河、雍地也”。亦以河、雍間地指“邲”之役（參見何寧，1998：1 241）。

⑰ 董珊指出近年流散的銅器，有春秋晚期的《王子臣俎》一件及《王子臣戈》二套，銘文作鳥蟲書，分別是“王子臣作𩰫彝用終”與“王子臣之用”，其“王子臣”即“夫概王晨”。（見董珊，2011）。此二器見載於韓自強（2008：92～98）。俎銘作“王子臣作𩰫彝用亯”，器爲楚器，銘爲鳥篆，時代屬春秋中期偏早。董說不確。

⑱ 見匣聲部相通例見：“皇句（後）”（《三德》10），“句”爲見母侯部，“後”爲匣母侯部；“九三，艮其�（限）”（《周易》48），“�”爲見母文部，“限”爲匣母文部；“割（會）疾（譴）”（《景公虐》1），“割”爲見母月部，“會”爲匣母月部。。

⑲曹錦炎在《浙江大學藏戰國楚簡》未出版前，曾公佈部分簡文內容於《讀楚簡〈左傳〉劄記》中。（見曹錦炎，2011b）

⑳《浙大簡・左傳》加“得之”不當者，還有簡12“有天道得之，何故?”（傳文“有天道，何故”）、簡25“作得之害身，不可謂利”（傳文“作而害身，不可謂利”）、簡32“韓厥得之老矣”（傳文“韓厥老矣”）、簡34“魏絳得之多功，以得趙武爲之賢”（傳文“魏絳多功，以趙武爲賢”）、簡35“君明、臣得之忠，上得之［讓］、下競”（傳文“君明、臣忠，上讓、下競”）、簡63“我實不德，而

要人得之以盟，豈禮之以哉”（傳文“我實不德，而要人以盟，豈禮也哉”）、簡 79“楚子伐鄭。子駟將及得之楚平”（傳文“楚子伐鄭，子駟將及楚平”）、簡 80“口血得之未乾而背之，可乎”（傳文“口血未乾而背之，可乎”）、簡 81“皆得之固盟‘唯強是從’”（傳文“吾盟固云‘唯彊是從’”）、簡 93“高子相大子以會之諸侯，將得之社稷之行”（傳文“高子相大子以會諸侯，將社稷是衛”）、簡 97“丙寅，得之圍之，弗克”（傳文“丙寅，圍之，弗克”）、簡 103“主人得之縣布”（傳文“主人縣布”）、簡 110“諸侯宋得之觀禮”（傳文“諸侯宋、魯，於是觀禮”）、簡 115“晉侯有間，以得之偪陽”（傳文“晉侯有間，以偪陽子歸”）、簡 121“必得之伐［衛］”（傳文“必伐衛”）。

㉑《史記·六國年表》晉烈公十二年相當於周威烈王十六年，然而《六國年表》有誤，參溫廷敬（1935）、董珊（2011）。而銘文中所征之秦，當在山東齊、魯之交的秦地。（見趙平安，2004：119）

㉒《清華簡·釋文》以爲“昚年”的“昚”字讀“厭”，與“薦”音近可通，《爾雅·釋言》“薦，再也”，即再一年。（清華大學出土文獻研究與保護中心，2011：191）孟蓬生讀爲“翌年”，以爲翊（翌昱）本从立聲，其本音當在緝部，故可與盍部之昚相通。（孟蓬生，2011）又鄔可晶以爲昚的聲旁“昚”有羊入切一讀，上古屬緝部。“翌”从“立”聲，本來也應屬緝部。新蔡簡有“䎽日”，范常喜指出當讀爲“翌日”。郭店、上博簡“貴而䎽讓”的“䎽”，有人主張讀爲“揖”，古書中“揖”、“厭”有通假的例子，新蔡簡“王孫昚”又作“王孫厭”。可見“翌”、“昚”音還不遠。（鄔可晶，2011）

㉓錢穆的《王氏古本竹書紀年輯校補正》卻以爲“晉敬公與烈公的年數，《紀年》沒有明文，依據《紀年》魏文侯初立，在敬公六年。烈公十一年田悼子卒，田布殺公孫會，公孫會以廩邱叛趙，再以魏、齊二國的年代排比推算，敬公當爲十八年，烈公爲二十六年”。頁 102。其《先秦諸子繫年通表》載敬公十八年，幽公十七年，楚聲王元年爲晉烈公止十年。鄭殺其相子陽在楚悼王四年。（錢穆，2002：565）

㉔ 徐少華以爲《申公臣靈王》中的“申公”是指楚靈王時的申公子亹。（徐少華，2010：184）然申公子亹未見有與王子圍爭囚事，故當據《左傳》，以陳公穿封戌爲是。

㉕ 見《阜陽漢簡·春秋事語》十六《王子建出守於城父》章，“楚王子建出守於城父遇（53）也成公乾（54）麻麻者何也（55）王伐陳道宿（56）而食謂路室人（57）社稷乎（58）”。（韓自強，2004：182、198）

㉖ 對此篇重排簡文者以陳劍、陳斯鵬、周鳳五、張桂光等人的改動較大，可參周鳳五（2006：120）、陳偉（2007：261）。而簡 3、4、5、7、8 爲一組，13、15、16 爲一組的意見，最早爲陳劍所提出。

參考文獻

［1］曹錦炎：《越王嗣旨不光劍銘文考》，《文物》1995 年第 8 期。

［2］曹錦炎：《浙江大學藏戰國楚簡》，杭州：浙江大學出版社 2011 年版。

［3］曹錦炎：《讀楚簡〈左傳〉劄記》，收錄於東海大學中文系編：《語言文字與文學詮釋的多元對話》，臺中：東海大學 2011 年版。

［4］常茂徠：《增訂春秋世族源流圖考》，夷門怡古堂刊本 1850 年版。

［5］陳奇猷：《呂氏春秋校釋》（以［清］畢沅《呂氏春秋校正》爲底本，校以他本），台北：華正書局 1988 年版。

［6］陳偉：《古地新探三則》，《江漢考古》1992 年第 4 期。

［7］陳偉：《〈簡大王泊旱〉新研》，《簡帛》第二輯，上海：上海古籍出版社 2007 年版。

［8］陳劍：《上博竹書〈昭王與龔之脽〉和〈柬大王泊旱〉讀後記》，清華大學簡帛研究網站，2005 年。

［9］程公說：《春秋分紀》，台北：台灣商務印書館 1970 年版。

［10］董珊：《讀清華簡〈繫年〉》，復旦大學出土文獻與古文字研究中心網站，2011 年。

［11］杜預集解、孔穎、達正義：《春秋左傳正義》，台北：藝文印書館 1979 年版，據清嘉慶二十

年江西南昌府學版影印。

［12］顧棟高撰，吳樹平、李解民點校：《春秋大事表》，北京：中華書局 1993 年版。

［13］郭璞注、邢昺疏：《爾雅注疏》，台北：藝文印書館 1979 年版，據清嘉慶二十年江西南昌府學版影印。

［14］韓少華：《“浙大簡”遭質疑整理者稱不必回應》，《東方早報》，2012 年版。

［15］韓自強：《楚國有銘兵器的重要發現》，中國古文字研究會等編：《紀念中國古文字研究會成立三十周年國際學術研討會論文集》，長春，2008 年 10 月 –15 日。

［16］韓自強：《阜陽漢簡〈周易〉研究：附〈儒家者言〉、〈春秋事語〉》，上海：上海古籍出版社 2004 年版。

［17］何寧：《淮南子集釋》（《新編諸子集成》第一輯，據光緒二年浙江書局刻莊逵吉校刊本爲底本，校以他本），北京：中華書局 1998 年版。

［18］洪亮吉撰，李解民點校：《春秋左傳詁》，北京：中華書局 1991 年版。

［19］李零：《從簡帛發現看古書的體例和分類》，《簡帛古書與學術源流》，北京：生活·讀書·新知三聯書局 2004 年版。

［20］李學勤：《清華簡〈繫年〉及有關古史問題》，《文物》2011 年第 3 期。

［21］李學勤：《楚國申氏兩簠讀釋》，《三代文明研究》，北京：商務印書館 2011 年版。

［22］李珍華、周長楫：《漢字古今音表》，北京：中華書局 1999 年版。

［23］劉彬徽：《楚系金文彙編》，武漢：湖北教育出版社 2009 年版。

［24］瀧川龜太郎：《史記會注考證》，台北：文史哲出版社 1993 年版。

［25］馬承源：《上海博物館藏戰國楚竹書（一）》，上海：上海古籍出版社 2001 年版。

［26］馬承源：《上海博物館藏戰國楚竹書（四）》，上海：上海古籍出版社 2004 年版。

［27］馬承源：《上海博物館藏戰國楚竹書（六）》，上海：上海古籍出版社 2007 年版。

［28］馬承源：《上海博物館藏戰國楚竹書（七）》，上海：上海古籍出版社 2008 年版。

［29］馬承源：《上海博物館藏戰國楚竹書（八）》，上海：上海古籍出版社 2011 年版。

［30］孟蓬生：《清華簡〈繫年初札〉（二則）》，復旦大學出土文獻與古文字研究中心網站，2011 年。

［31］錢穆：《先秦諸子繫年》，石家莊：河北教育出版社 2002 年版。

［32］清華大學出土文獻研究與保護中心編：《清華大學藏戰國竹簡（一）》，上海：中西書局 2010 年版。

［33］清華大學出土文獻研究與保護中心編：《清華大學藏戰國竹簡（二）》，上海：中西書局 2011 年版。

［34］沈培：《〈上博（六）〉中〈平王問鄭壽〉與〈平王與王子木〉應是連續抄寫的兩篇》，《簡帛》第六輯，上海：上海古籍出版社 2011 年版。

［35］沈培：《〈上博（六）〉與〈上博（八）〉竹簡相互編聯之一例》，復旦大學出土文獻與古文字研究中心網站，2011 年。

［36］溫廷敬：《驫羌鐘銘釋》，《中山大學史學專刊》（第 1 卷）1935 年版第 1 期。

［37］鄔可晶：《〈清華（二）〉討論記錄》，復旦大學出土文獻與古文字研究中心網站，2011 年。

［38］邢文：《浙大藏簡辨僞（上）——楚簡〈左傳〉》，《光明日報》第 15 版 2012 年 5 月 28 日。

［39］邢文：《浙大藏簡辨僞（下）——戰國書法》，《光明日報》第 15 版 2012 年 6 月 4 日。

［40］徐少華：《上博楚簡所載申公、城公考析》，《荊楚歷史地理與考古探研》，北京：商務印書館 2010 年版。

［41］楊家駱主編：《竹書紀年八種》，台北：世界書局 1989 年版。

［42］楊伯峻：《春秋左傳注》，北京：中華書局 1993 年版。

［43］于豪亮：《于豪亮學術文存》，北京：中華書局 1985 年版。

［44］趙平安：《山東秦地考》，《華學》第七輯，廣州：中山大學出版社 2004 年版。
［45］周鳳五：《上博四〈柬大王泊旱〉重探》，《簡帛》第一輯，上海：上海古籍出版社 2006 年版。
［46］左丘明，上海師範大學古籍整理組校點：《國語》，台北：里仁書局 1981 年版（據《四部備要》排印清士禮居翻刻明道本）。

Chu Historical Event Collects Criticizing
of the Shanghai Museum & Tsing Hua University Collect Chu-dynasty Bamboo Slip

Wei Cide

Abstract: The Chu-dynasty Bamboo slip of the Shanghai Museum collects and Tsing Hua University collects, some is Chu's stories that Chu compatriots write. Some stories are recorded in the history record, there aren't some . Compare according to the content on the bamboo slip and the history record handed down from ancient times, can get the new historical data, contribute to our knowledge of the state of Chu's history . These bamboo slip of contents record including the monarches of six generations of King Chu 's story. There is very high historical data value.

Key Words: Chu Historical Event; Record the Bamboo Slip of the State of Chu's History; King Chu's story

（魏慈德　東華大學中國語文學系　974）

清華簡《繫年》“幝幕”

武家璧

提　要　清華簡《繫年》記載兩次晉楚戰爭中楚軍“棄其幝幕”，文獻解釋“幝”字多有歧義，如或謂爲車弊或衆盛貌，或謂爲車衣，皆與簡文不合。依音義訓詁可知，从“單”聲字與从“亶”聲字古音略同，从巾與从㫃亦相通，故“幝”與“旜”相通，實爲戰車之旗。“棄其幝幕”即丟棄戰車之旗幟與宿營之帷幕而倉皇逃跑。

關鍵詞　清華簡《繫年》幝幕

清華簡《繫年》記載兩次晉楚戰爭，楚軍敗績，因而“棄其幝幕”①：

（1）於楚二年王命莫敖易爲，率師伐晉，圮宜易，回（圍）赤澭（?），以復黄池之師。嵬畀、趙盥、韓啓章率師救赤澭（?），楚人豫回而還，楚師亡工（功），多棄幝幕，肖（宵）遯，楚以與晉固爲腕（怨）。［簡114～116］

（2）與晉師戰于武易之城下，楚師大敗……楚人盡棄其幝幕車兵，犬逸而還。［簡134～136］

上述釋文筆者有與整理者意見相左者，略述鄙見如次：

（1）楚簡王七年（前425）前後，趙襄子、韓康子、魏桓子先後去世，其子趙浣（趙獻子）、韓啓章（韓武子）、魏斯（魏文侯）分别代立爲晉國三卿。簡文“嵬畀”即魏斯，“畀”字似應隸寫爲“其”，文獻加斤旁作“斯”。簡文“趙盥”之“盥”字作雙手掬水狀，是“盥”字之省，許書謂“从臼（𦥑）水”。《説文》“瀚”字段注“案《儀禮》古文假浣爲盥”。故簡文之“趙盥”即文獻之“趙浣”，整理者將“趙盥”之名隸寫作“关”，非是。

（2）“宜易”上字整理者隸寫从土、从它、从攵，筆者以爲中間所从之“它”當爲“巳”，字書所見省其“攵”爲“圮”字。《孫子·九變》“圮地無舍”曹操注“無所依也，水毁曰圮”。韓國重鎮宜陽位於宜水與洛河交匯處，蓋此戰楚人未能攻佔宜陽，於上游放水淹之，故曰“圮宜易（陽）”。

（3）楚人“棄幝幕”中間一字，整理者隸寫作“巾罾”，李學勤先生（2011）釋爲“幬”，郭永秉先生（2011）釋爲“旃（旜）”，皆於義可通，但於字形仍有未安。該字从巾、从單、从口，字書所見省其口部爲“幝”，省其巾部爲“嘽”，依文獻前者與車有關，後者與馬有關，試詳論之。

《説文》：“幝，車弊貌，从巾單聲。”《詩·杕杜》：“檀車幝幝，四牡痯痯，征夫不遠。”毛《傳》：“檀車，役車也；幝幝，敝貌；痯痯，罷貌。”孔穎達《疏》：“言我君子所乘檀木之役車，今幝幝然弊；所乘四牡之馬，今痯痯然疲。征夫之來不遠，當應至也。”朱熹《集傳》：“然檀車之堅而敝矣，四牡之壯而罷矣，則征夫之歸亦不遠矣。”若是解“幝幝”爲車之破敝貌，則與从巾之義無關，非其字之本義明矣。

《集韻》釋“幝”爲“車衣”，雖照顧从巾之義，然以儀車則可有車衣，征夫戰車而被以車衣則於情理不合。

又或以“幝”通“嘽”，《後漢書·劉陶傳》：“目不視鳴條之事，耳不聞檀車之聲。”李賢注：“檀車，兵車也。詩曰：‘檀車嘽嘽，四牡痯痯，征夫不遠。’”《詩·采芑》：“戎車嘽嘽，嘽嘽焞焞，如霆如雷。”毛《傳》：“嘽嘽，衆也；焞焞，盛也。”《詩·常武》：“王旅嘽嘽。”毛《傳》：“嘽嘽然盛也。”朱熹《集傳》：“嘽嘽，衆盛貌。”屈萬裏《詩經詮釋》：“按幝幝疑與嘽嘽同義，車聲也”，可與“嘽嘽焞焞，如霆如雷”相合。此解凡與車相關之“幝幝”或“嘽嘽”皆衆盛之意，非破敝之貌。

與馬相關之“嘽嘽”，如《詩·四牡》：“四牡騑騑，嘽嘽駱馬。”毛《傳》：“嘽嘽，喘息之貌，馬勞則喘息。”《説文》：“嘽，喘息也；一曰喜也。”《禮·樂記》：“其樂心感者，其聲嘽以緩。”鄭玄

《注》：“嘽，寬綽皃。”孔《疏》：“歡樂在心，故聲必隨而寬緩。”是故疲勞和歡喜之聲皆可曰“嘽”。

筆者認爲，簡文“多棄幝幕”、“盡棄其幝幕車兵”，依文意“幝幕”爲物件，是名詞，文獻解釋“幝”字爲形容破敝或眾盛之貌，“嘽”字狀寫疲勞或歡喜之聲，皆爲形容詞，故與簡文不合。唯有“車衣”是名詞，然簡文將“幝幕”與“車兵”並列，既已有“車”，不可再將車衣單列，何況戰車若飾以車衣必妨礙作戰，故簡文“幝”字也不可能是車衣。總之，僅以典籍釋義不能窺見“幝”字本義，試以音義訓詁之法考論之。

“幝幕”之前字从巾、从單、从口，其後字亦从巾，皆爲車載之巾布類什物無疑。郭永秉謂“幝”與“旃（旜）”同，从“單”聲字與从“亶”聲字古多相通，其說可从。如《漢書·武帝紀》“修天文禮”，顏師古《注》引晉灼曰：“禮，古禪字也。”《漢書·异性諸侯王表》“舜禹受禮”，顏《注》：“禮，古禪字。”《說文》“墠”字段玉裁注：“《鄭風》‘東門之壇’，壇即墠字。……經典多用壇爲墠，古音略同也。”《說文》：“旃，旗曲柄也。……旜，旃或从亶”。又从巾與从㫃亦相通，如《說文》“旛”段注：“幡即旛之俗。……叚巾部之幡爲旛，而旛廢矣。”準上則“單”與“亶”聲略同，从巾與从㫃相通，故“幝”與“旜”音義可通。

《左·僖二十六》：“城濮之戰，晉中軍風於澤，亡大旆之左旃，祁瞞奸命，司馬殺之以徇于諸侯。”此戰晉軍大勝楚軍，晉司馬尤斬其亡棄左旃者，可知“棄其旃”是不可饒恕之罪。既有左旃，必有右旃，“幝（旜）”既與車有關，則一車當有二旃，立於左、右車耳之上。筆者（1987）著文以城濮之戰晉軍左、右旃爲中軍標誌大旗，據簡文可知一般戰車均有車載之左、右旗，名曰“幝”。

《周禮·司常》：“通帛爲旃……孤卿建旜。”鄭注：“通帛謂大赤，從周正色，無飾；……孤卿不畫，言奉王之政教而已。”《爾雅·釋天》“因章曰旃”郭璞注：“因其文章，不復畫之。”《左·昭二十》：“昔我先君之田也，旃以招大夫。”綜上則“旃”爲卿大夫旗幟，通帛素質，無有花紋者。此爲戰車（役車）之制，若是儀仗之“軒車”，則有“兩轓”（軒板）立於車箱左、右，漢畫像石可見其圖像②，文獻有“漆車藩（轓）蔽”（《周禮·巾車》）、“朱兩轓”（《漢書·景帝紀》）、“爪畫兩轓”（《後漢書·蔡邕傳》）之說，儀仗之“兩轓”與戰車之“二旃”皆有標示等級之作用。

素面無畫之“旜”亦可爲招聚鄉民之旗。《周禮·司常》“師都建旗”鄭玄注：“師都，六鄉、六遂大夫也，謂之師都，都民所聚也。”王引之《經義述聞·周官下》：“‘師’當爲‘帥’，《說文》引《周禮》作‘率都建旗’，帥、率古字通，則《周禮》本作‘帥都建旗’。……《大司馬》‘師都載旜’，‘師’字亦當爲‘帥’也。”《孟子·萬章下》：“敢問招虞人何以？曰：‘以皮冠，庶人以旃，士以旂，大夫以旌。’”招庶人以旃，可知征夫檀車所載爲素面之旃（旜）。旜與旌、旗均爲旗幟，但等級不同，大抵卿大夫之二旃爲“大旆”，征夫之旃以及招庶人之旃爲小幅素面旗。

“幝幕”之“幕”爲宿營幕帳。簡文“多棄幝莫宵遁”，李學勤先生釋作“多棄幬，莫［敖］宵遁”，謂“莫”字下脫一“囂”字。案簡117號“宵遁”上二字作“幝莫”，而簡136號作“幝幕”，二字緊密相連，皆爲“棄”字賓語，殆指物件無疑，故“莫”“幕”可通。簡文“多棄幝莫宵遁”是謂已布其幕帳宿營，未及拔營，連夜而逃，旌旛與帷幕並棄之而不顧。又云“犬逸而還”，犬以守舍，“犬逸”爲棄舍而逃，如後世所謂“急急如喪家之犬”。

筆者案，從音義上看，《詩·杕杜》之“幝幝”可通“幡幡”，古音幝爲昌母元部，幡爲滂母元部，二者疊韻可通。《釋名》：“旛，幡也，其貌幡幡然也。”《詩·瓠葉》：“幡幡瓠葉。”《說文》：“旛，旛胡也，謂旗幅之下垂者，从㫃番聲。”《玉篇》：“旛，旌旗總名也。”一車載有二旛，故詩云“檀車幝幝”，實謂旌旗飄飄，軍容整齊，得勝而還，與簡文“棄其幝幕”者相反。要之，簡文之“幝”與“旜”音義可通，廣言之爲旌旛之旛。“棄其幝幕”是謂戰敗之師，丟棄旗幟與帷幕，倉皇逃跑。

附　注

①清華大學出土文獻研究與保護中心編：《清華大學藏戰國竹簡（二）》（上冊），上海：中西書局2011年版。

②武家璧：《車輛》，金秋鵬主編：《中國科技史·圖錄卷》，北京：科學出版社2008年版，第385

頁圖 12 ~ 13。

参考文獻

［1］郭永秉：《清華簡〈繫年〉“［巾獸］”字别解》，復旦大學出土文獻與古文字研究中心，http：//www. gwz. fudan. edu. cn/srcshow. asp？src_ id = 1445。

［2］李學勤：《清華簡〈繫年〉及有關古史問題》，《文物》2011 年第 3 期。

［3］武家璧：《從“設二旆而退之”看城濮之戰的過程》，《江漢論壇》1987 年第 4 期。

On the "Dan Mu" of Ji Nian of Tsinghua Bamboo Slips

Wu Jiabi

Abstract：The Ji nian found from the Tsinghua bamboo slips records that the Chu army "threw away the flag and tent" in the Jin- Chu war. There are many different meanings of the word "Dan"（幝），not only the meaning of chariot tattered or numerous，but also the meaning of chariot clothes is not accord with the bamboo slips. According to the ancient texts，the word consisted of Chinese character component which send the sound of the Dān（單）and Dǎn（亶）was the same，on the other hand，the word which a radical on one side of the character Jīn（巾）and Yǎn（㫃）was the same，thus it can be seen that the word Chǎn（幝）and Zhān（旜）was the same，and the word Chǎn（幝）means the flag of the chariot. "Threw away the flag and tent" means that threw away the flag of the chariot and the tent of the camping for escaping.

Key Words：Tsinghua Bamboo Slips；Ji Nian；Flag and Tent

（武家璧　荊州博物館　434020）

清華簡《繫年》篇研讀四題

魏宜輝

提　要　本文對清華簡《繫年》篇中的四個問題提出了新的看法。①簡 30“取頓以贛陳侯”中的“贛”應理解爲“賞賜”義；②簡文中出現的“埶”既有用作“質”之例，又有用作“執”之例，這二者應該是同形字關係；③簡 93 中整理者釋爲“逐”的字應該是“遂”，讀作“隨”；④簡 106 中用作“洩”之字應隸定作“緩”，是一個从“爰”得聲的字。

關鍵詞　清華簡　《繫年》　贛　埶　遂　緩

清華戰國竹簡的公佈在學術界是一件很有影響的大事。整理者對竹簡文字做了很好的解釋和說明，學者們也發表了很多好的意見，但其中仍有個別地方存有疑問，本文就這些問題提出新的看法，就教於方家。涉及的簡文，除了需要討論的個別字詞，儘量使用寬式隸定。

一

清華簡《繫年》篇簡 29～30 有這樣一段內容（清華大學出土文獻研究與保護中心，2011：147）：

文王以北啓出方城，圾蘦于汝，改旅于陳，焉［29］取頓以贛陳侯。［30］

整理者引《左傳》哀公十七年所記載的“（楚文王）實縣申、息，朝陳、蔡，封畛於汝”之事，作爲此段內容的說明。“封畛於汝”，杜注云：“開封畛比至汝水。”整理者認爲，簡文中的“圾”疑爲“封”之訛字。“蘦”與“畛”音近可通。“改旅于陳”，整理者以爲“旅”訓“陣”。《爾雅·釋詁一》“旅，陣也”，邢昺疏：“旅者，謂佈陣也。”（清華大學出土文獻研究與保護中心，2011：149）

結合第五章記敘的楚文王克息、殺息侯的內容，簡文 29～30 這段內容與《左傳》哀公十七年的記載相一致的可能性是比較大的。“圾蘦”究竟應該如何釋讀有待進一步研究，但將“圾蘦”與“封畛”聯繫在一起考慮這一思路還是有道理的。簡 29～30 的這段內容，應指楚文王向北經略，其勢力北出方城，至於汝水，在陳國佈陣演練士卒。

最後一句“焉取頓以贛陳侯”，其中“贛”字，整理者讀爲“恐”，《說文》：“懼也。”一說讀爲“陷”，《孫子兵法·地形》“吏強兵弱，曰陷”，李荃注：“陷，敗也。”（清華大學出土文獻研究與保護中心，2011：149）結合簡文及《左傳》來看，這兩種解釋都很牽強。簡文上文已提到“（楚人）改旅于陳”，既然楚人可以在陳任意佈陣演練士卒，似乎沒有必要通過“取頓”來恐嚇陳侯。釋“贛”爲“陷”，訓作“敗”，亦有不妥。楚人已在陳國佈陣演練士卒，那麼即可直接“陷陳侯”，很難解釋爲什麼要“取頓以陷陳侯”。這兩種解釋此篇認爲都不可信。

此篇認爲簡文中的“贛”，應作“賞賜”義理解。對於“贛”的這種用法，陳劍先生有專門論述，茲引如下（陳劍，1999：376～377）：

古書中“贛”最常見的用法是“賜與”，例如：《說文·貝部》：“贛，賜也。”《急就篇一》“龐賞贛”顏師古注：“贛，賜也。”《淮南子·精神》“今贛人敖倉”，《要略》“一朝用三千鍾贛”高誘注並云：“贛，賜也。”《淮南子·道應》“桓公贛之衣冠”，《呂氏春秋·舉難》“贛”作“賜”。孔子弟子端木賜字子贛，名字相應，是常被稱引的例子。

《左傳》所載“（楚文王）實縣申、息，朝陳、蔡，封畛於汝”之事，表明當時陳服於楚，故而楚可以“改旅于陳”。“取頓以贛陳侯”，是說作爲對陳的回報，楚奪取了頓，並把頓賞賜給陳侯。

二

清華簡《繫年》篇簡48～49有這樣一段内容（清華大學出土文獻研究與保護中心，2011：155）：

秦穆公欲與楚人爲好，焉脱申公儀，使歸求成。秦焉［48］始與晉教（執）衞（亂），與楚爲好。［49］

對於其中的“教衞”，竹簡整理者認爲（清華大學出土文獻研究與保護中心，2011：156）：

簡文“教”見於甲骨金文，爲“盩”所从，一般認爲是古“抽”字（何琳儀《戰國古文字典》第一八九頁，中華書局，一九九八年）。亦見於包山簡，用爲“執”。此處用法與包山簡同。衞，从行，𤔔聲，讀爲“亂”。“執亂”與“爲好”相對，義當近於“執讎”。《國語·越語上》“寡人不知其力之不足也，而又與大國執讎”，韋注：“執，猶結也。”《魯語上》“亂在前矣”，注：“亂，惡也。”是執亂猶云結惡。

清華大學出土文獻讀書會讀“衞”爲“怨”。[①] 應該説簡文中的“教衞”讀作“執怨”顯然優於“執亂”。“與晉執怨”一語與上引《國語·越語上》“與大國執讎”意思是相當的。

除上舉之例外，“教”字在《繫年》篇中另有四例（清華大學出土文獻研究與保護中心，2011：150、160、167、180）：

（1）立六年，秦公率師與［34］惠公戰于韓，止惠公以歸。惠公焉以其子懷公爲教（質）于秦，秦穆公以其子妻之。［35］

（2）莊王率師圍宋九月，宋人焉爲成，以女子［59］與兵車百乘，以華孫元爲教（質）。［60］

（3）既會諸侯，駒之克乃教（執）南郭子、蔡子、晏子以歸。［70］

（4）靈王先起兵，會諸侯于申，教（執）徐公，遂以伐徐。［98］

在竹簡注釋中，整理者認爲例（1）、（2）中的“教”字是“執”字異體，章母緝部，與“質”字通假，如“摯”、“鷙”、“贄”等字都在質部。（清華大學出土文獻研究與保護中心，2011：152、162）例（3）、（4）中的“教”字整理者徑釋作“執”。

整理者根據“摯”、“鷙”、“贄”等字都在質部，認爲章母緝部的“執”可讀作“質”。事實上，古音緝、質兩部關係並不近。“摯”、“鷙”、“贄”等字歸在質部，説明“摯”、“鷙”、“贄”等字所从之“執”與章母緝部之“執”很可能並非一字，二者很可能是同形字關係。值得注意的是，上舉諸例中的“教”字分別表示的也是讀音不同的兩個詞：一個讀作“質”，爲章母質部；另一個用作“執”，爲章母緝部。這種情況和“執”有緝部與質部兩種讀音的現象正好是一致的。

《説文·弦部》：“盭，弼戾也。从弦省从盩。讀若戾。”徐鉉等曰：“盩者，擊皋人見血也，弼戾之意。”（許慎，1963：270）小徐本“从弦省从盩”下有“盭，引戾之也”，並按語“《漢書》用此爲戾字”。（徐鍇，1987：251）以往學者們在解釋西周金文及春秋秦系金文中常見的“盭龢于政”、“盭龢胤士”的“盭”時，多依據《説文》將“盭”讀作“戾”，“戾”古訓“定”，而將“盭龢”解釋爲安定和諧。（麻愛民，2002：12～13）金文“盭龢于政”，或作“盩龢于政”（師訇簋，《集成》4342）、“𢾊龢于政”（牆盤，《集成》10175）。有學者已指出，銘文中的“盭”與“盩”、“𢾊”一樣應是从“教”（抽之本字）得聲之字，“盭龢”可讀作“調和”。（何琳儀，2003）《逸周書·祭公》篇有“我亦維有若祖祭公之執和周國”，李學勤將“執和周國”與金文“盭龢于政”、“𢾊龢于政”相比較，指出“執”是“𢾊”字之訛。（李學勤，2000：71）清華簡《祭公》篇，簡文作“埶和周邦”。“埶”字竹簡整理者讀作“修”。（清華大學出土文獻研究與保護中心，2010：174）“修”與“抽”、“調”字古音皆爲幽部字，讀音很近，可知將“盭”釋讀作“調”是有道理的。

那麼，《説文》讀若“戾”之“盭”字又是從何而來的呢？從對《繫年》篇的用字分析，我們發現簡文中出現有“教”與“質”相通之例，意味着簡文中的“教”有章母質部的音。戾，古音爲來母質部，正與章母質部讀音相近，讀作“戾”的“盭”字當是从“教”（章母質部）得聲。這説明金文“盭龢于政”的“盭（端母幽部）”與《説文》讀若“戾”之“盭（章母質部）”並非一字，二者應該是同形字關係。

三

清華簡《繫年》篇簡 92 ~93 有這樣一段内容（清華大學出土文獻研究與保護中心，2011：177）：

平公［92］立五年，晉亂，欒盈出奔齊，齊莊公光率師以逐欒盈，欒盈襲絳而不果，奔入于曲沃。齊莊公光率師以逐欒盈。……［93］

整理者引述了《左傳·襄公二十三年》和《史記·晉世家》中與這段内容相關的記載（清華大學出土文獻研究與保護中心，2011：178）：

《晉世家》："齊莊公微遣欒逞於曲沃，以兵隨之。"《左傳》襄公二十三年載齊莊公借媵妾於晉之機，納欒盈於曲沃。欒盈得魏獻子（魏舒）之助，率曲沃之師襲晉國都城絳（今山西侯馬），被范宣子擊退。欒盈遂奔曲沃。晉人圍之。

其中整理者隸定作"逐"之字寫作" "。注釋云："逐，跟從。"整理者之間亦有不同意見，此字一說隸定作"逐"。（清華大學出土文獻研究與保護中心，2011：178）黄傑先生採用此說，認爲"逐"當讀作"踵"，跟隨之意。②

從文意上看，將此字理解爲"跟從、跟隨"之意顯然是正確的，但以上兩說都還有進一步討論的餘地。我認爲此字所从的" "旁，應當就是陳劍先生《金文"彖"字考釋》中所討論的"彖"字。（陳劍，2007：243 ~272）

簡文中" "字可隸定作"遂"，讀作"跟隨"的"隨"。"彖"古音爲透母元部字，"隨"爲邪母歌部字，讀音關係很近。陳劍先生考證，"彖"字在絕大部分銘文中實應讀爲"惰"。（陳劍，2007：253）這個看法是很有道理的。隨、惰爲諧聲字，从彖的"遂"字讀作"隨"，在讀音上應該是沒有問題的。

《史記·晉世家》："八年，齊莊公微遣欒逞于曲沃，以兵隨之。"簡文"齊莊公光率師以隨欒盈"正與《史記》的記載相同。

四

清華簡《繫年》篇簡 106 有這樣一段内容（清華大學出土文獻研究與保護中心，2011：184）：

昭王即世，獻惠王立十又一年，蔡昭侯申懼，自歸於吳，吳縵（洩）庸［106］以師逆蔡昭侯，居於州來，是下蔡。［107］

簡文與文獻中"洩庸"之"洩"相對應之字寫作" "。整理者將此字隸定作"縵"，"縵用，《左傳》作'洩庸'。洩，喻母月部；縵，明母元部，韻部對轉"（清華大學出土文獻研究與保護中心，2011：185）。

西周金文中有這樣一個字：" "（曼龏父盨），《金文編》以爲"曼"字。（容庚，1985：186）這個字顯然和" "字中的" "旁是一致的。《繫年》整理者顯然受傳統說法的影響，將" "隸定作"縵"，讀作"洩"。"洩"和"縵"，雖然韻部關係很近，但喻、明母聲紐遠隔，從讀音上看二者的關係是不近的。

我認爲將" "隸定作"縵"，恐怕是有問題的。戰國文字中"曼"字（旁）皆寫作从冃从目从又，如 （《郭店·老子乙》12）、 （《上博4·曹沫之陣》10）、 （《清華1·祭公》6）、 （《貨系》1210）。③簡文中的" "字與上舉諸例相比較，在"目"上多一"罒"形，顯然非从"曼"字。我認爲此字應隸定作"緩"，其所从的" "旁當爲"叏"字（"叏"字又寫作"孚"）。朱德熙先生曾經專文討論過這個字，玆引述如下（朱德熙，1983：15 ~16）：

案 字隸定當作叏或孚。《顏氏家訓·書證》："《禮·王制》云贏股肱。鄭注云，謂擐衣出其臂脛。今書皆作擐甲之擐。國子博士蕭該云，擐當作擐，音宣。擐是穿着之名，非出臂之義。案《字林》，蕭該是，徐爰音患，非也。”鄭注下《釋文》云：“擐舊音患，今讀宜音宣。依字作捋。《字林》云，捋，捋臂也。先全反。”《儀禮·士虞禮》注“鉤袒如今捋衣”，《釋文》“手發衣曰捋”。《廣雅·釋詁四》“寽，循也”，又《釋詁二》“捋，貪也”。《汗簡·頁部》引碧落碑宣字作[illegible]。此字所从的㥯和捋字所从的寽正是甲骨的[illegible]字，㥯和寽只是隸定的不同。上引《汗簡》顥字，《廣韻·仙韻》須緣切下作顥，从寽，注云：“頭圓也。”此字又見《龍龕手鑒》，訛爲顊，注云：“徒亂反，面圓也。”此外《廣韻·仙韻》須緣切下還有一個[illegible]字，注云“面圓也”。

由朱先生的討論可知，“㥯（寽）”的諧聲字“顥”中古有須緣切、徒亂反兩種反切，或作“宣”之異文，由此推斷“顥”字上古音應爲心母元部字，或定母元部字，而“㥯（寽）”也應該與此讀音相同或相近。

“洩”字有《廣韻》“餘制切”、《集韻》“私列切”兩種讀音，上古音分别爲喻母月部、心母月部。由此看來，“㥯”和“洩”在音上的關係是非常近的，因此將“縵”字解釋爲从“㥯”得聲顯然更合理一些，金文中的“[illegible]”字亦是如此，它們與“曼”字應該没有關聯。

附　注

①清華大學出土文獻讀書會：《〈清華大學藏戰國竹簡〉（貳）研讀劄記》（一），復旦大學出土文獻與古文字研究中心網站，http：//www. gwz. fudan. edu. cn/SrcShow. asp？ Src_ ID = 1743，2011 年 12 月 20 日。

②黄傑：《初讀〈清華大學藏戰國竹簡（貳）〉筆記》，復旦大學出土文獻與古文字研究中心網站，http：//www. gwz. fudan. edu. cn/ShowPost. asp？ ThreadID = 5345，2011 年 12 月 20 日。

③荊門市博物館：《郭店楚墓竹簡》，北京：文物出版社 1998 年版，第 8 頁；馬承源主編：《上海博物館藏戰國楚竹書》（四），上海：上海古籍出版社 2004 年版，第 101 頁；清華大學出土文獻研究與保護中心編：《清華大學藏戰國竹簡》（壹），上海：中西書局 2010 年版，第 46 頁；汪慶正：《中國歷代貨幣大系（一）·先秦貨幣》，上海：上海人民出版社 1988 年版，第 372 頁。

參考文獻

［1］陳劍：《釋西周金文的“竷（贛）”字》，《北京大學古文獻研究所集刊》（一），北京：燕山出版社 1999 年版。

［2］陳劍：《金文“彖”字考釋》，《甲骨金文考釋論集》，北京：綫裝書局 2007 年版。

［3］何琳儀：《逨盤古辭探微》，《安徽大學學報》（哲學社會科學版）2003 年第 3 期。

［4］荊門市博物館：《郭店楚墓竹簡》，北京：文物出版社 1998 年版。

［5］李學勤：《師詢簋與〈祭公〉》，《古文字研究》（第二十二輯），北京：中華書局 2000 年版。

［6］清華大學出土文獻研究與保護中心：《清華大學藏戰國竹簡》（壹），上海：中西書局 2010 年版。

［7］清華大學出土文獻研究與保護中心：《清華大學藏戰國竹簡》（貳），上海：中西書局 2011 年版。

［8］麻愛民：《牆盤銘文集釋與考證》，東北師範大學碩士學位論文，2002 年。

［9］馬承源：《商周青銅器銘文選》（二），北京：文物出版社 1990 年版。

［10］馬承源：《上海博物館藏戰國楚竹書》（三），上海：上海古籍出版社 2004 年版。

［11］馬承源：《上海博物館藏戰國楚竹書》（四），上海：上海古籍出版社 2004 年版。

［12］容庚：《金文編》，北京：中華書局 1985 年版。

［13］汪慶正：《中國歷代貨幣大系（一）·先秦貨幣》，上海：上海人民出版社 1988 年版。

［14］徐鍇：《說文解字系傳》，北京：中華書局 1987 年版。

［15］許慎：《說文解字》，北京：中華書局 1963 年版。

［16］中國社會科學院考古研究所：《殷周金文集成》（修訂增補本），北京：中華書局 2007 年版。

［17］朱德熙：《古文字考釋四篇》，《古文字研究》（第八輯），北京：中華書局 1983 年版。

Four Questions on *Xi'nian* Chapter of Qinghua Slips

Wei Yihui

Abstract: The new views are put forward on four questions on *Xi'nian* chapter of Qinghua slips. First, the character "gan（贛）" in the 30th slip of *Xi'nian* chapter should be understood as meaning " reward"; Second, there were the examples that the character "埶" in the chapter interpreted as "zhi（質）" and "zhi（執）", which proved that they are homographs; Third, the character "sui（遂）" in the 93rd slip should be interpreted as "sui（隨）", which mean "follow"; Fourth, the character which expressed "xie（洩）" in the 106th slip should be written as "緩" with Li（隸）Style. It's obvious that "緩" was a pictophonetic character, in which "爰" was the phonetic symbol.

Key Words: Qinghua Slips; *Xi'nian* Chapter; gan（贛）; zhi（埶）; sui（遂）; xie（緩）

（魏宜輝　南京大學文學院　210093）

《上海博物館藏戰國楚竹書（八）》文字考釋

單育辰

提　要　本文對新出版的《上海博物館藏戰國楚竹書（八）》一書的一些疑難進行了考釋，總共十一則，這些問題的解決，有助於我們更好地理解新出之上博竹書。

關鍵詞　上博八　古文字　考釋

《上博（八）》出版後，筆者隨即繹讀復旦吉大古文字專業研究生聯合讀書會對《上博（八）》所做的九篇校釋，深覺其水平頗高，解決了諸多疑難，不過在學習的過程中，也產生了一些小的想法，今羅列於此，以向大家求教。

（1）《顏淵問於孔子》簡2B+2A+11：羞（敬）又（宥）（過），所以爲也；先［2B］囿司，所以［2A］得青（情）也。

“羞”爲蘇建洲先生釋，字形可參《清華（一）·皇門》簡3，但在此處應爲“敬”字之訛，如本篇簡4“庸言之信，庸行之羞”，可對比《周易·乾》“庸言之信，庸行之謹”，“羞”爲“敬”之訛，“敬”、“謹”義同，《上博（一）·性情論》簡33“義，羞之方也”，郭店《性自命出》簡39“羞”作“敬”，“羞”亦爲“敬”之訛；，蘇建洲先生釋爲“禍”；鄭公渡與前一字連讀爲“又（宥）過”。讀書會已引《上博（三）中弓》簡7“老老慈幼，先有司，舉賢才，惑（宥）過赦罪”與此句對讀。其中“青”下有“=”符，似是省代符，表示承上“也”而省略了這句話中的“也”字。其中，整理者釋爲“退”；讀書會釋爲“樂”，有誤。此字實爲“緩”之訛變，楚簡“緩”字多見，對比包山簡76、簡96之“緩”作、，右上所从與它們右上之形基本相同，右下所从的“土”應即“又”之訛變。“緩”應讀爲“寬”，“寬”與簡文前面的“又（宥）過”意義正好相成。

（2）《成王既邦》簡11：先弍（二）史（事）之攸（修）也。

“弍史”，整理者讀爲“國變”。第一字作形，整理者認爲是“或”。按，應釋爲“弍”，參《上博（八）·李頌》簡1背之（弍），與之同形。《上博（八）·志書乃言》簡2之“或”的另體作，與它們差別較大。《上博（八）·志書乃言》簡4之亦應釋爲“或”，但其“二”形非常靠下，與《成王既邦》、《李頌》之“弍”不同。第二字作形，整理者認爲是“弁”。按，此字爲“史”字無疑。“弍史”在簡文疑讀爲“二事”。

（3）《成王既邦》簡13：其狀膏（高）危，以睪（澤）罙（深）坴（陵）☐。

，整理者釋爲“脞”；讀書會釋爲“至”，並連上“膏”讀爲“驕淫”。按，此字實爲“危”字，“膏危”或可讀爲“高危”。末字整理者釋爲“季”；讀書會識出字形上部爲“來”。按，此字應隸定爲“坴”。“睪罙坴☐”首二字應如整理者讀爲“澤深”，此三字似可讀爲“澤深陵☐”。

（4）《命》簡2：先大夫之風遺命，亦可以告我。

其中整理者釋爲“託”，讀書會釋爲“訔”，有誤。此字左从“言”右从“才”，可參郭店《語叢三》簡3之“才”作，字形甚類。簡文的“風討”即“風裁”，《後漢書·黨錮傳》：“是時朝廷日亂，綱紀穨阤，膺獨持風裁，以聲名自高。”

（5）《命》簡6+7：（黔）首萬民，［6］莫不欣喜；四海之內，莫弗［7］。

，整理者隸定爲“聑”，於字形辨認有誤，此字應从“耳”从“身”，在這裏讀爲“信”。

（6）《命》簡8+9：君王之所以命與所爲於楚［8］邦，必內偶之於十友又三，皆亡焉而行之［9］。

，整理者釋爲“憖”，甚誤。此字从“留”从“心”，上部實爲“留”的寫訛，對比《上博

（一）·紂衣》簡21草下所从之“留”形即可了然。“䍦”應讀爲“留”，古書常見“留令”、“留事”、“留治”的說法，“留”爲“稽留”、“滯留”之義，如《管子·兵法》：“中處而無敵，令行而不留。”《荀子·君道》：“兼聽齊明而百事不留。”《荀子·彊國》：“聽決百事不留。”《商君書·靳令》：“靳令則治不留，法平則吏無奸。”

（7）《王居》簡4：願大夫之毋徒，以損不穀之☑。

，整理者隸定爲“胄”，誤。此字上从“茆”，包山、新蔡之“卯”多如此作，參包山簡207之“卯”作形；下从“目”，此字應从卯得聲而讀爲“留”。後面的“徒”指彭徒，《王居》簡2楚王亦單稱他爲“徒”。又，此篇篇末應按《王居》簡3、《王居》簡4、《王居》簡7的順序排列，三支簡相聯處有缺文，篇末大意是說楚王雖然覺得觀無畏所言彭徒之事是讒言，但讒言已經在楚邦中傳開了（參《王居》簡3：“是言既聞於眾已，邦人其沮志解體，謂☑。”）；所以《王居》簡4說“願大夫之毋留徒，以損不穀之☑”，即不留彭徒於楚王身邊；然後《王居》簡7說出彭徒爲洛卜尹。

（8）《命》簡5＋《志書乃言》簡5：非而所以復（報）我，不能聑（穿）壁而視聽。［《命》5］吾以尔（爾）爲遠目耳，而縱不爲吾爯（稱）睪（擇）吾父兄甥舅之又（有）亡善，［志書乃言5］。

讀書會指出，《命》、《王居》、《志書乃言》這三篇竹簡形製及字迹一致。讀書會已把《王居》及《志書乃言》混編，ljltom又把《命》簡4、簡5歸入《王居》及《志書乃言》，這都是很正確的。不過，《志書乃言》簡5還應上接《命》簡5。相關編聯即爲《王居》簡1＋《志書乃言》簡1＋《志書乃言》簡2＋《志書乃言》簡3＋《命》簡4＋《命》簡5＋《志書乃言》簡5。其中《命》簡4、《命》簡5、《志書乃言》簡5的“而”皆爲“爾”義（《命》簡5“而”爲“爾”，整理者已言），此篇作第二人稱講的“尔（爾）”、“而”互用；《命》簡5“復”、“聑”整理者讀爲“復”、“貫”，當然沒有問題，但如把它們讀爲“報”及“穿”，文義會更加顯豁；整理者原於“我”字前加逗，應从高佑仁先生說於“我”字後加逗，一是簡文“我”字下有標點，二是此篇於第一人稱主格、領格用“吾”，賓格用“我”，這都是應於“我”字後加逗之證；《志書乃言》簡5之“目耳”，整理者誤釋爲“自爲”；“睪”從陳劍先生讀爲“擇”；，整理者不釋，似爲“亡”字。

（9）《蘭賦》簡2：緩哉蘭兮，□□搖落而猷不失厥芳，芳浧（盈）誂（密）迡（邇）而達聞于四方。

其中的“緩”應讀爲“遠”，“緩”、“遠”皆匣紐元部，从袁與从爰之字在典籍中亦常相通。簡文中“遠”指蘭香氣所傳達之遠。

（10）《蘭賦》簡4＋5：信蘭其穖也，風旱［4］之不罔［5］。

“穖”應讀爲“邁”，“穖”、“邁”皆明紐月部，此處形容蘭品質之高邁。

（11）《有皇將起》簡6：☑也今兮，豫（舍）三夫之旁也今兮。膠膰秀（誘）余今兮，獨論〈豫—舍〉三夫今兮。膠膰之腈也今兮，論〈豫—舍〉夫三夫之禱（精）也今兮。

“豫”作形，參看本簡之“余”作，可知右確爲“余”，但略有訛變。本簡的兩個“論”字作、，從文義看，這兩個“論”實爲“豫”之訛變，上面略有訛變的即是、形更進一步訛變的中間形態。這三個“豫”應讀爲“舍”，施予之義，若如整理者釋爲“論”，讀“命”，則文義不可通。

附 注

①參看陳劍：《關於“䇂₌”與早期出土文獻中的“省代符”》，復旦大學出土文獻與古文字研究中心網站，2011年7月9日。又，黃傑先生也把“青₌”釋讀爲“情也”，但他認爲“＝”是合文符，“青”下部的“口”符同時是“也”上部的“口”符，見黃傑：《初讀〈上海博物館藏戰國楚竹書（八）〉筆記》，簡帛網，2011年7月19日。

②ljltom：《關於〈王居〉的編排》，簡帛網，2011年7月18日。

③蘇建洲先生已指出《上博（四）·曹沫之陳》簡37、簡7亦“而”、“尔（爾）”互用，參看蘇建洲在《〈上博（八）·王居〉復原》文章後2011年7月20日的發言，復旦大學出土文獻與古文字研

究中心網。

④高佑仁在《〈上博（八）·王居〉復原》文章後2011年7月18日的發言，復旦大學出土文獻與古文字研究中心網。

⑤陳劍：《〈上博（八）·王居〉復原》，復旦大學出土文獻與古文字研究中心網，2011年7月20日。

⑥高亨、董治安：《古字通假會典》，濟南：齊魯書社1997年版，第170頁。

The Words Research in the Bamboo Slips of Chu Collected in Shanghai Museum Vol. 8

Shan Yuchen

Abstract: There are some difficulties in the Bamboo Slips of Chu Collected in Shanghai Museum Vol. 8 (2011). In this article we made textual research on these words that help us to understand these Bamboo Slips books.

Key Words: The Bamboo Slips of Chu; Words; Study

（單育辰　吉林大學古籍研究所　130012）

讀楚簡劄記（四則）

牛新房

提　要　本文結合傳世文獻，對郭店楚簡、上博楚簡中的幾處有疑問的內容，給出了新的解釋，如郭店楚簡《語叢四》中的一處“＝”符號，一般認爲是重文符號，筆者認爲是合文符號；對上博楚簡中的“繇”字、“息”字等作出了新的解釋。

關鍵詞　楚簡　合文符號　由　息

自20世紀90年代以來，在戰國時的楚地出土了大量書籍類竹簡，有的有傳世文獻對照，有的個别字句可以和傳世文獻對讀，這爲我們考釋竹簡提供了便利。筆者在研讀過程中，偶有所得，故寫下來，以就正於方家。

一

戰國竹書中的合文、重文符號都是“＝”，這樣就會出現把合文當作重文的錯誤。如郭店竹簡《語叢四》：

善使其下，若［簡17］蚈蛩之足，眾而不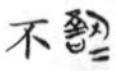而不僕。［簡18］

其中的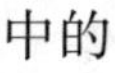字，右下方有“＝”，學者一般都當作重文符號看，如原整理者認爲是“割”的重文，且都讀爲“害”，即“眾而不害，害而不僕”。李零先生（2002：45）也認爲是“割”的重文，但都不破讀，即“眾而不割，割而不僕”。劉釗先生（2005：231～232）與李零先生一樣，也認爲是“割”的重文，且都不破讀，認爲“簡文此句意爲善於禦使下屬者，就像蚈蛩的足一樣，雖然眾多卻連續不斷，即使割斷也不至於僕倒”。陳偉先生（2003：239～241）把前一“割”字讀爲“害”，後一“割”字不破讀，即“眾而不害，割而不僕”，並解釋說：

裘錫圭先生按云：“‘蚈’即百足蟲。蛩，除解釋爲蚰蜒外，亦有借爲百足蟲的。”“割”字原釋文並讀爲“害”。《淮南子》有與本句類似的說法。《說林訓》：“善用人者，若蚈之足，眾而不相害。”又《兵略訓》：“故良將之卒，若虎之牙，若兕之角，若鳥之羽，若蚈之足，可以行，可以舉，可以噬，可以觸，強而不相敗，眾而不相害，一心以使之也。”“眾而不害”即“眾而不相害”，是說眾者之間由於統一指揮，彼此協調，不致相互衝突。後一“割”當讀如字。僕，字本作“僕”。原注釋云：“借作‘僕’。《漢書·鄒陽傳》‘卒僕濟北’注：‘僵僕也’。”僕指倒下。“割而不僕”是說即使割掉百足蟲的一些腳，其他腳仍能發揮作用，不致倒斃。《太平御覽》卷944引《魯連子》曰：“百足之蟲，斷而不蹶，持之眾也。”“斷”與“割”、“蹶”與“僕”兩兩相通。

比較來看，筆者認爲陳偉先生的解釋是合理的，但他遵從整理者的意見把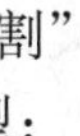看作“割”的重文，並把前一“割”字讀爲“害”卻是有問題的。其實，本就應該看作“害”、“割”二字的合文，而不是“割”的重文（李守奎，2003：877）。戰國竹書中的合文大致可分爲三種類型：

A. （五十）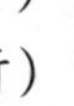（白犬）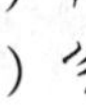（兄弟）

B. （之所）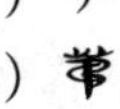（君子）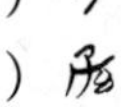（小人）

C. 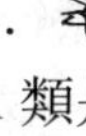（志心）（草茅）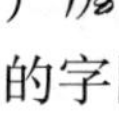（子孫）

A類是兩個完全沒有關係的字因結構比較簡單，爲了節省空間而把它們寫在一起；B類是兩字共用了某一部分而組成的合文，這類是比較常見的；C類是兩個字其中一個屬於另外一個的一部分，換句話說就是一個字（一般是合體字）包含另外一個字。比較可知，屬於C類，即“割”字中包含“害”

字，所以可以直接釋爲“害”、“割”二字，而不必麻煩地當作“割”的重文，再把前一“割”字通假爲“害”。這就告訴我們，由於戰國竹書文字中的合文、重文符號是一樣的，所以在釋讀時，正確判斷其是合文還是重文就顯得十分重要。

二

上博（五）《弟子問》第10簡整理者釋文如下：

汝弗知也乎？䌛，夫以衆犯難，以親受服，勞以成事，見以伯官，士䛁以力則绌，以☐。

關於“䌛”字，整理者說：“䌛，即繇，見於西周金文。《爾雅·釋詁》：‘繇，於也。’郭璞注：‘繇，辭。’古文獻中與‘猶’或‘迪’通用，一般出現於句首，間亦見於句子中間，多用爲語氣或嘆詞。字或通‘由’，如郭店楚簡《六德》第七簡：‘［不］䌛（由）其道，雖堯求之弗得也（馬承源，2005：273～274）。’”

“䌛”字又見於同篇第17簡：

“☐弗王，善矣，夫焉能王人䌛。”子過曹，☐。

此“䌛”字出現在句末，且下有墨釘，是一章的結束。這一點與整理者所說“䌛”字“一般出現於句首，間亦見於句子中間，多用爲語氣或嘆詞”顯然不符，但整理者對此未作解釋。

《弟子問》主要是記述孔子與弟子的問答，形式頗類《論語》，其中就有不少孔子直呼弟子之名的語句，如：

子［簡12］曰：“韋（回），來，虗（吾）告女（汝）。其組襹（絕?）虐（乎）？隹（雖）多𦖞（聞）而不晉（友）臤（賢），其☐［簡15］

☐□風也，䜌（亂）節而㥩（哀）聖（聲）。曹之喪，其必此虐（乎）？韋（回）！［簡4］

宰我昏（問）“君子=（子”。子）曰：“餘（予），女（汝）能訢（慎）司（始）與終，斯善㰻（矣），爲君子虐（乎）？［簡11］女（汝）安（焉）能也。”［簡24］

子游（游）曰：“又（有）陀（施）之胃（謂）也虐（乎）？”子曰：“旌（偃）☐。”［簡4］

上引四段文句中的“韋（回）”即顔回，“餘（予）”即宰我，“旌（偃）”即子游。準此，筆者認爲上引第10、17兩簡中之“䌛”字整理者讀作“由”是可取的，但並非如其所說是“用爲語氣詞或嘆詞”，而是皆用作人名，即孔門弟子中字子路之仲由。此兩簡應都是孔子與子路的對話，且都是講爲政之事。典籍中亦常見子路問政之事，如《論語·子路》：“子路問政，子曰：‘先之，勞之。’請益，曰：‘無倦。’”可參。此外，《史記·仲尼弟子列傳》：“政事：冉有，季路（即子路）。”亦可參。

《論語》中亦常見孔子直呼子路之名的語句，如：

《論語·爲政》：“子曰：‘由！誨女知之乎？知之爲知之，不知爲不知，是知也。’”

《論語·公冶長》：“孟武伯問：‘子路仁乎?’子曰：‘不知也。’又問，子曰：‘由也，千乘之國，可使治其賦也，不知其仁也。’”

由此可見，第10、17兩簡中之“䌛”讀爲“由”，指子路，應該是合理的，故此兩簡應分別改讀爲：

汝弗知也乎？䌛（由）！夫以衆犯難，以親受服，勞以成事，見以伯官，士䛁以力則绌，以☐。

“☐弗王，善矣夫，焉能王人？䌛（由）！”子過曹，☐。

三

上博簡（五）中的《季康子問於孔子》是一篇非常重要的儒家文獻，關於本篇竹簡的編聯，陳劍先生（2006）已在《談談〈上博（五）〉的竹簡分篇、拼合與編聯問題》一文中談了很好的意見。筆者擬在陳劍先生編聯的基礎上，就本篇簡11和簡18的編聯問題談一點自己的看法。

簡11和簡18都是由上下兩段簡綴合而成，陳劍先生已指出“簡11和18上下兩段連讀文意不通，也應該拆分開”。從整體文義上看，這一意見顯然可信。故簡 11 和簡 18 實際是由四段殘簡組成，可分別稱之爲簡 11 上、11 下和簡 18 上、18 下。原整理者根據契口的位置認爲簡 11 下殘掉一“曰”字，筆者認爲此處殘掉的當是一個虛詞，簡 11 下當和簡 18 上連讀，“孔子□辭曰”是孔子對季康子要求其“疏肥也”而回答的。現將連讀後的文字釋寫如下：

康子曰：“毋乃肥之昏也，是佐乎？故如吾子之疋（疏）肥也。”孔子□［簡 11 下］辭曰：“子之言也已重。丘也聞君子。［簡 18 上］

“昏”整理者釋爲“糊涂”，可從；“疋”字，何有祖先生（2006）指出“此處當直接隸作‘疋’而讀作‘疏’”，是指季康子要求孔子疏導自己；“辭”訓謙讓，表示孔子的謙虛；關於“重”字，陳偉先生（2006）指出：“此處當以讀爲‘重’爲是。‘已重’是古人習語。《左傳》宣公十一年云：‘牽牛以蹊者，信有罪矣。而奪之牛，罰已重矣。’《國語・吳語》‘吳王夫差還自黃池’章云：‘子爲我禮已重矣。’是其例。‘子之言也已重’，是說你的話說得嚴重了。”這些意見應該是可取的。

四

上博（五）《鮑叔牙與隰朋之諫》第 5 簡：

公沽（固）弗謨（察），人之生（性）三：食、色、息。

“息”字原作“𦣻”形，整理者釋爲“百”，讀爲“憂”，“公”屬上讀，將這句話斷爲“沽弗謨（僕）人之生，三食色憂”，認爲“色憂”指“憂愁之色”（馬承源，2005：187）。陳劍先生（2006）把“謨”讀爲“察”，斷讀爲“公沽弗察。人之生，三食色憂”。李學勤先生（2006）把“沽”讀爲“固”，“謨”讀爲“察”，斷讀爲“公固弗察人之生，三食色憂”。周波先生（2006）斷讀爲“人之生（性）三，食、色、憂”，認爲“生（性）”當是本性之義，指人天生所具有的秉性，“憂”當是憂患義，並認爲郭店楚簡《語叢一》簡 110“食與色與疾”之“疾”當與此處“憂”義近，也當爲“憂患”義。蘇建洲先生（2006）指出古文字中“百”、“自”常見互相訛混，故此字釋爲“憂”應該也是有可能性的，“憂”有疾、病之義。蘇氏還同意周波的斷句，認爲簡文“人之生（性）三，食、色、憂”，都是人的“生理”方面的反映，與郭店楚簡《語叢一》簡 110“食與色與疾”可以呼應。李天虹先生（2006A）將該字釋爲“息”，認爲其上部所从可能就是“自”。《廣雅・釋言》：“息，休也。”《墨子・非樂上》：“勞者不得息。”李氏認爲簡文之“息”當即此義，並把“沽”讀爲“姑”，斷讀爲“公姑弗察。人之生（性）三：食、色、息”，認爲簡文講“食”、“色”、“息”三者是“人之性”，可能與 4 號簡所說“縱公之所欲”有關。但隨後李天虹先生（2006B）又放棄了這一觀點，認爲此字有可能是“息”字，但不是“休止”之“息”，而是指“子嗣”或“繁衍後嗣”，與豎刁“自殘”、易牙“食子”之事有關，且與《齊太公世家》所記“自宮以適君，非人情”、“殺子以適君，非人情”的語意是相符的。林志鵬先生（2007）同意李天虹先生釋“𦣻”爲“息”，認爲“息”或可破讀爲“愒”，訓爲休息，簡文舉食、色二者爲人性所欲，即《孟子・告子上》“食、色，性也”之意，也即《禮記・禮運》所云“飲食男女，人之大欲存焉”。簡文“人之性三，食、色、息”乃扣緊前後文而言，前文云豎刁與易牙“日逞于縱”以至“疲弊齊邦”、“百姓怨恨”，乃使民無休息也；後文謂“豎刁匹夫而欲知萬乘之邦而貴（潰）尹（朘）”乃棄絕男女之事，易牙食子則又過度放縱口腹之欲而至滅絕親情，凡此皆違背人性之事。

綜合以上各家意見，筆者認爲各家中將“沽”讀爲“固”，“謨”讀爲“察”，“𦣻”釋爲“息”，“生”讀爲《孟子・告子上》“食、色，性也”之“性”，都是正確的，故此句應斷讀爲“公沽（固）弗謨（察），人之生（性）三：食、色、息”。

關於此句話的解釋，李天虹先生先後給出了兩種意見，一是把息訓爲休，認爲其可能與 4 號簡所說“縱公之所欲”有關，一是認爲息指“子嗣”或“繁衍後嗣”，與豎刁“自殘”、易牙“食子”之事有關。但細繹文意，筆者發現這種看法其實是有問題的。從整篇文義看，簡文主要是講鮑叔牙與隰朋向桓公進諫之事，主要內容爲桓公先荒於政事，在聽了鮑叔牙與隰朋的勸諫後，積極地有所作爲，並成功地攘除了災害和疾病。所以筆者認爲簡文之“食、色、息”所針對的主體應該是桓公，而非豎刁和易牙。

先看“食”，林志鵬先生認爲此處的“食”是指易牙食子則又過度放縱口腹之欲，這顯然是錯誤的。所謂的“易牙食子”指的應是桓公好美味，易牙爲了取悅桓公就蒸了自己的兒子給桓公吃，而不是易牙吃了自己的兒子，更無所謂“過度放縱口腹之欲”。此事典籍多有記載，如《韓非子・二柄》“桓公好味，易牙蒸其首子而進之”等。再看“色”，林志鵬先生認爲此處的“色”是指“豎刁匹夫而欲知萬乘之邦而貴（潰）尹（朘）”乃棄絕男女之事，既然“棄絕男女之事”，也就無所謂“色”了。此處的“色”應指《競建內之》第9簡的桓公“擁華孟子以馳於郘市”之事。至於“息”，筆者認爲不必破讀，“息”即休息、安逸享樂之意，亦即簡文所述桓公各種縱欲享樂之事。休息或安逸享樂作爲人的本性見於典籍，如《荀子・性惡篇》：“今人之性，飢而欲飽，寒而欲暖，勞而欲休，此人之情性也。今人見長而不敢先食者，將有所讓也；勞而不敢求息者，將有所代也。”又“若夫目好色，耳好聽，口好味，心好利，骨體膚理好愉佚，是皆生於人之情性者也；感而自然，不待事而後生之者也”。可參。再如《國語・楚語下》“夫闔廬口不貪嘉味，耳不樂逸聲，目不淫於色，身不懷于安，朝夕勤志，恤民之羸，聞一善若驚，得一士若賞，有過必悛，有不善必懼，是故得民以濟其志”，亦可參。

至於郭店楚簡《語叢一》110簡的“食與色與疾”，雖然上文殘缺，但食、色、疾三者並稱則是很明顯的，已有多位學者指出其與此處的“食、色、息”有關，這是值得注意的。《說文》：“息，喘也。从心从自，自亦聲。”上古音自、疾俱爲从母質部字，雙聲疊韻，當可相通，故此處的“食、色、息”與郭店楚簡《語叢一》的“食與色與疾”顯然是一句話的不同說法。另，郭店楚簡《緇衣》有“𪑊”字，整理者將其釋爲“息”，此字在今本《緇衣》中作“疾”，可參。

參考文獻

[1] 陳劍：《談談〈上博（五）〉的竹簡分篇、拼合與編聯問題》，簡帛網2006年2月19日。

[2] 陳偉：《郭店竹書別釋》，武漢：湖北教育出版社2003年版。

[3] 陳偉：《〈季康子問孔子〉零識（續）》，簡帛網2006年2月20日。

[4] 何有祖：《上博五零釋二則》，簡帛網2006年3月3日。

[5] 李零：《郭店楚簡校讀記》（增訂本），北京：北京大學出版社2002年版。

[6] 李守奎：《楚文字編》，上海：華東師範大學出版社2003年版。

[7] 李天虹：《上博五〈競〉、〈鮑〉篇校讀四則》，簡帛網2006年2月19日。

[8] 李天虹：《再談〈鮑叔牙與隰朋之諫〉中的“息”字》，簡帛網2006年3月1日。

[9] 李學勤：《試釋楚簡〈鮑叔牙與隰朋之諫〉》，《文物》2006年第9期。

[10] 林志鵬：《楚竹書〈鮑叔牙與隰朋之諫〉補釋》，簡帛網2007年7月13日。

[11] 劉釗：《郭店楚簡校釋》，福州：福建人民出版社2005年版。

[12] 馬承源：《上海博物館藏戰國楚竹書》（五），上海：上海古籍出版社2005年版。

[13] 蘇建洲：《上博（五）柬釋（一）》，簡帛網2006年2月27日。

[14] 周波：《上博五劄記（三則）》，簡帛網2006年2月26日。

Notes on the Chu Bamboo

Niu Xinfang

Abstract: There are some characters and words of Guodian Bamboo Slip Manuscripts and the Shanghai Museum Bamboo Slips were gave inaccurate interpretation. Based on historical literatures and unearthed documents, this paper gave them new and reasonable explanation.

Key Words: Chu Bamboo; The Together Symbol; Two Chinese Characters “you（由）”“xi（息）”

（牛新房　華南師範大學歷史文化學院　510631）

• 碑刻研究 •

新莽碑刻簡牘曆日校訂舉例

喻遂生

提　要　新莽立法實行丑正，即以農曆十二月爲歲首，這種曆法差異常爲研究者忽略，以致造成研究中的失誤。本文校訂了新莽碑刻簡牘研究中曆日方面的10則錯訛，以期引起研究者的注意。

關鍵詞　新莽　碑刻簡牘　曆日　校訂

古籍研究中曆日校核十分煩瑣，特别是新莽時期曆法實行“丑正”，更給後世曆表的編排和使用帶來一些麻煩，論者若疏於曆日校核，或忽略新莽曆的特性，極易產生訛誤。本文略舉數例，以提請學界朋友注意。

一、新莽曆法的特殊性

要説明“丑正”，還得從中國古代曆法的“建正”和“三正”説起①。所謂“建正”，是説曆法以一年中的哪一個月爲正月，即歲首。古人以“子、丑、寅、卯”等十二地支和月份相配，通常以冬至所在之月爲子月，次月爲丑月，再次月爲寅月等。據説不同的時代歲首不同，周代以子月爲正月，也就是以冬至所在之月、現行農曆的十一月爲歲首；殷代以丑月爲正月，也就是以現行農曆的十二月爲歲首；夏代以寅月爲正月，也就是以現行農曆的正月爲歲首，這就是我們現在所沿用的農曆，又稱夏曆。以上合起來，就是所謂的“三正”。如下表：

月建	子	丑	寅	卯	辰	巳	午	未	申	酉	戌	亥
周正（子正）	正	二	三	四	五	六	七	八	九	十	十一	十二
殷正（丑正）	十二	正	二	三	四	五	六	七	八	九	十	十一
夏正（寅正）	十一	十二	正	二	三	四	五	六	七	八	九	十

我國春秋戰國時期流行“三正論”，説夏商周改朝換代，因王者始起，要“改正朔”，“易服色”，以示受命於天。雖據考證，這並非事實，但後世改朝换代者，爲了有别於前朝，確實有改變正朔的。如王莽、魏明帝（景初元年至景初三年）改用丑正，武則天（載初元年至久視元年共11年）改用子正等。

據《漢書·王莽傳》記載，王莽在西漢居攝三年十二月篡政，“以十二月朔癸酉爲建國元年正月之朔”。這樣，居攝三年就只有11個月（不計閏月），原來的十二月變爲始建國元年歲首，即改寅正爲丑正。新莽的曆法，直到15年後劉玄更始二年才糾正過來。爲了由丑正改回寅正，更始元年延至13個月。如下表所示：

居攝三年（西元8年），寅正	正	閏	二	三	四	五	六	七	八	九	十	十一	
始建國元年（西元9年），丑正	正	二	三	四	五	六	七	八	九	十	十一	十二	
更始元年/地皇四年（西元23年），丑正	正	二	三	四	五	六	七	八	九	十	十一	十二	十三
更始二年（西元24年），寅正	正	二	三	四	五	閏	六	七	八	九	十	十一	十二

中國歷史上實行子正和丑正曆法的時間畢竟很短暫，所以常用的曆表在排列年和月份時，都是按寅正（夏曆）來排列的，像新莽曆法這樣的參差，只是在表中加注讓使用者自己注意並校正。如方詩銘等《中國史曆日和中西曆日對照表》，仍將新莽始建國元年的正月排成居攝三年十二月，將始建國元年的二月排成正月等，只是在“新王莽始建國元年”下注曰：“本表仍按寅正編次，‘一月’爲丑正二月，‘十二月’爲次年一月，下同”（方詩銘等，1987：421）。意即在使用該年表時，凡是新莽紀年（始建國、天鳳、地皇），都應將月份往前挪一個月。爲了便於讀者理解，我們把《中國史曆日和中西曆日對照表》初始元年和始建國元年的曆表附在下面：

漢孺子嬰初始元年戊辰（8—9）

一・一　己卯 1.27　閏一・一　戊申 2.25 一・十一　己丑 2.6　閏一・十一　戊午 3.6 一・二十一己亥 2.16　閏一・二十一　戊辰 3.16	二・一　戊寅　3.26 二・十一　戊子　4.5 二・二十一　戊戌　4.15	＊三・一　戊申　4.25 三・十一　戊午　5.5 三・二十一　戊辰　5.15	四・一　丁丑　5.24 四・十一　丁亥　6.3 四・二十一　丁酉　6.13
五・一　丁未　6.23 五・十一　丁巳　7.3 五・二十一　丁卯　7.13	六・一　丙子　7.22 六・十一　丙戌　8.1 六・二十一　丙申　8.11	七・一　丙午　8.21 七・十一　丙辰　8.31 七・二十一　丙寅　9.10	八・一　乙亥　9.19 八・十一　乙酉　9.29 八・二十一　乙未　10.9
九・一　乙巳　10.19 九・十一　乙卯　10.29 九・二十一　乙丑　11.8	十・一　甲戌　11.17 十・十一　甲申　11.28 十・二十一　甲午　12.7	＊＊十一・一　甲辰　12.17 十一・十一　甲寅　12.27 十一・二十一　甲子　1.6	＊＊＊十二・一　癸酉　1.15 十二・十一　癸未　1.25 十二・二十一　癸巳　2.4

＊《目錄》三月丁未朔。＊＊十一月改元“初始”。＊＊＊十二月王莽建立新朝，改用丑正，以寅正的本月爲歲首，稱“始建國”元年正月。

新王莽始建國元年己巳（9—10）

＊一・一　癸卯　2.14 一・十一　癸丑　2.24 一・二十一　癸亥　3.6	二・一　壬申　3.15 二・十一　壬午　3.25 二・二十一　壬辰　4.4	三・一　壬寅　4.14 三・十一　壬子　4.24 三・二十一　壬戌　5.4	四・一　辛未　5.13 四・十一　辛巳　5.23 四・二十一　辛卯　6.2
五・一　辛丑　6.12 五・十一　辛亥　6.22 五・二十一　辛酉　7.2	六・一　庚午　7.11 六・十一　庚辰　7.21 六・二十一　庚寅　7.31	七・一　庚子　8.10 七・十一　庚戌　8.20 七・二十一　庚申　8.30	八・一　庚午　9.9 八・十一　庚辰　9.19 八・二十一　庚寅　9.29
九・一　己亥　10.8 九・十一　己酉　10.18 九・二十一　己未　10.28	十・一　己巳　11.7 十・十一　己卯　11.17 十・二十一　己丑　11.27	十一・一　戊戌　12.6 十一・十一　戊申　12.16 十一・二十一　戊午　12.26	十二・一　戊辰　1.5 十二・十一　戊寅　1.15 十二・二十一　戊子　1.25

＊本表仍按寅正編次，“一月”爲丑正二月，“十二月”爲次年一月，下同。

上面一個表爲夏曆戊辰年，作爲漢孺子嬰的初始元年實際上只有 11 個月，十二月王莽篡政，改爲始建國元年的一月。但曆表編者爲了照顧夏曆年月的整齊，沒有將始建國元年的一月排在年首，而是仍標作初始元年十二月。下一個表爲夏曆己巳年，其一月實際上是始建國元年的二月，其十二月實際上是始建國二年的一月。曆表雖然加了小注讓讀者注意，但這一點恰恰容易被使用者忽略，從而造成古籍釋讀的失誤。

二、新莽碑刻曆日校訂舉例

（1）《連雲港界域刻石》：“始建國四年三月朔，乙卯，以使者徐州牧治所書造。”（徐玉立，2006：52；毛遠明，2008：21）（圖 1，局部）

此碑見徐玉立主編《漢碑全集》，又見毛遠明教授《漢魏六朝碑刻校注》（簡稱《校注》）。《校注》精深宏富，但偶有失誤，此石下校曰：“據司馬光《資治通鑒》所收劉羲叟《長曆》，始建國四年三月甲寅朔，則‘三月’下應缺干支，乙卯爲三月二日。據《中國史曆日和中西曆日對照表》，三月乙卯朔，則爲三月一日。”

按：校者的意思是，碑文應爲“四年三月甲寅朔乙卯”，乙卯爲三月二日。《中國史曆日和中西曆日對照表》始建國四年一、二、三月（實即二、三、四月）的朔日是“乙卯”、“乙酉”、“乙卯”。但如前所述，使用該表，“始建國四年三月”應查表中該年的二月，即始建國四年三月的朔日是乙酉而不是乙卯。所以乙卯不可能是三月二日。既然三月的朔日是乙酉，那麼碑文“三月朔乙卯”是否可以理解成“三月乙酉朔乙卯”之省，即“乙卯”是三月的某一日呢？不行，因爲乙卯是乙酉後的第31天，不在一個月以內。所以，如果“四年”無誤，“三月”一定有誤。

再説劉羲叟《長曆》定始建國四年三月爲甲寅朔，《中國史曆日和中西曆日對照表》注曰：“《目錄》三月甲寅朔。”（方詩銘等，1987：422）此處《目錄》指司馬光《資治通鑒目錄》，《目錄》卷四所收劉羲叟《長曆》所記始建國四年三月朔日確實爲甲寅。但劉羲叟在漢孺子嬰初始元年下記曰：“莽以十二月爲始建國元年正月。令（引按：當爲“今”之誤）所記皆用夏正。”説明《長曆》所記的三月是寅正三月，即新莽曆的四月，不能證明本碑“乙卯爲三月二日”。

圖1

細看拓片，特别是《漢碑全集》，“四年三月”的“亖（四）”比較清楚，“亖”有些漫漶不清。若“始建國四年”確定，“三月”則絕對不可，而此年二月和四月的朔日均爲乙卯，與曆表合。但“月”前一字不止兩畫，不應是“二”，“三”亦不行，則可能是“亖”。實際上最早刊佈連雲港界域刻石的《連雲港市東連島東海琅邪郡界域刻石調查報告》的摹本和釋文即作“四月”。對於此碑朔日干支放在“朔”字之後，該文説：“筆者經過查閱多種史籍資料發現：歷史上似只新莽時期才普遍有將‘朔’字放在表示朔日的干支之前的記朔日方法。”該文還引證了陳久金先生（1989）《敦煌、居延漢簡中的曆譜》一文中的《太初元年至元和二年朔閏表》，該表確定始建國四年四月朔日爲乙卯。（連雲港市文管會辦公室等，2001：25、26）

綜上，我們認爲此碑的正確釋文應是“始建國四年四月朔乙卯”。

（2）《鬱平大尹馮君孺人畫像石墓題記》：“鬱平大尹馮君孺人始建國天鳳五年十月十柒日癸巳葬。”（毛遠明，2008：30）（圖2）

《漢魏六朝碑刻校注》校曰：“據司馬光《資治通鑒》所收劉羲叟《長曆》、董作賓《中國年曆總譜》天鳳五年十月丙午朔，十七日當爲壬子；《中國史曆日和中西曆日對照表》十月丁未朔，十七日爲癸亥。且該月無癸巳。原刻可能有誤。”

按：《中國史曆日和中西曆日對照表》天鳳五年九、十月的朔日是“丁丑”、“丁未”，但“始建國天鳳五年十月”應查該表始建國天鳳五年的九月，九月朔日丁丑，十七日正好是癸巳，原碑不誤。

又《中國史曆日和中西曆日對照表》注：“《目錄》、《總譜》十月丙午朔。”（方詩銘等，1987：243）《資治通鑒目錄》所收《長曆》天鳳五年十月所記的朔日確實爲丙午，但那是指的夏曆，即新莽曆的十一月。而董作賓《中國年曆總譜》新莽這一段則完全是據實按丑正來排的，該書天鳳五年標的朔日是“十月丁丑　十一月丙午”（董作賓，1977：450）。“丙午朔”是十一月，與本碑新莽曆的“十月”無關。只是《中國史曆日和中西曆日對照表》在編書時將《中國年曆總譜》新莽曆的丑正換算成了寅正，將十一月説成十月，但又未加説明，讓讀者更易產生誤解而已。

三、新莽簡牘曆日校訂舉例

（1）《敦煌漢簡》：“始建國天鳳三年正月戊辰，使西域大使、五威左率、都尉/得行，積九日乃到三節，二十三日至泉都。”（142～143號，釋文225頁）（圖3）

楊豔輝《〈敦煌漢簡〉整理研究》改“亖”爲“三”，校曰：“三，《中華本》釋‘四’，原簡圖版

清晰可辨爲‘三’，今依《集成本》、《甘肅本》釋。”（楊豔輝，2007：15）[②]

按：天鳳三年正月應查夏曆曆表的天鳳二年十二月，該月朔日癸巳，戊辰爲第36天，顯然不對。查看原片，字作，應爲“三年”。天鳳四年正月應查夏曆曆表的天鳳三年十二月，該月朔日丁巳，戊辰爲十二日。《敦煌漢簡》70號“始建國天鳳三年正月丁巳朔庚辰使西域大使、五威左率”、99號“始建國天鳳三年正月丁巳朔丁丑戊部將軍純據裹附城”可證。《敦煌漢簡》、《敦煌漢簡釋文》（即《甘肅本》，13頁）釋“四”，是。《中國簡牘集成・甘肅省卷上》（22頁）釋“三”，誤。

（2）《敦煌漢簡》：“始建國三年三月乙酉朔戊申，士吏崇敢言之。謹以所雜受門下縣吏、玉門造穬麥，出稟各如。”（191號，釋文227頁）（圖4）

《〈敦煌漢簡〉整理研究》校曰：“三，《集成本》釋‘三’，原簡圖版清晰可辨爲‘三’，今依《中華本》、《甘肅本》釋。”（楊豔輝，2007：16）

按：原簡“三”和“年”的橫畫混在一起作。《敦煌漢簡》“年”字有多至五橫者，如（1854），其上之橫畫數目字極易誤釋，故《中國簡牘集成・甘肅省卷上》（26頁）誤爲“三”。爲何不可釋“三”，校文沒有論證。查始建國三年三月（夏曆二月）朔日辛卯，與乙酉不合。四年三月（夏曆二月）朔日乙酉，戊申爲二十四日，四年是。

（3）《敦煌漢簡》：“始建國天鳳三年正月丁巳朔庚辰，使西域大使、五威左率/逆教遝所，況讓前□，書到，趣治決已言，如律令。”（70～71號，釋文223頁）（圖5）

“三”，原簡作，《中國簡牘集成・甘肅省卷上》釋“三”（15頁），《敦煌漢簡釋文》釋“三”（7頁）。

按：天鳳四年正月朔日丁巳，與簡文合，庚辰爲二十四日。天鳳三年正月朔日爲癸巳，庚辰爲第48日，釋“三”於字形、於曆日均不合。

（4）《敦煌漢簡》：“新始建國地皇上戊元年七月乙未跡，盡二年九月晦，積三百六十日。除月小五日，定三百五十五，以令二日當三日，增勞百桼十桼日半日，爲五月二十桼日半日。”（1854號，釋文291頁）（圖6）

《敦煌漢簡釋文》作“元年十月”（195頁），《中國簡牘集成・甘肅省卷》釋“七”（256頁）。

按：本簡應爲“十月”。漢簡“七”字猶存古風，作一橫一豎形。“七”、“十”連用，往往以“七”豎短、“十”豎長相區別，如《敦煌漢簡》“四月甲午至六月乙巳七十二日”之“七十”（297），“袍一領直二百八十七”之“十七”（1614），但單用時則無嚴格區別。本簡“元年”下兩字作，確實與一般的“七”字相同。查新莽地皇元年七月（夏曆六月）小，朔日丁卯，乙未爲其晦日。但從元年七月晦日乙未到二年九月晦日己丑，共14個月414天，與簡文“積三百六十日”不合。若是地皇元年十月，則乙未爲該月朔日，至二年九月晦，正好一個對年，整算360天，減去月小5日（地皇二年四、五連續月大），正與“三百五十五”日相合。

（5）《敦煌漢簡》：“始建國元年十月辛未日食時，關嗇夫受□□卒趙彭。”（1893號，釋文293頁）（圖7）

《敦煌漢簡釋文》（201頁）、《中國簡牘集成・甘肅省卷上》（261頁）同。

按：所釋“十月”作，應爲“七月”。始建國元年十月朔日己亥，辛未爲第33天。七月朔日庚午，辛未爲初二。

（6）《敦煌漢簡》：“始建國五年三月丙子除。”（2332號，釋文311頁）（圖8）

《敦煌漢簡釋文》（254頁）、《中國簡牘集成・甘肅省卷上》（322頁）同。

按：所釋“三月”作。始建國五年三月朔日己卯，丙子爲第58天。始建國五年二月朔日庚戌，丙子爲第27日。原簡“三”字的下面一橫向右錯開，與“月”字的撇和豎相連，或許本是“二月”，這與曆日相合。只是這樣“月”字框內有三橫，比較費解，需要進一步研究。但與其認爲是“二”多寫一橫誤爲“三”，還不如認爲是“月”多寫了一橫。

（7）《敦煌漢簡》：“天鳳四年八月乙亥。”（1548號，釋文279頁）

《〈敦煌漢簡〉整理研究》校曰：“天鳳，《甘肅本》未釋，今依《集成本》、《中華本》釋。”（楊

黜輝，2007：47）

《中國簡牘集成·甘肅省卷上》釋“天鳳”（218 頁）。

按：天鳳四年八月朔日甲申，乙亥爲第 52 天；天鳳三年八月朔日己丑，乙亥爲第 47 天；天鳳二年八月朔日乙丑，乙亥爲第 11 天。有可能爲二年，也有可能非天鳳。此簡先後被斯坦因、沙宛等著錄，《敦煌漢簡》未收此簡圖像，待考。

（8）《敦煌漢簡》：“皇帝陛下　始建國天鳳三年十二月壬戌，書敦德玉門千秋隧。”（180 號，釋文 226 頁）（圖 9）

《敦煌漢簡釋文》（16 頁）、《中國簡牘集成上》（25 頁）同。

按：天鳳三年十二月朔日丁亥，壬戌爲第 36 天。《敦煌漢簡釋文》第 338 頁認爲此簡干支有誤。查原簡“天鳳三年”四字模糊不清，若是二年，十二月朔日癸亥，壬戌爲第 60 天；若是三年，十二月朔日壬午，壬戌爲第 41 日，均不可。此簡或不是“天鳳”，待考。

圖 2

圖 3

圖 4

圖 5

圖 6

圖 7

圖 8

圖 9

附　注

①本段寫作參考了饒尚寬先生《春秋戰國秦漢朔閏表》，謹致謝忱。

②楊文“《中華本》”指中華書局《敦煌漢簡》，“《集成本》”指《中國簡牘集成》，“《甘肅本》”指《敦煌漢簡釋文》。

參考文獻

[1] 陳久金：《敦煌、居延漢簡中的曆譜》，中國社會科學院考古研究所：《中國古代天文文物論集》，北京：文物出版社 1989 年版。

[2] 董作賓：《中國年曆總譜》，《董作賓先生全集》（甲編），台北：藝文印書館 1977 年版。

[3] 方詩銘等：《中國史曆日和中西曆日對照表》，上海：上海辭書出版社 1987 年版。

[4] 甘肅省文物考古研究所：《敦煌漢簡》，北京：中華書局 1991 年版。

[5] 連雲港市文管會辦公室、連雲港市博物館：《連雲港市東連島東海琅邪郡界域刻石調查報告》，《文物》2001 年第 8 期。

[6] 毛遠明：《漢魏六朝碑刻校注》，北京：綫裝書局 2008 年版。

[7] 司馬光：《資治通鑒目錄》，江蘇書局同治八年仿宋刻本，1869 年。

[8] 吳礽驤等：《敦煌漢簡釋文》，蘭州：甘肅人民出版社 1991 年版。

[9] 徐玉立主編：《漢碑全集》，鄭州：河南美術出版社 2006 年版。

[10] 楊豔輝：《〈敦煌漢簡〉整理研究》，西南大學碩士學位論文，2007 年。

[11] 饒尚寬：《春秋戰國秦漢朔閏表》，北京：商務印書館 2006 年版。

[12] 中國簡牘集成編輯委員會：《中國簡牘集成》，蘭州：敦煌文藝出版社 2001 年版。

Some Revision Proofs of Calendar Days in Xin-Mang（新莽）Period on the Research of Stone-inscriptions and Bamboo-slips

Yu Suisheng

Abstract：It is legislative of claiming the new year starting from CHOU（丑）when Wang Mang（王莽）Usurp the throne，that is the beginning of the year is December in Lunar calendar. Because the changing is often ignored，many researchers made mistakes in their studying. In order to remind these problems，this article gave 10 revision proofs of Research of Stone-inscriptions and Bamboo-slips.

Key Words：Xin-Mang（新莽）Period；Stone-inscriptions and Bamboo-slips；Calendar Days；Revision

（喻遂生　西南大學文獻所　400715）

《篆韻譜》的“乎”、“呼”相混

田範芬

提　要　《説文解字篆韻譜》是一部按韻編排的字書，明、清所刻五卷本《篆韻譜》中，有四十多例濁聲母匣母字以清聲母曉母“呼”爲反切上字。本文經對元、明、清多種版本之《篆韻譜》對勘互校後發現，《篆韻譜》初刊時有少量匣母字以“呼”爲上字，但絕大多數是明代翻刻時將這些字的上字由“乎”改爲“呼”，改動的原因是匣母字已經清化，“乎”、“呼”同音，且較之“乎”，“呼”更常用。

關鍵詞　《篆韻譜》　明刻本　以“呼”改“乎”

《説文解字篆韻譜》（以下簡稱爲《篆韻譜》）是一部按韻編排的字書，徐鉉序稱“（《説文解字》）偏旁奥密不可意知，尋求一字，往往終卷。力省功倍，思得其宜。舍弟楚金特善小學，因命取叔重所記，以《切韻》次之，聲韻區分，開卷可覩”。可知《篆韻譜》的編寫目的是爲了查檢《説文》的方便。徐鍇所編《篆韻譜》以《切韻》分韻次序編排，共十卷；後徐鉉據李舟《切韻》修訂，改爲五卷，故《篆韻譜》有十卷本和五卷本之分。①

一、《篆韻譜》的“乎”、“呼”相混

明、清所刻五卷本《篆韻譜》中，有大量濁聲母匣母字以清聲母曉母“呼”爲反切上字，陳澧《切韻考》卷四云：“《篆韻譜》凡胡字皆作呼，乃傳寫之誤。”陳澧將《廣韻》與《篆韻譜》比較，故如是説。但《篆韻譜》在前而《廣韻》在後，故《篆韻譜》並非改《廣韻》“胡”作“呼”，且“胡”、“呼”字形區别大，不至形近而誤。我們將《篆韻譜》不同時代的版本加以比較，發現五卷本中絶大多數的曉匣相混始自明刻本。下面將所涉曉匣相混字例（舉小韻首字爲例）在各版本中的注音列出，以明示之。

我們查閲的《篆韻譜》版本爲：十卷本，清同治三年（1864）馮桂芬據影宋鈔本摹刻本。五卷本有如下幾種：

（1）元本：民國十六年（1927）南陵藏書家徐乃昌影印元種善堂刊本；《中華再造善本》所收種善堂本；日本天理圖書館編印《善本叢書・漢籍之部》（第六卷）所影印《説文解字篆韻譜》，原書標注“元刊本”，但小川環樹《説文解字篆韻譜・解題》引用阿部隆一的觀點，認爲此本可能是“明初覆刻本”。

（2）明本：湖北圖書館藏明李顯刻本，用萬曆三十七至三十八年（1609—1610）公文紙印。

（3）清本：清鈔本，曾爲乾嘉間藏書家、目録學家何夢華（1766—1829）所藏，後爲羅振玉得之，卷首有羅氏跋，稱“此舊鈔本當是國初所傳寫”，現藏華南師範大學圖書館；文淵閣《四庫全書本》；嘉慶十四年（1809）萬卷樓刻李調元函海本；《叢書集成初編》所收小學彙函本。

		十卷本	五卷本						
韻部	首字	馮氏縮摹本	元刊本	日藏本	明李顯刻本	清鈔本	四庫本	函海本	小學彙函本
豪部	蠔	乎刀反	乎刀反	乎刀反	呼刀反	呼刀反	吁刀反	乎刀反	乎刀反
麻部	蝦	乎加反	乎加反	乎加反	呼加反	呼加反	呼加反	乎加反	乎加反

（續上表）

		十卷本	五卷本						
韻部	首字	馮氏縮摹本	元刊本	日藏本	明李顯刻本	清鈔本	四庫本	函海本	小學彙函本
唐部	黃	乎光反	乎光反	乎光反	呼光反	呼光反	呼光反	呼光反	呼光反
登部	恒	乎登反	乎登反	乎登反	呼登反	呼登反	呼登反	呼登反	呼登反
登部	弘	乎肱反	乎肱反	乎肱反	呼肱反	呼肱反	呼肱反	乎肱反	乎肱反
咸部	咸	乎毚反	乎毚反	乎毚反	呼毚反	呼毚反	呼毚反	呼毚反	呼毚反
董部	澒	呼孔反	呼孔反	呼孔反	呼孔反	呼孔反	呼孔反	呼孔反	呼孔反
海部	亥	乎改反	乎改反	乎改反	呼改反	呼改反	呼改反	呼改反	呼改反
很部	很	乎狠反	乎狠反	乎狠反	呼狠反	呼狠反	呼狠反	呼狠反	呼狠反
產部	限	乎簡反	乎簡反	乎簡反	呼簡反	呼簡反	呼簡反	呼簡反	呼簡反
銑部	晛	乎殄反	乎殄反	乎殄反	呼殄反	呼殄反	呼殄反	呼殄反	呼殄反
馬部	下	乎雅反	乎雅反	乎雅反	呼雅反	呼雅反	呼雅反	呼雅反	呼雅反
馬部	舙	乎瓦反	乎瓦反	乎瓦反	呼瓦反	呼瓦反	呼瓦反	呼瓦反	呼瓦反
迥部	迥	乎炯反	乎炯反	乎炯反	呼炯反	呼炯反	呼炯反	呼炯反	呼炯反
厚部	厚	乎口反	乎口反	乎口反	呼口反	呼口反	呼口反	呼口反	呼口反
暮部	護	乎誤反	乎誤反	乎誤反	呼誤反	呼誤反	呼誤反	呼誤反	乎誤反
霽部	系	乎計反	乎計反	乎計反	呼計反	呼計反	呼計反	呼計反	呼繼反
霽部	慧	乎桂反	乎桂反	乎桂反	呼桂反	呼桂反	呼桂反	呼桂反	呼桂反
泰部	害	乎丐反	乎匃反	乎匃反	呼匃反	呼匃反	呼匃反	呼匃反	呼匃反
卦部	畫	乎掛反	乎卦反	乎卦反	呼卦反	呼卦反	呼卦反	呼卦反	呼卦反
慁部	慁	乎困反	乎困反	乎困反	呼困反	呼困反	呼困反	呼困反	呼困反
恨部	恨	乎艮反	乎艮反	乎艮反	呼艮反	呼艮反	呼艮反	呼艮反	呼艮反
換部	換	乎貫反	乎貫反	乎貫反	呼貫反	呼貫反	呼貫反	呼貫反	呼貫反
諫部	患	乎慣反	乎慣反	乎慣反	呼慣反	呼慣反	呼慣反	呼慣反	呼慣反
效部	效	乎教反	乎教反	乎教反	呼教反	呼教反	呼教反	呼教反	呼教反
號部	號	乎到反	乎到反	乎到反	呼到反	呼到反	呼到反	呼到反	呼到反
個部	賀	呼個反	呼個反	呼個反	呼個反	呼個反	呼個反	呼個反	呼個反
過部	楇	（不收）	乎卧反	乎卧反	呼卧反	呼卧反	呼卧反	呼卧反	呼卧反
禡部	暇	乎駕反	乎駕反	乎駕反	呼駕反	呼駕反	呼駕反	呼駕反	呼駕反
禡部	樺	户化反	乎化反	乎化反	呼化反	呼化反	呼化反	呼化反	呼化反
徑部	脛	乎定反	乎定反	乎定反	呼定反	呼定反	呼定反	呼定反	呼定反
候部	候	乎遘反	乎遘反	乎遘反	呼遘反	呼遘反	呼遘反	呼遘反	呼遘反
沃部	鵠	乎沃反	乎沃反	乎沃反	呼沃反	呼沃反	呼沃反	呼沃反	呼沃反
曷部	曷	乎割反	乎葛反	乎葛反	呼葛反	呼葛反	呼葛反	呼葛反	呼葛反
黠部	黠	呼八反	乎八反	乎八反	呼八反	呼八反	呼八反	呼八反	呼八反
轄部	轄	乎黠反	□黠反	乎黠反	呼黠反	呼黠反	呼黠反	乎黠反	乎黠反
屑部	穴	乎決反	乎決反	乎決反	呼決反	呼決反	呼決反	呼決反	呼決反
屑部	頡	呼結反	乎結反	乎結反	呼結反	呼結反	呼結反	呼結反	呼結反

（續上表）

		十卷本	五卷本						
韻部	首字	馮氏縮摹本	元刊本	日藏本	明李顯刻本	清鈔本	四庫本	函海本	小學彙函本
鐸部	獲	呼郭反	乎郭反	乎郭反	呼郭反	呼郭反	呼郭反	呼郭反	呼郭反
陌部	垎	乎格反	乎格反	乎格反	呼格反	呼格反	呼格反	呼格反	呼格反
麥部	獲	乎麥反	乎麥反	乎麥反	呼麥反	呼麥反	呼麥反	呼麥反	呼麥反
錫部	檄	乎狄反	乎狄反	乎狄反	呼狄反	呼狄反	呼狄反	呼狄反	呼狄反
德部	惑	乎國反	乎國反	乎國反	呼國反	呼國反	呼國反	呼國反	呼國反
盍部	盍	乎臘反	乎臘反	乎臘反	呼臘反	呼臘反	呼臘反	呼臘反	呼臘反
帖部	協	乎頰反	乎頰反	乎頰反	呼頰反	呼頰反	呼頰反	呼頰反	呼頰反
狎部	狎	乎甲反	乎甲反	乎甲反	呼甲反	呼甲反	呼甲反	呼甲反	呼甲反

說明：

（1）表中所列“元刊本”爲徐乃昌景印元種善堂刊本。

（2）豪：四庫本注“吁刀反”，“吁”當爲“呼”抄寫之誤。

（3）暇：李顯本此處有水漬印，上字只能看清“乎”，從位置判斷，應爲“呼”。

（4）樓：十卷本列在槫小韻下。

（5）曷：十卷本不立曷部，“曷”收在末韻褐小韻下。

（6）轄：元本缺反切上字。

以上所列46例，馮桂芬縮摹本有5例以“呼”爲反切上字，即“澒”、“賀”、“黠”、“頡”、“獲”，1例即“樓”以“户”爲上字，其餘40例以“乎”爲上字。五卷本中，元刊本及日藏本“澒”、“賀”二字以“呼”爲反切上字，其餘44例均以“乎”爲上字。李顯本、清初鈔本和四庫本46例均以“呼”爲上字；函海本42例以“呼”爲上字，“豪”、“蝦”、“弘”、“轄”四字以“乎”爲上字；小學彙函本41例以“呼”爲上字，“豪”、“蝦”、“弘”、“護”“轄”以“乎”爲上字。《廣韻》除了過部“檛”古禾切（《集韻》上聲户果切），迥部“迥”户頂切，其餘44例的上字均爲匣母“胡”。

二、明刻本以“呼”改“乎”

（一）原書有少量匣母字以“呼”爲反切上字

我們認爲，《篆韻譜》初編、初刻時，有少量匣母字上字標注爲“呼”。據馮桂芬縮摹本校刊序，其縮摹底本爲“東洋紙影鈔宋本韻譜全帙”，他曾於丁巳（1857）歲“手自縮摹以原書三分之二”，因毀兵亂，遂於“歲甲子（1864）重摹篆文，刻成全本”，囑其同鄉吳楨、太倉沈嘉澍、元和管禮耕校字印行。馮氏爲清後期文字與書法大家，其底本最大限度保留了宋本原貌，縮摹親自爲之，校勘精審，所以馮氏縮摹本應該比較好地保留了宋刻十卷本原貌。五卷本因經徐鉉修訂，故元刊本中所見匣母字注“呼”的字例較馮氏縮摹本少3例。但“澒”、“賀”兩例在縮摹本、元刊本及日藏本中，都以“呼”爲反切上字，更可推測宋本《篆韻譜》中，已有少量曉匣相混的字例。

這種現象在唐五代韻書中亦有所見。入聲德韻“黑”，《王三》、《王二》注“呼德反”，《唐韻》注“呼北反”，敦煌殘卷2014頁注“呼得反”，聲母均爲曉母的“呼”；但4746頁注“乎德反”，爲匣母“乎”。去聲宕韻“潢”，《王二》注“呼浪反”，聲母爲曉母；蔣斧本《唐韻》注“亦擴反”，楊軍《韻鏡校箋》341頁“蓋爲‘乎曠反’之誤”，《王三》“胡浪反”，《廣韻》“乎曠切”，均爲匣母。故《篆韻譜》原書有少量匣母字以“呼”爲上字也是可能的。

（二）明人改“乎”爲“呼”

但是五卷本中除“湏”、“賀”等之外的40餘例匣母字的反切上字，是後世翻刻時由“乎”改成了“呼”。將“乎”改爲“呼”後，有的韻部匣母字和曉母字注音完全相同，有的雖然切語不同，但實際讀音相同。下面以明李顯本爲例，列出這些字例：

匣母字和曉母字注音完全相同：

唐部 黄，呼光反；荒，呼光反　　登部 弘，呼肱反；薨，呼肱反

海部 亥，呼改反；海，呼改反　　卦部 畫，呼卦反；諣，呼卦反

換部 換，呼貫反；奐，呼貫反　　效部 效，呼教反；孝，呼教反

號部 號，呼到反；耗，呼到反　　過部 樜，呼卧反；貨，呼卧反

屑部 穴，呼決反；血，呼決反　　鐸部 穫，呼郭反；藿，呼郭反

陌部 垎，呼格反；赫，呼格反　　麥部 獲，呼麥反；劃，呼麥反

狎部 狎，呼甲反；呷，呼甲反

注音雖然不同，但實際讀音相同：

豪部 豪，呼刀反；蒿，呼毛反　　麻部 瑕，呼加反；呀，許加反

銑部 晛，呼殄反；顯，呼典反　　馬部 下，呼雅反；閜，火下反

厚部 厚，呼口反；呴，呼後反　　暮部 護，呼誤反；謼，荒故反

霽部 慧，呼桂反；嘒，呼惠反　　泰部 害，呼匄反；餀，呼艾反

禡部 暇，呼駕反；唬，呼訝反　　禡部 樺，呼化反；化，呼霸反

候部 候，呼遘反；詬，呼寇反　　沃部 鵠，呼沃反；熇，火沃反

轄部 轄，呼黠反；黠，赫轄反　　錫部 檄，呼狄反；闃，許激反②

帖部 協，呼頰反；娎，呼帖反

這不僅說明編、刻書時失於檢校，也說明改動者缺少音韻常識。徐鍇、徐鉉以小學著稱，《篆韻譜》先經徐鍇編撰，後有徐鉉修訂，據《宋史·列傳第二百·文苑三》記載，刊刻時“鉉親爲之篆，鏤板以行於世”。我們認爲，原書不可能存在這麼多“低級錯誤”。

我們認爲，今所見五卷本匣母字以“呼”爲上字者，絕大多數源自明刻本的改動。

明代所刻《篆韻譜》，國內所見只有李顯刻本。湖北圖書館所藏李顯本，用萬曆三十七至三十八年（1609—1610）公文紙印。書中有46例匣母字以“呼”爲上字。李顯，字崇銅，號台南，《明史》無傳。據《樂成李氏宗譜》記載，顯生於明成化十五年（1479），卒於嘉靖二十三年（1544），浙江樂清縣樂成銀溪人。李顯爲官清廉務實，頗有政績，《宗譜》稱“嘉靖十八年，遷升雲南布政司右布政使，晉階通奉大夫（從二品）。不久召拜爲巡撫，巡視汀州、贛州，總制四省”。《重刻篆韻序》落款爲“欽差巡撫南贛汀漳等處提督軍務都察院右副都禦使樂清台南李顯”，則《篆韻譜》爲其晚年所刻。

據《重刻篆韻譜序》，李顯翻刻《篆韻譜》目的是爲了習篆文。關於翻刻底本，其序云“惜乎舊版殘缺，點畫模糊，有不止於魯魚亥豕之誤者”。李顯本的底本不太可能是宋本，我們查閱了《崇文總目》、王應麟《玉海》、晁公武《郡齋讀書志》、陳振孫《直齋書錄解題》、鄭樵《通志·藝文略》、《宋史·藝文志》、馬端臨《文獻通考·經籍考》等宋元書目及史志，均只錄十卷本，唯有趙希弁《讀書志附志》卷上著“篆韻五卷，徐鉉序”，可見傳世宋本五卷本非常稀少。李顯對底本品相的描述，與陸深、陳元錫對《篆韻譜》元刊本的描述非常相似，且李顯本與徐乃昌影印元本版式一致，如每半頁七行，每行十字，黑口，雙魚尾，中縫刻“篆韻”等，我們認爲李顯本的底本應是元本。其序又云：“予於公餘之暇，輒加繙閱而手正之，茲克終編，俾鋟諸梓。”據此可確知李顯對原本通篇有“手正”之處。《樂成李氏宗譜》云：“李顯才識超衆，但因專力政事，所著文章傳世不多”，《宗譜》所錄僅《高氏墓碑文》、《湖南蔡公墓表》等4篇文和《龍秋寺》、《靈岩寺》等4首詩，可知李顯不可能有很高的音韻素養。我們認爲，五卷本《篆韻譜》匣母字上字由“乎”改“呼”極可能是李顯所爲。

李顯本中有三處錯簡：①寒部“蘭瀾漣灡闌”五字，當在“乾蘭讕儁”四字之後；②豪部“高皋

摹羔膏”五字，當在“猣虠號唬鄂”五字之後，皆訛前一行；③麻部“媧嘩譇觰嗲”五字，當在“秅庛誇侉誇家加茄葭”九字之前，訛後一行，與《四庫總目提要》所言相同。

又據台灣師範大學國文研究所王勝昌1963年所作碩士學位論文《說文篆韻譜之源流及其音系之研究》介紹，台灣“中央研究院”歷史語言研究所及台北故宮博物院藏有《篆韻譜》的明刻覆元本，因書前無李顯重刻序，王文認爲“非李氏書”。但王文所附明刻覆元本影印件，板式與元種善堂本及李顯本同，平聲寒部、豪部、麻部的錯簡與李顯本同，豪部“豪”作“呼刀反”，亦與李顯本、四庫本同。故此二書即使“非李氏書”，也與李顯本爲同系統之版本。若僅就序文而言，《四庫全書》所收李顯本，書前亦無李顯重刻序。

（三）清本仍明本之改

五卷本《篆韻譜》今最常見爲四庫本、函海本、小學彙函本。我們於華南師範大學圖書館查得清鈔本，如前表所列，鈔本中有46例匣母字以“呼”爲反切上字，平聲寒部、豪部、麻部的錯簡與李顯本、《四庫總目提要》所述相同，故羅振玉云：“《四庫總目》所載各部錯列之字與此本並同，唯庫本無騎省後序，此本有爲略異耳。”此鈔本當以李顯本爲底本。

四庫本成於乾隆四十六年（1781），《四庫總目提要》記載底本“爲明巡撫李顯所刻”，曾經翁方綱校對，《翁方綱纂四庫提要稿》：“謹按：《說文篆韻譜》五卷，一函五冊。謹已逐字與《說文》原本並《系傳》等書，及漢簡、鐘鼎各本細對改正外，其疑者粘簽，簽凡十五條。又從別本補入正文二頁、徐鉉後序一頁，即可照此抄寫矣。惟是刻本系明朝刻本，於《說文》原本之格眼不合。”今所見四庫本46例匣母字以“呼”爲上字仍舊，但寒部、豪部、麻部的錯簡已訂正。

函海本爲清代蜀中詩人、戲曲理論家李調元編輯，刻於乾隆四十六年（1781）。王勝昌文稱：“今中央研究院傅斯年圖書館藏本（案：即《篆韻譜》函海本），爲經道光年間王筠手校之本，王氏又錄翁方綱校語二十餘條，依王筠之考據，則是李調元據翁方綱初校本而刻。”王勝昌引翁方綱校語及王筠案語各三條，稱：“據王貫山之說，則是函海本所載韻譜序之校文及附錄皆翁覃溪所寫，而李調元取翁氏初鈔本鋟刻，自奪翁方綱校注考釋之功耳！”如此，則函海本之底本亦李顯本。函海本有42例匣母字以“呼”爲上字，“豪”、“蝦”、“弘”“轄”四字則以“乎”爲上字，與四庫本小別。

小學匯函本是以李調元函海本爲底本，用馮桂芬的影宋鈔本校刊而成的本子，最早出現於清同治十二年（1873），由粵東書局初刻刊行。小學彙函本41例以“呼”爲上字，“豪”、“蝦”、“弘”、“護”、“轄”以“乎”爲上字。

故今所見清刻五卷本《篆韻譜》，在“乎”、“呼”相混的問題上，與李顯本仍可謂高度一致。

三、改“乎”爲“呼”的原因

我們認爲，李顯翻刻《篆韻譜》將匣母字的上字由“乎”改爲“呼”，並不是舊版“點畫模糊”而致“乎”、“呼”分辨不清。據我們所查閱元刊本，只有轄部的“轄”字反切上字模糊，其他字例都是清晰的，我們認爲他的改動基於以下原因：

（一）“乎”、“呼”讀音相同，且較之“乎”，“呼”更常用

“乎”雖然在《王三》、《廣韻》只注户吳反（切）一讀，實際上，“乎”可能在唐代就已經讀成清音了。根據邵榮芬先生《切韻研究》（34～35頁），在《王三》中，193個匣母小韻（包括喻三），絕大多數以“胡（94次）”、“户（24次）”爲反切上字，無一以“乎”爲反切上字的；《廣韻》的情況跟《王三》差不多，195個匣母小韻，89個以“胡”爲上字，33個以“户”爲上字，僅2個以“乎”爲上字。我們認爲，跟《篆韻譜》比較，《王三》、《廣韻》避免用“乎”作匣母字切上字的原因，就是“乎”已經讀清聲母曉母。“乎”在《集韻》有“洪孤”、“荒胡”濁、清二讀亦可證明。

“乎”在唐宋時期讀清音恐不是由匣母清化而來，如由匣母清化，今應讀陽平，但“乎”讀陰平。“乎”讀音的變化可能受了“呼”或“虖”的影響。“呼”爲曉母字，以“乎”爲聲符，或許“乎”受

其影響亦讀曉母；“虖”《廣韻》有“户吳切”、“火故切”兩讀，“乎”、“虖”作介詞、語氣詞時常混用，故《集韻》將“乎虖”列爲異體字。因形、義混用，字音也可能混同。

“乎”早已讀同“呼”，且至明代，“呼”已是口語和書面語常用詞，而“乎”僅用作文言虛詞，這應該是李顯改“乎”爲“呼”的主要原因。

（二）匣母字已經清化，不知其原爲濁音

改“乎”爲“呼”的另一原因是46例匣母字的聲母已經清化，讀與“呼”同。匣母字的清化，文獻記載可追溯至晚唐五代。羅常培先生通過對敦煌漢藏對音寫本和《開蒙要訓》注音的研究，認爲“摩擦音的濁母禪邪匣變入清母審心曉”（羅常培，1961：51）。邵榮芬先生統計出敦煌別字異文中曉匣代用的情況有8處（邵榮芬，2008：199），反映出當時的全濁已系統地分化到清聲母中了。宋代文獻記載的情況與晚唐五代一致，據周祖謨先生《宋代汴洛語音考》對北宋邵雍《皇極經世·聲音唱和圖》的考證，認爲“依邵氏圖例觀之，邪母之仄聲當讀爲心，禪母之仄當讀爲審，是摩擦音之濁聲皆已變爲清聲，然則匣母亦將由濁變清，而與曉同科，今故擬爲清音”（周祖謨，1983：592）元代《中原音韻》的全濁聲母已全部清化，明代更應如此。以李顯的音韻素養，必定不知“乎”、“呼”等原有匣、曉之別，這是他改“乎”爲“呼”的另一客觀原因。

附　注

① 日本學者小川環樹對此有新的見解，見《論〈說文篆韻譜〉部次問題——〈李舟切韻考〉質疑》，《語言研究》1983年第1期。

② 閱：李顯本作“計激反”，四庫本、清鈔本、函海本、小學彙函本作“許激反”，李顯本“計”爲“許”字之誤。

參考文獻

［1］陳澧：《切韻考》，北京：中國書店1984年版。
［2］李秀千等：《欒成李氏宗譜》，1796年鈔本。
［3］羅常培：《唐五代西北方音》，北京：科學出版社1961年版。
［4］邵榮芬：《敦煌俗文學中的別字異文和唐五代西北方音》，《中國語文》1963年第3期。
［5］邵榮芬：《切韻研究》（校訂本），北京：中華書局2008年版。
［6］王勝昌：《說文篆韻譜之源流及其音系之研究》，台灣師範大學碩士學位論文，1963年。
［7］翁方綱撰、吳格整理：《翁方綱纂四庫提要稿》，上海：上海科學技術文獻出版社2005年版。
［8］楊軍：《韻鏡校箋》，杭州：浙江大學出版社2007年版。
［9］周祖謨：《唐五代韻書集成》，北京：中華書局1983年版。
［10］周祖謨：《問學集》，北京：中華書局2004年版。

The Confusion of Hu（乎）and Hu（呼）in Shuowen Jiezi Zhuanyun Pu

Tian Fanfen

Abstract：Zhuanyun Pu（篆韻譜）is a dictionary which is ordered by rhyme of each word. There are forties cases which are words of voiced initial Xia（匣）notated by voiceless initial Xiao（曉）in Zhuanyun Pu comprised by five volumes countermarked in Dynasty Ming and Qing. This article makes a comparision between editions of Zhuanyun Pu through Dynasty Yuan，Ming to Qing，finds there are a few words of initial Xia notated by Xiao in the original edition of Zhuanyun Pu，but a lot of them were changed from Hu（乎）to Hu（呼）in Dynasty Ming. The phenomenon of confusion of Hu（乎）and Hu（呼）in Zhuanyun Pu reflected the decoicing process of the complete voiced initials of Chinese in Modern period.

Key Words：Zhuanyun Pu；Countermarked of Dynasty Ming；Confusion of Hu（乎）and Hu（呼）

（田範芬　華南師範大學文學院　510006）